USA
SÜDWESTEN

Eine Reiseroute mit 40 sehenswerten Zielen

www.zum-nachreisen.de

Bilder ohne Bildunterschrift:
Seiten 2/3: Bizarre Landschaft am »Zabriskie Point« (Death Valley)
Seite 4: Der Beginn des Scenic Drive im »Valley of Fire State Park«
Seiten 10/11: Wanderweg im »Joshua Tree National Park«
Seiten 62/63: Skurrile Felsformation im »Valley of Fire State Park«
Seiten 134/135: Niedriger Wasserpegel am »Lake Powell«
Seiten 252/253: Blick vom »Burr Trail« auf die »Waterpocket Fold« (Capitol Reef National Park)

Impressum

Die Deutsche Nationalbibliothek mit ihren Standorten Frankfurt und Leipzig verzeichnet diese Publikation in der Deutschen Nationalbibliografie. Detaillierte bibliografische Daten sind im Internet unter www.dnb.dnb.de abrufbar.

ISBN 978-3-00-052384-7

Lektorat: Sylvia Jakuscheit, Geografin M. A., www.redaktion.jakuscheit.de
Layout und Satz: Thomas Auer, Innsbruck, www.buchsatz.com
Umschlaggestaltung: Juliane Schneeweiss, Berlin, www.juliane-schneeweiss.com
Druck und Bindung: CPI books GmbH, Leck/Ulm
Umschlagfotos: Wohnmobil: DarenP © depositphotos.com, US-Flagge: stillfx © depositphotos.com, Straße: Alfgar © depositphotos.com
Fotos im Buch: © Frank Rösner
Landkarten: © Frank Rösner
Streckenpläne: © Frank Rösner

Printed in Germany

Frank Rösner

USA
Südwesten

Eine Reiseroute mit 40 sehenswerten Zielen

www.zum-nachreisen.de

»AMERICA THE BEAUTIFUL«

Patriotisches Lied und inoffizielle Hymne der USA
(Melodie siehe https://youtu.be/TLYAyuf1I1Q
oder https://youtu.be/ZZmdev_ksbo)

O beautiful, for spacious skies,
For amber waves of grain,
For purple mountain majesties
Above the fruited plain!
America! America! God shed His grace on thee,
And crown thy good with brotherhood, from sea to shining sea.

O beautiful, for pilgrim feet
Whose stern, impassioned stress
A thoroughfare for freedom beat
Across the wilderness!
America! America! God mend thine ev'ry flaw;
Confirm thy soul in self control, thy liberty in law!

O beautiful, for heroes proved
In liberating strife,
Who more than self their country loved
And mercy more than life!
America! America! May God thy gold refine,
Till all success be nobleness, and ev'ry gain divine!

O beautiful, for patriot dream
That sees beyond the years,
Thine alabaster cities gleam
Undimmed by human tears!
America! America! God shed His grace on thee,
And crown thy good with brotherhood, from sea to shining sea!

INHALTSVERZEICHNIS

EXKURSE

SPEZIALTHEMEN

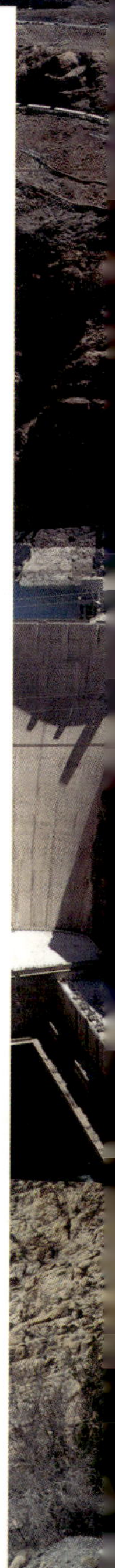

VORWORT

Die Buchhandlungen quellen über mit Reiseführern aller Art. Für jeden Geschmack findet sich ein Format. Auch das Internet bietet eine unüberschaubare Informationsvielfalt. Diese Fülle an Informationen muss bei der Reiseplanung erst einmal verarbeitet werden.

Der Reiseführer »USA Südwesten – Eine Reiseroute mit 40 sehenswerten Zielen« möchte es dir deshalb möglichst einfach machen, dich auf deine Reise vorzubereiten. Das Leben ist durch die Informationsflut kompliziert genug. Die Arbeitswelt fordert uns immer stärker – und für die individuelle Reiseplanung bleibt kaum noch Zeit. Sie verursacht bisweilen sogar zusätzlichen Stress und so manche schöne Individualreise bleibt dabei auf der Strecke, weil die Muße für die Planung fehlt. Oft macht man es sich leicht und bucht eine Pauschalreise. Individualreisen sind aber die Königsdisziplin unter den Reisemöglichkeiten. Der Erlebniswert ist hoch, überraschende Entdeckungen bleiben ein Leben lang im Gedächtnis und die erfolgreiche Eigenorganisation erfüllt dich mit Freude und Stolz.

Umfangreiche und qualitativ hochwertige Reiseführer bieten so viele Möglichkeiten an, dass deren Zuhilfenahme bei der Reisevorbereitung erheblichen Zeitaufwand erfordert. Viele Menschen sehnen sich jedoch nach konkreten Reiseempfehlungen auch und gerade für individuelle Reisen, damit die schönste Zeit des Jahres wirkliche Entspannung bringt. Wer sich das ganze Jahr über im Büro mit komplexen Sachverhalten auseinandersetzen muss, möchte sich vielleicht nicht auch noch vor oder im Urlaub durch einen Reiseführer quälen, der kleingedruckt alle Eventualitäten abzudecken versucht, sodass es richtig Arbeit macht, diesen zu studieren und einen eigenen Reiseplan herauszuarbeiten.

Dieser Reiseführer nimmt dich stattdessen an die Hand und führt dich bei deiner Rundreise von Ziel zu Ziel. Du machst sozusagen eine »pauschale Individualreise«, auch wenn das zunächst widersprüchlich klingt. Folge einfach der vorgegebenen Reiseroute und entspanne dich von der ersten Minute an! Aber auch wenn du nicht die Absicht hast, diese Reise exakt »nachzureisen« oder vielleicht nur einen Teil von ihr, wird dir meine Herangehensweise an die Routenplanung eine wertvolle Hilfe

Der »West Mitten«-Monolith im Monument Valley

sein. Möglicherweise waren es ganz andere Gründe, weshalb du dich entschieden hast, dieses Buch zu kaufen. Auch dann wirst du sicher viel Freude beim Lesen haben. Denn der amerikanische Südwesten ist einfach eine faszinierende Region.

Unabdingbar zu diesem Buch sind als Ergänzung gute Straßenkarten in deinem Reisegepäck, damit du die vorgegebene Route während der Reise richtig einschätzen kannst. Beim ADAC und einigen Tourismusbüros der US-Staaten in Deutschland sind kostenlose Tour-Sets bzw. *State Maps* (Straßenkarten einzelner US-Staaten) zu erhalten. Auch an amerikanischen Tankstellen kann man geeignete Karten preisgünstig erwerben. Faltkarten der einzelnen Staaten sind völlig ausreichend. Ein dicker Atlas wäre übertrieben und eher unhandlich.

Natürlich kann es sich im Rahmen der Rundreise ergeben, dass du vom vorgesehenen Reiseverlauf zeitlich oder örtlich abweichen möchtest. Dann gilt es, diese Umplanung in geeigneter Weise einzufügen und wieder auf die ursprünglich vorgegebene Reiseroute zurückzukehren. Ohne Straßenkarten wäre das unmöglich. Onlinekarten verschaffen zwar auch einen ganz guten Überblick, allein darauf würde ich aber nicht setzen. Sofern du überhaupt über einen mobilen Internetzugang in den USA verfügst, ist die Netzabdeckung – insbesondere in den Nationalparks – nämlich häufig nicht gewährleistet. Und ein Navigationsgerät, welches dank GPS grundsätzlich funktioniert, dient in erster Linie der Zielfindung. Nur mit Straßenkarten lassen sich Entfernungen mit dem ungefähren Zeitaufwand im Gesamtüberblick deshalb vernünftig beurteilen, ganz zu schweigen davon, dass diese auch ohne Akkustrom nutzbar sind.

Typisches amerikanisches Wohnmobil vom Hersteller »Fleetwood RV«

Für einen besseren Überblick kannst du die **Wochentage** deiner Reise an den in diesem Reiseführer vorgesehenen Stellen eintragen. Denn Ziel sollte zunächst einmal sein, den vorgegebenen Reiseplan einzuhalten. Für eigene Notizen habe ich jeweils am Ende der Abschnitte ausreichend Raum gelassen. So kannst du diesen Reiseführer auch zu deinem persönlichen **Reisetagebuch** machen.

Nicht zuletzt soll der Reiseführer durch Authentizität überzeugen und nicht durch nachbearbeitete Fotos falsche Eindrücke erwecken. Sämtliche Fotos im Buch stammen deshalb von mir persönlich und nicht von einem Profifotografen. Bisweilen habe ich sogar durch die verschmutzte Windschutzscheibe des Mietwagens fotografiert.

So führt dich dieser Reiseführer durch eine Auswahl der schönsten und wichtigsten Ziele des amerikanischen Südwestens, insbesondere ins Death Valley (Tal des Todes), zur Route 66, zum Grand Canyon, zum Lake Powell und Monument Valley sowie zum Bryce Canyon. Ein Abstecher in die Rocky Mountains darf auch nicht fehlen. Start und Ziel ist jeweils Las Vegas. Denn keine Stadt ist als Ausgangspunkt für die Erkundung der wichtigsten Naturparks des amerikanischen Südwestens aufgrund der Lage so geeignet wie das Spielerparadies.

Nicht zu den Zielen dieser Tour gehören die Städte San Francisco und Los Angeles. Die westliche Grenze des Reisegebiets bildet sozusagen die 650 km lange Sierra Nevada. Das Gebirge erstreckt sich als natürliche Barriere von Norden nach Süden. Aufgrund der großen Entfernungen musste ich Abstriche machen. San Francisco, insbesondere aber die Megacity »Los Angeles«, würden *für sich* mehrere Tage in Anspruch nehmen. Der Schwerpunkt dieser Reise liegt aber auf der Landschaft und der Natur. Die einzige urbane Ausnahme ist Las Vegas. Schließlich ist das auch dein Zielflughafen.

Aber genug der Vorrede. Jetzt wünsche ich dir einen erlebnisreichen und rundum gelungenen Reiseverlauf. Ich freue mich, dass du diesen Reiseführer gewählt hast, um Unterstützung dafür zu bekommen, die schönste Zeit des Jahres angenehm zu verbringen. Wenn du möchtest, kannst du mir deine persönlichen Reisenotizen nach deiner Reise per E-Mail zusenden (leserzuschrift@zum-nachreisen.de), gerne auch mit Fotos. Vielleicht findet sich die eine oder andere Information dann in der nächsten Auflage wieder. Ich bin für jeden Hinweis und alle Verbesserungsvorschläge dankbar.

Frank Rösner

HINWEISE ZUM BUCH

Internetlinks

Alle im Buch genannten Internetlinks findest du auf meiner Homepage. Es ist nicht erforderlich, die Links abzutippen.

www.zum-nachreisen.de

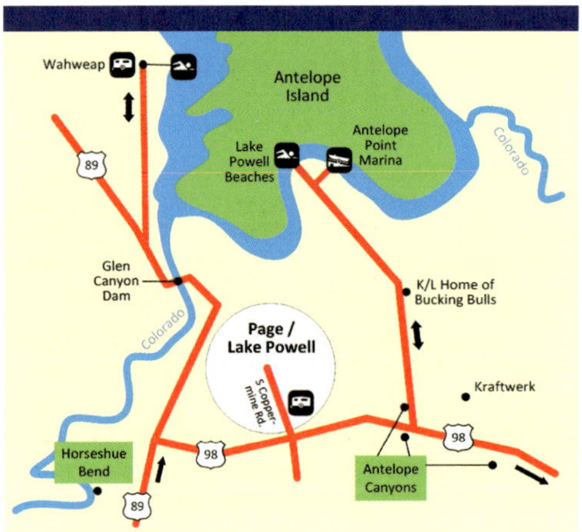

Straßenkarten

Um die Tagesrouten nutzerfreundlich abzubilden, beschränken sich sämtliche Straßenkarten in diesem Buch auf eine skizzenartige Darstellung. Auf einen Kartenmaßstab wird verzichtet. Die Karten selbst sind auch nicht vollständig maßstabsgetreu. Für die eigentliche Orientierung sind deshalb geeignete Straßenkarten, wie bereits im Vorwort erläutert, erforderlich.

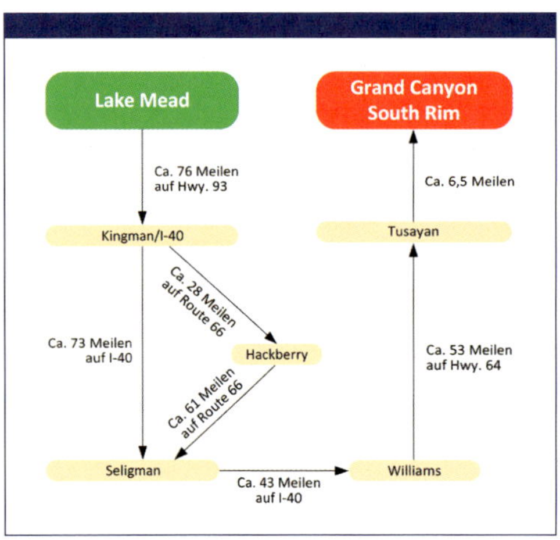

Streckenpläne

Zusätzlich zu den Straßenkarten habe ich »Streckenpläne« mit Zwischenzielen und Entfernungsangaben erstellt. Der Startort ist grün, das Tagesziel jeweils rot gekennzeichnet.

REISE-CHECKLISTE

An den Anfang stelle ich die nachfolgende Reise-Checkliste, damit du auf diese jederzeit schnell zugreifen kannst. Dabei habe ich lange überlegt, wie ich diese Checkliste sinnvoll strukturieren könnte. *Die* optimale Struktur gibt es aber nicht. Die Ordnungskriterien sind vielfältig und überschneiden sich häufig. Deshalb habe ich einfache Oberpunkte gewählt, welche aber nicht nach Wichtigkeit und auch nicht unbedingt in zeitlicher Abfolge geordnet sind. Ich denke, so ist es am übersichtlichsten und was wichtig ist bzw. in welcher Reihenfolge etwas gegebenenfalls zu erledigen ist, sollte so auch klar sein.

1. Einreisevoraussetzungen

- ❑ ESTA-Registrierung auf der offiziellen Internetseite vornehmen
  (siehe Abschnitt ESTA/»Visa Waiver Program«)
  Kopie der ESTA-Genehmigung mit Registrierungsnummer bei den Reisedokumenten abheften
- ❑ Gewährleistung der vollständigen Übermittlung der APIS-Daten an die Fluggesellschaft
  (siehe Abschnitt »APIS-Datenerfassung«)
  Kopie der erfassten APIS-Daten bei den Reisedokumenten abheften
- ❑ Maschinenlesbarer (bordeauxroter) deutscher Reisepass mit Gültigkeit für die gesamte Aufenthaltsdauer, also mindestens bis zum Rückflugtermin. Das gilt laut Information des US-Generalkonsulats Frankfurt sowohl im Rahmen von ESTA/»Visa Waiver Program«, als auch bei Einreise mit Visum.
- ❑ Ggf. Visum beantragen

2. Flug

- ❑ Flugticket nach Las Vegas für Hin- und Rückflug buchen
  Kopie der Buchungspapiere bei den Reisedokumenten abheften
- ❑ Anreise zum Flughafen planen
- ❑ Ggf. Vorabend-Check-in durchführen und Bordkarte ausdrucken
- ❑ Rückfahrt vom Flughafen nach der Rückkehr aus den USA planen

3. Mietwagen/Wohnmobil

- ❑ Mietwagen buchen (Mindestalter je nach Vermieter: 21 bis 25 Jahre)
  Mietwagen-Voucher bzw. Kopie der Buchung bei den Reisedokumenten abheften
- ❑ Wohnmobil buchen (Mindestalter je nach Vermieter: 21 bis 25 Jahre)
  Wohnmobil-Voucher bzw. Kopie der Buchung bei den Reisedokumenten abheften
- ❑ Führerschein
- ❑ Ggf. Internationaler Führerschein
- ❑ Campingtisch/Campingstühle bei Übernahme des Wohnmobils ausleihen

4. Notwendige Hotel-Buchungen

- ❑ Hotel in Las Vegas für die ersten zwei Nächte
- ❑ Motel im Death Valley für die dritte Nacht
- ❑ Motel in Lone Pine für die vierte Nacht

5. Versicherungen

- ❑ Reiserücktrittsversicherung
  (siehe Abschnitt »Reisevorbereitungen/Buchungen«)
- ❑ Auslandsreisekrankenversicherung
  (siehe Abschnitt »Reisevorbereitungen/Buchungen«)
  Kontaktdaten der Auslandsreisekrankenversicherung bei den Reisedokumenten abheften

6. Bankkarten/Geld

- ❑ Kreditkarten (PIN-Nummern merken. Siehe Abschnitt »PIN-Nummern der Bankkarten«)
- ❑ Ggf. Prepaid-Kreditkarte mit Guthaben auffüllen
- ❑ EC- bzw. Maestro-Karte (ggf. für USA freischalten lassen, über Partnerbank informieren)
- ❑ Bankspezifische Telefonnummern für Kartenverlust notieren.
  Alternativ: Der 24-Stunden-Sperrnotruf ist aus den USA unter 01149-116-116 oder 01149-30-4050-4050 erreichbar.
- ❑ Restliches Kleingeld und Dollarnoten vom letzten Urlaub einpacken

7. Fotoausrüstung

- ❑ Fotoapparat (mit Ladegerät und ggf. Bedienungsanleitung)
- ❑ Videokamera (mit Ladegerät und ggf. Bedienungsanleitung)

- ❑ Akkus aufladen (Geräte müssen bei der Kontrolle am Flughafen funktionsfähig sein!)
- ❑ Ersatzakkus bzw. Batterien
- ❑ SD-Karten bzw. Videokassetten
- ❑ USB-Sticks (z. B. für die Sicherung der Fotos)
- ❑ Externe Festplatte mit USB-Kabel (z. B. zur Sicherung der Fotos)
- ❑ Dashcam zum Aufzeichnen schöner Fahrstrecken mit Fahrzeughalterung
- ❑ Ggf. koffertaugliches Kamerastativ

8. Telefon/Internet

- ❑ Amerikanische SIM-Karte (siehe Abschnitt »Handy- und Internetnutzung«)
- ❑ Smartphone/Handy
- ❑ Notebook/Tablet-PC
- ❑ Akkus aufladen (Geräte müssen bei der Kontrolle am Flughafen funktionsfähig sein!)
- ❑ Ersatzakkus
- ❑ Powerbank (USB-Energiespeicher, externer Akku)
- ❑ Handy-PIN und PUK
- ❑ Passwörter notieren, z. B. für Facebook, Webmailer (d. h. Zugriff auf E-Mails via Browser ohne E-Mail-Software von beliebigem PC), usw.
- ❑ Notwendige Telefonnummern notieren

9. Sonstige Dokumente

- ❑ ADAC- und AAA-Karte, bzw. ÖAMTC-Karte (Österreich) oder ACS-Karte (Schweiz)
- ❑ Ggf. Motorbootführerschein (wenngleich am Lake Powell nicht erforderlich)
- ❑ Visitenkarten
- ❑ Rechnungskopien von Computer und Fotoapparat zum Nachweis des Erwerbs in Deutschland beim Zoll
- ❑ Für Touristiker: Legitimation als Touristiker

10. Eintrittskarten

- ❑ Eintrittskarte/Voucher für im Voraus gebuchtes Konzert oder Show in Las Vegas
- ❑ Interagency Annual Pass (auch »America The Beautiful Pass« genannt, Kauf des Nationalparkpasses ist vor Ort in den USA einfacher), siehe Seite 82

11. Sicherheitsvorkehrungen

- ❑ Kopien/Scan der wichtigen Dokumente sicher hinterlegen, um bei Verlust zumindest auf Kopien zugreifen zu können (z. B. »E-Post Cloud« der Deutschen Post AG unter www.epost.de)

12. Tourunterlagen

- ❑ Straßenkarten/Tour-Sets
- ❑ Reiseführer
- ❑ Wischfester Stift für das Beschreiben dieses Reiseführers (um die Reisetage einzutragen und die Notiz- bzw. Tagebuchseiten auszufüllen)

13. Gesundheit

- ❑ Brille, Kontaktlinsen (Brillenputztuch, Kontaktlinsenpflege), Ersatzbrille
- ❑ Notfallausweis (Blutgruppe, ggf. internationaler Impfpass, Informationen zu bestehenden Allergien)
- ❑ Reiseapotheke bzw. notwendige Medikamente mit Beipackzettel
- ❑ Verbandmaterial
- ❑ Insektenschutzmittel

14. Stromversorgung

- ❑ US-Stromstecker-Adapter (siehe Abschnitt »Stromversorgung in Hotels und unterwegs«)
- ❑ Ggf. Spannungswandler (siehe Abschnitt »Stromversorgung in Hotels und unterwegs«)

15. Koffer

- ❑ Max. zulässiges Koffergewicht prüfen (gewöhnlich 23 kg)
- ❑ Max. Größe des Handgepäcks klären
- ❑ Adressanhänger mit Namen, Zieladresse und Telefonnummer anbringen
- ❑ Zettel mit Heimat- und Zieladresse sowie Telefonnummer(n) im Koffer obenauf legen
- ❑ Kofferschlüssel (Koffer besser nicht abschließen, sondern zubinden, z. B. mit Kofferbändern oder Kabelbindern)
- ❑ Einhaltung der Handgepäckregeln prüfen (z. B. Flüssigkeiten im Handgepäck)

16. Wohnung/Haus/Auto/Haustiere

- ❑ Nachbar informieren/Hausschlüssel übergeben
- ❑ Briefkastenleerung klären

- ❑ Stromstecker ziehen
- ❑ Geräte mit Stand-by ausschalten
- ❑ Ggf. Wasser abstellen (Geschirrspüler/Waschmaschine)
- ❑ Ggf. Heizung/Warmwasser abschalten
- ❑ Ggf. Kühlschrank leeren
- ❑ Blumenpflege regeln
- ❑ Hausreinigung regeln
- ❑ Rechnungen bezahlen, die während des Urlaubs fällig werden
- ❑ Anrufbeantworter aktivieren
- ❑ Zeitung abbestellen
- ❑ Versorgung Hund/Katze/sonstige Haustiere regeln
- ❑ Auto sicher parken und Autoschlüssel hinterlegen
- ❑ Ggf. Post lagern lassen
- ❑ E-Mail: Ggf. Abwesenheitsnotiz (»Automatic Reply«) konfigurieren

17. Sonstiges

- ❑ Englisches Wörterbuch
- ❑ Übersetzungscomputer für Deutsch-Englisch und Englisch-Deutsch
- ❑ Reiselektüre/E-Book-Reader
- ❑ Spezielle Kopfhörer für den Flug (nicht alle Fluggesellschaften bieten kostenlose Kopfhörer an)
- ❑ Nackenkissen für den Flug
- ❑ Taschenrechner
- ❑ Taschenlampe
- ❑ Fernglas
- ❑ Reisewecker
- ❑ Armbanduhr
- ❑ Wanderschuhe
- ❑ Sonnenbrille
- ❑ Kopfbedeckung/Sonnenhut
- ❑ Sonnenschutzcreme
- ❑ Ggf. Mini-Sprühventilator zur Abkühlung
- ❑ Wäschesack
- ❑ Mülltüten
- ❑ Hygienetücher
- ❑ Ggf. Autoaufkleber (Vielleicht möchtest du bei deiner Rundreise auf etwas aufmerksam machen)

Stromversorgung in Hotels und unterwegs

In den USA beträgt die Wechselspannung im Unterschied zu Deutschland nur 110 Volt. Der Haarfön und andere Hochspannungsgeräte laufen dort also gewöhnlich nur mit halber Leistung bzw. Heizleistung, sofern sie überhaupt funktionieren. Ladegeräte und andere Niederspannungsgeräte werden auf die Ladeleistung elektrisch heruntergeregelt bzw. stabilisiert, da sie mit geregeltem Gleichstrom geladen werden. Auch wenn ich das als Laie in Elektroangelegenheiten nicht wirklich verstehe, resultiert daraus nach meiner Erfahrung, dass die Akkus ebenso gut geladen werden wie in Deutschland.

Die meisten Geräte sind jedoch für beide Spannungsräume ausgelegt. Das erkennt man an der Aufschrift »110 – 240 V~/50 – 60 Hz«. Bei älteren Geräten gibt es häufig einen Drehknopf, den man manuell mit einer Münze oder Ähnlichem umstellen muss. Um keinen Schaden anzurichten, darf man dann aber nicht vergessen, den Drehknopf nach der Rückreise vor der ersten Benutzung in Deutschland wieder zurückzustellen! Sowohl bei Geräten, die für beide Spannungsräume ausgelegt sind, als auch bei Geräten mit Drehknopf, genügt somit ein preiswerter Adapter, der hauptsächlich dazu dient, die runden Kontaktstifte der Stecker an die flachen amerikanischen Kontaktstifte anzupassen.

Dabei ist zwischen Flachsteckern und Steckern mit Schutzkontakt (Schukostecker) zu unterscheiden, wie sie bei Notebook-Netzteilen oder Mehrfachsteckdosen Verwendung finden. Für die deutschen Flachstecker würde ein einfacher Adapter ohne Schutzleiter ausreichen. Für die deutschen Schukostecker benötigt man jedoch analog einen Amerika-Adapter mit Schutzleiter bzw. drittem Stift. Denn ein deutscher Schukostecker passt aus Sicherheitsgründen nicht in einen Amerika-Adapter ohne Schutzleiter, was durch seitliche Sperren verhindert wird. Umgekehrt kann ein Amerika-Adapter mit Schutzleiter aber auch für deutsche Flachstecker verwendet werden. Einfach ausgedrückt: Es genügt, einen einzigen Adapter für Schukostecker mitzunehmen, weil dieser für alle Steckerarten verwendet werden kann. Ich muss zugeben, ich hatte auch schon mal einen Steckeradapter ohne Schutzkontakt, in den ein deutscher Schukostecker gepasst hat. Das war »vielleicht« nicht ganz so sicher, zumal diese Billigadapter die Last des Schukosteckers kaum tragen und ständig aus der Wand

Das Hotel und Casino »Excalibur« in Las Vegas weckt Erinnerungen an »Disneyland«

Buca
di BEPPO
ITALIAN RESTAURANT
Las Vegas
LUXOR

fallen, zu empfehlen ist es aus meiner Sicht jedenfalls nicht. Amerikanische Steckdosen schließen eher bündig mit der Wand ab und sind kaum versenkt wie bei uns. Daher ist der dritte Erdungsstift auch länger, damit er als Letztes entfernt wird.

Ergänzend sei erwähnt, dass es zum Aufladen von Akkus während der Fahrt sogenannte **Spannungswandler** gibt, welche an die 12 Volt des Zigarettenanzünders angeschlossen werden und auch mit Ausgang zum Laden von USB-Geräten verfügbar sind. Zwar kommst

Eine »Sphinx« bewacht den Eingang zur Pyramide des »Luxor«

du auch recht gut ohne einen Spannungswandler aus. Du darfst nur nicht vergessen, in den Hotels bzw. auf den Campingplätzen über Nacht die Akkus aufzuladen, um genügend Strom für die nächsten ein oder zwei Tage zu haben. Außerdem geht die Reise ja in die USA und nicht in die Sahara ☺, sodass es unterwegs viele Gelegenheiten gibt, um die Akkus wieder aufladen zu können.

Andererseits empfand ich es als sehr entspannend, während der Fahrt die Akkus zu laden und zu wissen, dass mir wohl nicht der Strom ausgehen würde. Ich bin dank Spannungswandler einmal zehn Tage ganz ohne Stromanschluss ausgekommen und habe während der Fahrt abwechselnd die Akkus von Notebook, Fotoapparat und Handy aufgeladen. Gerade der Handy-Akku entlädt sich bei schlechtem oder fehlendem Netz in den Weiten des Südwestens schneller als in Deutschland, weil das Gerät mit höherer Leistung permanent nach einem Netz sucht.

Mit dem Spannungswandler INC150N (150 Watt) mit integriertem USB-Ausgang von der Pro-User Europe GmbH habe ich nur gute Erfahrungen gemacht. Ich verwende den Spannungswandler sogar gerne in Deutschland.
🌐 www.pro-user.com

Der Spannungswandler hat einen Eingang für Schukostecker und löst somit auch das eingangs genannte Problem, dass Schukostecker nicht in amerikanische Adapter ohne Schutzleiter passen. Denn dann lädt man diese Geräte eben unterwegs auf, wobei man sich auf das Laden während der Fahrt beschränken sollte. Denn wenn man den Spannungswandler über Nacht anschließt, könnte es passieren, dass am nächsten Morgen die Autobatterie leer ist. Wer mehr Leistung als 150 Watt haben möchte, muss für einen Spannungswandler mehr Geld ausgeben. Bei den langen Fahrstrecken in den USA kann man jedoch die Geräte nacheinander aufladen, sodass 150 Watt ausreichen sollten.

Als Nicht-Elektroniker finde ich es faszinierend, dass man mit einem Spannungswandler an einer 12 V-Buchse Geräte aufladen kann, die eigentlich 220 Volt benötigen. Einen Elektronik-Fachmann wird das wahrscheinlich nicht überraschen und ein solcher Fachmann hat mir auch bei der Ausformulierung dieses Abschnitts geholfen. Die Ausführungen wurden nach bestem Wissen und Gewissen gemacht. Ich weise dennoch darauf hin, dass jegliche Haftung meinerseits für »Stromschäden« und Folgeschäden ausgeschlossen ist.

REISEVERLAUF

Bitte Wochentag und Datum eintragen

Tag 1		✈ nach Las Vegas und Übernahme Mietwagen, Las Vegas am Abend 🛏 Las Vegas (1. Nacht)
Tag 2		Las Vegas (ganzer Tag) 🛏 Las Vegas (2. Nacht)
Tag 3		Las Vegas → Death Valley 🛏 Stovepipe Wells (im Voraus gebucht)
Tag 4		Death Valley → Lone Pine (Alabama Hills/Mt. Whitney-Area) 🛏 Lone Pine (im Voraus gebucht)
Tag 5		Lone Pine → Calico Ghost Town → Palm Springs → Yucca Valley 🛏 Yucca Valley (Motel suchen)
Tag 6		Joshua Tree National Park→ Route 66 (Oatman) → Kingman 🛏 Kingman (Motel suchen)
Tag 7		Kingman → Hoover Dam → Valley of Fire → Las Vegas 🛏 Las Vegas (Motel suchen)
Tag 8		Rückgabe Mietwagen und Übernahme Wohnmobil → Lake Mead 🛏 Lake Mead (Campingplatz)
Tag 9		Lake Mead → Route 66 (Seligman/Williams) → Grand Canyon South Rim 🛏 Grand Canyon Trailer Village (1. Nacht)
Tag 10		Grand Canyon (ganzer Tag) 🛏 Grand Canyon Trailer Village (2. Nacht)

Tag 11		Grand Canyon → Page (Lake Powell) 🛏 Wahweap oder Page
Tag 12		Page → Antelope Canyons → Navajo National Monument 🛏 Navajo National Monument
Tag 13		Navajo National Monument → Monument Valley → Moab 🛏 Moab
Tag 14		Moab → Arches National Park → Glenwood Springs (Rocky Mountains) 🛏 Glenwood Springs
Tag 15		Glenwood Springs → Aspen 🛏 Aspen
Tag 16		Aspen → Independence Pass → Leadville → Vail → Grand Junction 🛏 Nähe Colorado National Monument
Tag 17		Colorado National Monument → Goblin Valley State Park → Fruita/UT (Capitol Reef National Park) 🛏 Fruita/UT
Tag 18		Capitol Reef National Park → Burr Trail → Calf Creek → Escalante → Bryce Canyon 🛏 Bryce (1. Nacht)
Tag 19		Bryce Canyon National Park (ganzer Tag) 🛏 Bryce (2. Nacht)
Tag 20		Bryce Canyon → Coral Pink Sand Dunes State Park → Zion National Park → Valley of Fire 🛏 Valley of Fire
Tag 21		Valley of Fire → Las Vegas 🛏 Las Vegas
Tag 22		Rückgabe Wohnmobil und ✈ nach Deutschland
Tag 23		Ankunft in Deutschland

Berechnung der Reisetage

Bei der Anzahl der Reisetage darfst du dich nicht verwirren lassen. Du buchst beispielsweise eine dreiwöchige Reise von Donnerstag, 8. August, bis Donnerstag, 29. August, also 21 Tage. Soweit, so klar, denn 29 – 8 = 21. Der Abflug am 8. August erfolgt z. B. zur Mittagszeit in Deutschland. Wegen des Zeitunterschieds landest du am 8. August nachmittags in Las Vegas, also am gleichen Tag – trotz einer Dauer von 12 Stunden für den Flug. Der Rückflug ab Las Vegas am 29. August erfolgt z. B. am Nachmittag. Die Landung in Deutschland ist dann aber erst am 30. August. So mancher Schüler hat deshalb schon den ersten Schultag verpasst! ☺

Faktisch dauert eine dreiwöchige Reise also nicht 21 Tage, sondern 22 Tage, denn 30 – 8 = 22. Noch verwirrender wird es, wenn man den ersten und den letzten Tag als absolute Reisetage betrachtet, denn dann sind es insgesamt sogar 23 Tage!

Utah begrüßt seine Gäste an der Interstate 70

GESAMTROUTE

In der **ersten Woche** bist du mit dem Pkw unterwegs und legst etwa 1300 Meilen (rund 2100 km) zurück. Nach dem Besuch von Las Vegas fährst du durch das Death Valley bis Lone Pine am Fuße der Sierra Nevada. Danach geht es nach Süden über die Geisterstadt »Calico« bis Palm Springs in Süd-Kalifornien. Der Rückweg nach Las Vegas führt dich über den »Joshua Tree National Park« und die Route 66 zur Hoover-Talsperre und entlang des Lake Mead in den »Valley of Fire State Park«.

Die Route der ersten Woche

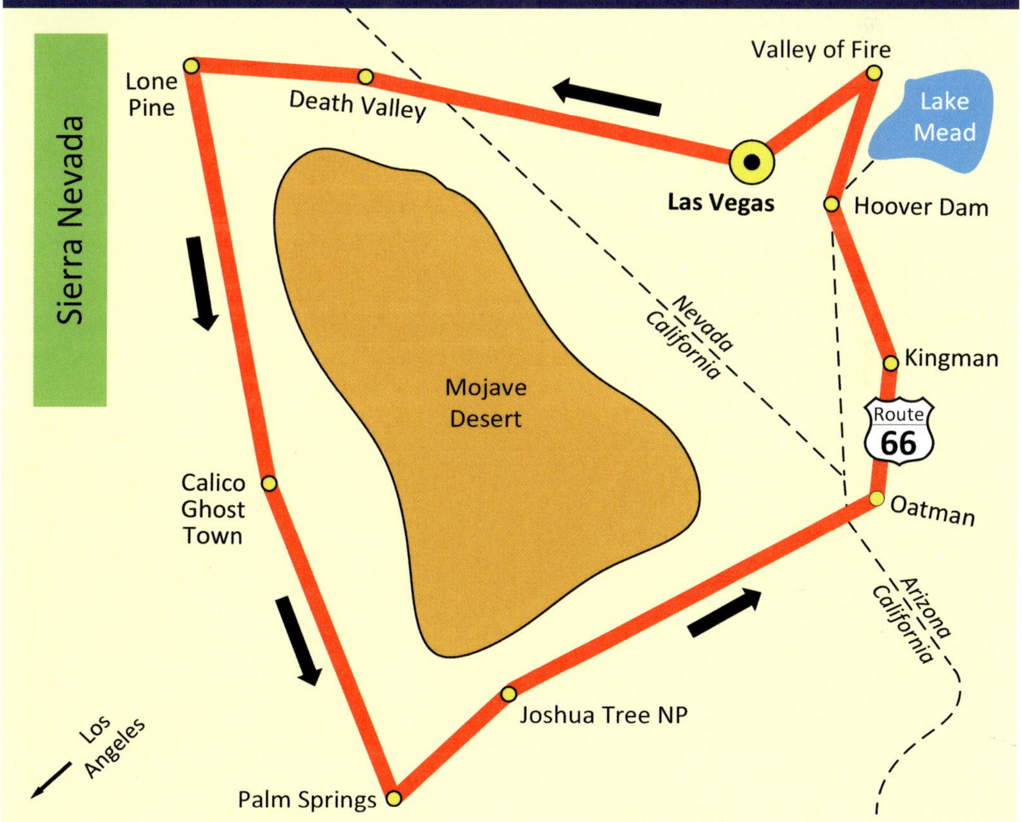

Die **zweite und dritte Woche** bestreitest du mit einem Wohnmobil. Ungefähr 2100 Meilen (ca. 3400 km) liegen vor dir. Zunächst fährst du nach Süden über die Route 66 zum »Grand Canyon National Park«. Über den Lake Powell und das Monument Valley gelangst du zum »Arches National Park«. Es folgt ein zweitägiger Abstecher nach Osten in die Rocky Mountains, bevor du auf dem Rückweg nach Las Vegas den »Capitol Reef National Park«, das »Grand Staircase-Escalante National Monument« (GSENM), den »Bryce Canyon National Park« und den »Zion National Park« besuchst. Im »Valley of Fire State Park« lässt du die Rundreise ausklingen, bevor du dich ein letztes Mal in das »Getümmel« von Las Vegas stürzt.

Die Route der zweiten und dritten Woche

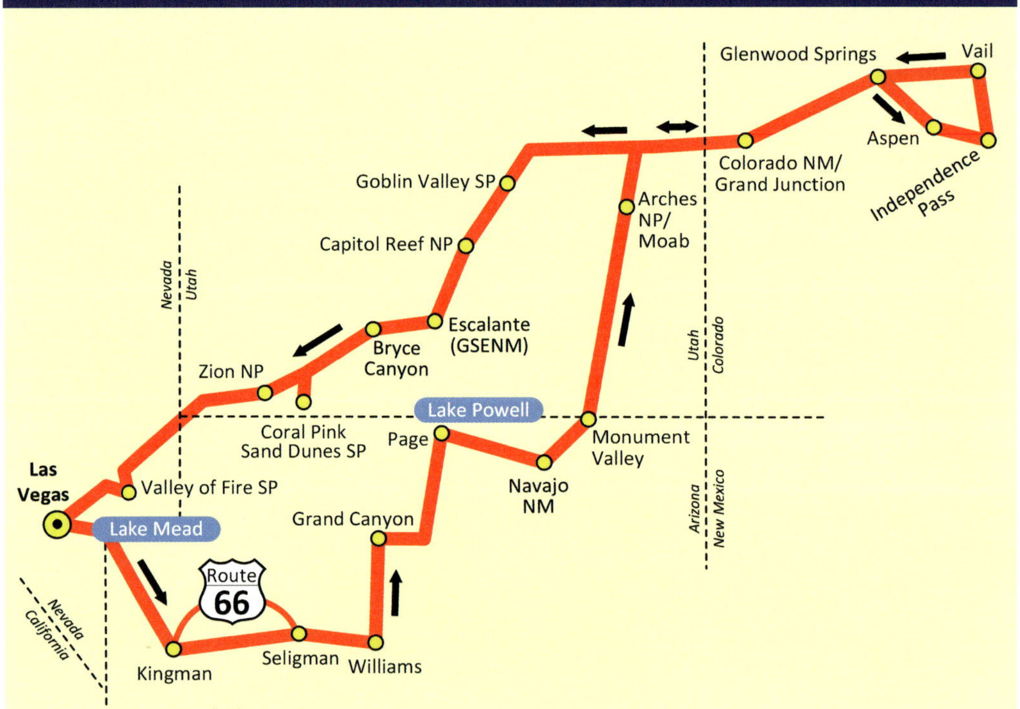

Damit du dich besser orientieren kannst, habe ich auf der nachfolgenden Karte der Vereinigten Staaten *die* Bundesstaaten eingezeichnet, welche du auf dieser beschriebenen Rundreise besuchen wirst (gestrichelte Linien). Aber auch von diesen fünf Bundesstaaten werden tatsächlich nur kleine Bereiche berührt (gelbe Fläche). Dies verdeutlicht auf eindrucksvolle Weise die enorme Größe der USA.

Die grüne Fläche (ohne Alaska und Hawaii) ist fast 23-mal so groß wie Deutschland. Und die bereisten Staaten nehmen zusammen mehr als die 4-fache Fläche Deutschlands ein. Aber nur ein Bruchteil dieser Staaten wird bei dieser Rundreise tatsächlich besucht:

- der südlichste Zipfel von Nevada mit der Stadt Las Vegas,
- der südliche Teil von Kalifornien, jedoch ohne Los Angeles/San Diego,
- das nördliche Arizona mit dem »Grand Canyon National Park«,
- das südliche Utah und
- ein »schmaler Streifen« im westlichen Colorado.

Ich muss zugeben, dass ich angesichts der in drei Wochen zurückgelegten Fahrstrecke von rund 5500 km selbst überrascht war, als ich diese Karte angefertigt habe, wie klein das bereiste Gebiet im Verhältnis ist.

5500 km mag auf den ersten Blick viel erscheinen, verteilt auf 21 Tage sind es im Schnitt aber viel weniger als 300 km am Tag – für amerikanische Verhältnisse durchaus erträglich. Und du wirst die Fahrstrecken auch nicht – wie im deutschen Autoverkehr – als Belastung empfinden. Im Gegenteil, das Autofahren in den USA ist viel angenehmer als in Deutschland, weil die Straßen meist breiter sind, die zulässige Fahrgeschwindigkeit geringer und in vielen Gegenden eine niedrigere Verkehrsdichte herrscht. Du siehst ständig etwas Interessantes, kannst dir den Weg zum Ziel machen und außerdem daran denken, dass du ja im Urlaub bist.

Du brauchst keine Befürchtungen wegen der Länge der Strecken zu haben. Im Vergleich dazu spulen geführte Busrundreisen durch die USA in der gleichen Zeit oftmals noch mehr Kilometer ab – als Mitreisender einer solchen Tour hat man dabei nicht die Möglichkeit, das Tempo selbst zu bestimmen.

Alte Tankstelle in Golden Shores an der Route 66

REISEVORBEREITUNGEN/BUCHUNGEN

Um diese Reise durchführen zu können, bedarf es einiger konkreter Vorbereitungen und Buchungen im Voraus. Der Rest ergibt sich dann unterwegs. Der nachfolgende zeitliche Rahmen (Timeline) gibt dir einen kompakten Überblick über deine Rundreise.

Timeline		
Woche 1		**Woche 2 und 3**
Mietwagen		**Wohnmobil**
Tag 1 bis 4 Im Voraus gebuchte Hotels u. Motels	**Tag 5 bis 7** Spontane Buchung von Motels	**Tag 8 bis 21** Campingplätze oder Parkplätze
Südwestliche Rundtour ab/bis Las Vegas		Östliche Rundtour ab/bis Las Vegas

Betonen möchte ich jedoch, dass die vollständige Durchführung dieser Reise aufgrund der verschiedenen **Klimazonen** nur von Mitte Juni bis Mitte September zu empfehlen ist. Außerhalb dieses Zeitraums könnten winterliche Straßenverhältnisse zum Problem werden. Das betrifft vor allem die Rocky Mountains. Ohne den Abstecher in die Rocky Mountains (siehe Tag 15 und Tag 16) kann der empfohlene Reisezeitraum auf Mai bis Oktober ausgedehnt werden. Aber auch das Colorado Plateau mit »Grand Canyon National Park«, »Arches National Park«, »Bryce Canyon National Park« und »Zion National Park« liegt in weiten Teilen mehr als 2000 m hoch über dem Meeresspiegel. Im »Winterhalbjahr« übergeben die Wohnmobilvermieter ihre Fahrzeuge zudem »winterfest«, um die Wasserleitungen vor Frost-

Warnung vor extremer Hitze an der Zufahrt ins Death Valley

schäden zu schützen, sodass dir im Wohnmobil kein Wasser zur Verfügung stehen würde. Mit Wetterkapriolen muss man außerdem immer rechnen.

Wenn du sichergehen möchtest, dass aus dieser Sicht alles reibungslos laufen könnte, empfehle ich als Reisezeitraum die Monate **Juli und August**. In dieser Zeit ist es zwar in Las Vegas, im Valley of Fire, im Süden von Kalifornien, insbesondere aber im Death Valley, extrem heiß. Aber die Luft ist trocken und nicht schwülheiß, sodass ich die Hitze eher als Erlebnis, denn als Belastung empfunden habe. Aber das ist meine subjektive Empfindung. Ich finde, dass man vor allem die Sommerhitze im Death Valley einfach einmal erlebt haben muss.

Die Rundreise ist deshalb so angelegt, dass die erste Woche mit einem Mietwagen sowie Übernachtungen in Hotels bzw. Motels durchgeführt wird. Zum einen ist es tendenziell etwas preiswerter als volle drei Wochen ein gemietetes Wohnmobil in der Hauptsaison zu nutzen, zum anderen gestatten es die meisten Wohnmobilvermieter nicht, während der heißen Sommermonate ins Death Valley zu fahren!

Die zweite und dritte Woche verbringst du dann im Wohnmobil. Hierfür kannst du dir sicherheitshalber zusätzlich einen **internationalen Führerschein** ausstellen lassen. Auskünfte erteilen die Führerscheinstellen. Ob dieser wirklich erforderlich ist, erfragst du am besten bei der Buchung des Wohnmobils, da hier die Meinungen auseinandergehen. Wenn du einen **Motorbootführerschein** besitzen solltest, kann es nicht schaden, auch diesen für den Besuch am Lake Powell einzupacken, wenngleich für die Anmietung eines kleinen Motorboots kein Führerschein erforderlich ist.

Die größte Schwierigkeit bei der Reisebuchung ist, die Flugtermine und den Mietzeitraum für das Wohnmobil in Einklang zu bringen. Am besten ist es also, wenn du die **Buchung des Hin- und Rückflugs nach und von Las Vegas sowie des Wohnmobils** aus einer Hand beziehst. Dann kann nichts schiefgehen. Wenn nicht, solltest du zunächst den Flug nach Las Vegas für drei Wochen buchen und danach entsprechend passend das Wohnmobil für die zweite und dritte Woche. Es muss auch berücksichtigt werden, dass an Sonntagen, zum Teil auch samstags, keine Wohnmobilübergabe erfolgt.

Erst das Wohnmobil zu buchen und dann nach einem Flug zu suchen, wäre dagegen keine gute Idee, um nicht zu sagen »eine schlechte Idee«! Denn dadurch bist du bei den Flügen zeitlich nicht mehr flexibel, was nicht nur teuer, sondern sogar zu einem unmöglichen Unterfangen werden kann, wenn nämlich keine Flüge mehr zur Verfügung stehen.

Bei getrennter Buchung muss die Flugbuchung also unbedingt als Erstes und *so* frühzeitig erfolgen, dass danach noch ausreichend Auswahl bei den Wohnmobilen besteht. Die Verfügbarkeit von Wohnmobilen ist in der Hauptreisezeit begrenzt, erst recht wenn das Budget beschränkt ist. So kann es sein, dass Wohnmobile mit familienfreundlichen Preisen ausgebucht sind, wenn du zu spät buchst. Es macht also durchaus Sinn, sich bereits ein Jahr vor der Reise darum zu kümmern, da es dann auch Frühbucherrabatte gibt. Besonders anwenderfreundlich ist z. B. das Online-Buchungssystem bei »Trans Amerika Reisen«. Ich empfehle, einfach einmal die Wohnmobilsuche durchzuspielen und sich die Suchergebnisse anzuschauen. Detailfragen zur Ausstattung und Preisberechnung lassen sich dann auch telefonisch klären.
www.trans-amerika-reisen.de

Einen **Mietwagen** für die erste Reisewoche zu bekommen, ist dagegen nicht das Problem und geht sogar kurzfristig. Aus versicherungstechnischen Gründen solltest du diesen jedoch unbedingt in Deutschland buchen, z. B. bei Autovermietern wie Alamo, Hertz, Avis, Sixt oder beim ADAC und nicht direkt bei einem Vermieter in den USA. Eine ausreichende Haftpflichtversicherung und eine Vollkaskoversicherung mit niedrigem oder ganz ohne Selbstbehalt sind unverzichtbar. Versicherungspakete, die man dir bei der Abholung des Mietwagens vor Ort zusätzlich anbietet, kannst du dann ablehnen. Zudem ist die Buchung im Voraus von Deutschland aus fast immer preiswerter als die Buchung in den USA.

Um die gesamten mehr als 2000 Wohnmobilmeilen (1 Meile = 1,609 km) abzudecken, solltest du gleich vier **500-Meilen-Pakete** mitbuchen. Die wenigen Zusatzmeilen, die möglicherweise noch hinzukommen, können dann bei der Rückgabe nachgezahlt werden. Die gefahrenen Meilen hängen auch wesentlich vom individuellen Fahrverhalten ab, davon z. B., ob man gerne einmal etwas vom »Kurs abweicht«. Die Zusatzmeile kostet ca. 0,40 Dollar plus Steuern (*tax*). Fünf 500-Meilen-Pakete, also 2500 Meilen, wären meines Erachtens für diese Reise zu viel und dadurch letztendlich teurer.

Der Aufpreis für ein **Navigationsgerät** muss nicht unbedingt sein. In Las Vegas und in den Weiten des Südwestens kommt man auch ohne »Navi« gut zurecht. Nur manchmal ist es mit einem Navigationsgerät eben doch einfacher, zumal es auch in deutscher Sprache funktioniert.

Nützlich wäre dagegen ein **Campingführer** für die zweite und dritte Urlaubswoche. Zwar sind die vorgesehenen Campingplätze (*campgrounds*) in diesem Reiseführer beschrieben. Für den Fall jedoch, dass ein Campingplatz besetzt sein sollte oder du anderweitig planst, indem du beispielsweise eine frühere oder spätere Rast einlegst, solltest du vorbereitet sein. Ein Campingführer erleichtert dann das Auffinden von Alternativen. Gewöhnlich gehört ein Campingführer zur Grundausstattung eines Wohnmobils. Das würde ich bei der Übernahme des Fahrzeugs jedoch prüfen. Natürlich kannst du dich bei Bedarf auch vor Ort jeweils nach dem nächsten Campground erkundigen oder sogar »wild campen«. Dabei muss erwähnt sein, dass das keinesfalls überall erlaubt ist und dabei auch einige Grundregeln zu beachten sind. Es findet sich jedoch immer eine Lösung. Mehr zum Camping in den USA habe ich im nachfolgenden Exkurs ausgeführt.

Wenn du mit **kleinen Kindern** unterwegs bist, solltest du dies wegen des vorgeschriebenen Rückhaltesystems sowohl bei der Buchung des Mietwagens als auch des Wohnmobils klären.

Im Rahmen der Buchung von Flug und Wohnmobil wird gewöhnlich auch eine Reiserücktrittsversicherung mit angeboten. Ich empfehle jedoch, die **Reiserücktrittsversicherung** nicht im Rahmen der Buchung von Flug und Wohnmobil abzuschließen, sondern das Rücktrittsrisiko stattdessen gesondert zu versichern. Das ist gewöhnlich der günstigere Weg, außerdem können dann die zusätzlichen Buchungen, wie die des Mietwagens und der Hotels, mitversichert sein. Am sinnvollsten ist meines Erachtens sogar eine Jahresversicherung, die alle Reisen innerhalb eines Jahres bis zum prämienabhängigen Höchstbetrag abdeckt. Das hat den weiteren Vorteil, dass man sich nicht bei jeder Reise gesondert um eine Reiserücktrittsversicherung kümmern muss. Mit der »Safetycard« (sc) habe ich bisher gute Erfahrungen gemacht:
www.sc-reiseschutz.de/reiseversicherungen_jahresversicherungen.html

Dort gibt es auch eine **Auslandsreisekrankenversicherung** als Jahresversicherung. Die Kosten sind bei derzeit 20 Euro pro Jahr für die ganze Familie so niedrig, dass man diese fast vernachlässigen kann.

Einladendes »Campground Office« am Bryce Canyon

Camping in den USA

Auch wenn du das Wohnmobil erst zu Beginn der zweiten Reisewoche übernimmst, ist es für die Fahrzeugmiete und die Reiseplanung dennoch wichtig, über einige Punkte bereits jetzt Bescheid zu wissen. Nachfolgend handle ich deshalb gleich alles ab, was mir im Zusammenhang mit dem Camping bzw. Wohnmobil wichtig erscheint.

Zunächst einmal heißen die Campingplätze in den USA *campgrounds* und es ist zu unterscheiden zwischen *campgrounds* mit *full hook-up*, *hook-up* und Stellplätzen ohne jeglichen Service. Der Begriff *hook-up* bedeutet, dass Anschlüsse für Strom und Frischwasser vorhanden sind. Bei *full hook-up* können zusätzlich das Schwarzwasser (Toilette) und das Grauwasser (Abwasser) mittels Schlauch an die Kanalisation angeschlossen werden, wodurch das Wohnmobil wie eine Wohnung genutzt werden kann. Es ist immer genug Wasser zum Duschen vorhanden und Abwasser und Kanal müssen nicht gesondert entsorgt werden. Der Schlauch für das Schwarzwasser befindet sich gewöhnlich in der hinteren Stoßstange des Wohnmobils.

Ohne *full hook-up* erfolgt die Entsorgung am Campingplatz über sogenannte *dump stations*. Nach einer »wilden« Übernachtung in der freien Natur oder auf einem Supermarkt-Parkplatz findet man auch an Tankstellen gelegentlich eine Entsorgungsstation.

Über folgende Punkte musst du dir erst bei der Übernahme des Wohnmobils in Las Vegas Gedanken machen und nicht bereits bei der Buchung:

Da wäre zum einen die Frage, ob du einen **Grill** mieten oder gar kaufen möchtest. Ich halte weder das eine noch das andere für erforderlich. Denn fast immer stehen auf den Campingplätzen Grills zur Verfügung, entweder pro Stellplatz oder in unmittelbarer Nähe. Vermutlich wirst du auch nicht so oft grillen, weil dir entweder die Zeit oder die Muße fehlen, wenn du nach einem aufregenden, aber gleichwohl anstrengenden Tag, den Campingplatz erreichst. Sinnvoll sind jedoch Grillschalen für das Grillgut, damit du das Fleisch nicht direkt auf den Rost legen musst.

Ich empfehle jedoch unbedingt, **Campingtisch und Stühle** für alle Mitfahrer zu mieten, was ebenfalls erst vor Ort bei der Wohnmobilübernahme passiert. Denn nur einige Campingplätze verfügen über feste Sitzgelegenheiten an jedem Stellplatz. Möglicherweise möchtest du zum Frühstück oder Abendessen

Entspannende Ruhe und Abgeschiedenheit auf dem »Atlatl Rock Campground« im Valley of Fire

nicht auf eine gemütliche Sitzgelegenheit im Freien verzichten.

Schließlich verfügen amerikanische Wohnmobile grundsätzlich über einen **Stromgenerator**. Dieser versorgt dich auch außerhalb eines Campingplatzes mit Strom, insbesondere für den Betrieb der Klimaanlage, allerdings muss das gesondert bezahlt werden. Die Wohnmobilvermieter bieten hier Pauschalen für die unbegrenzte Nutzung (z.B. 5 Dollar pro Tag) oder nutzungsdauerabhängige Tarife (z.B. 3 Dollar pro Stunde) an. 14 Tage kosten also pauschal 70 Dollar, was gut 23 Stunden á 3 Dollar entspricht. Mir ist es in 14 Tagen trotz größter Hitze nicht gelungen, 23 Stunden Generatorzeit zusammenzubekommen. Deshalb empfehle ich die Buchung des Zeittarifs.

Im Übrigen ist es legitim, zum Beispiel in den *national forests* (Landesforstgebiete) im Abstand von einer Viertelmeile zu Campingplätzen gebührenfrei zu übernachten (*dispersed camping*), sofern es nicht ausdrücklich untersagt ist. Hier ist es einfach wichtig, vernünftigen Menschenverstand walten zu lassen und sich umweltgerecht zu verhalten. Wie heißt es so schön: »*Take only pictures and leave only footprints*« (»Fotografiere nur und hinterlasse nur Fußabdrücke.«). Wenn du das berücksichtigst, wird nichts schiefgehen – Fragen kostet schließlich auch nichts. Grundstückseigentum (*private property*) muss unbedingt respektiert werden.

Auch wenn es reizvoll erscheint, sollte man grundsätzlich nicht zu wenig Abstand von Gewässern halten, damit eine eventuelle Verunreinigung derselben durch das Fahrzeug ausgeschlossen werden kann. Wenn man spät ankommt, nur noch schlafen möchte und die landschaftliche Umgebung unwichtig ist, tut es auch erlaubtes *overnight parking* (Übernachtparken) auf einem großen Supermarkt-Parkplatz, insbesondere bei »WalMart«. Oftmals ist man dort mit seinem Wohnmobil zudem nicht allein, was auch eine Frage der Sicherheit ist.

Ich muss außerdem zugeben, dass ich mir über die Art der Campingplätze, ob privat, staatlich, NF (*National Forest*) oder KOA (*Kampgrounds of America*, eine Campingplatzkette) wenig Gedanken gemacht habe und immer gut gefahren bin. Letztlich wird die Auswahl der Campingplätze durch die gewählte Route ohnehin eingeschränkt und ist auch den jeweiligen Reisezielen untergeordnet. Wenn du tagsüber schon viele Meilen gefahren bist, hast du abends möglicherweise keine Lust mehr, noch übermäßig lange herumzufahren, um eine noch bessere oder günstigere Übernachtungsmöglichkeit zu suchen. Das geht nur zulasten der Urlaubszeit und der Entspannung. Ich empfehle deshalb, den nächstbesten Campingplatz zu wählen. Dieser Reiseführer nimmt dir die Entscheidung über die jeweiligen Übernachtungsplätze ohnehin weitestgehend ab, sodass sich diese Frage nur ausnahmsweise stellt.

Noch etwas zur Bezahlung auf den Campingplätzen: Auf privaten Plätzen ist regelmäßig Personal vor Ort, spätestens am nächsten Morgen. Bei staatlichen Campingplätzen findet man häufig Selbstregistrierungssysteme (*self-registration*) vor. Das bedeutet, man steckt das Geld in ein bereitliegendes Couvert, beschriftet dieses mit dem Namen und der Stellplatznummer und wirft es in einen gesicherten Briefkasten. Hierfür ist also etwas Bargeld unverzichtbar. Die Preise unterscheiden sich je nach Komfort, die Spanne reicht von kostenfrei bis über 30 Dollar pro Nacht.

APIS-Datenerfassung

Nicht zu unterschätzen sind die Formalien, die du beachten musst. Die Fluggesellschaften sind bei Flügen in die USA im Rahmen von »Secure Flight« verpflichtet, im Zeitpunkt der Flugbuchung Name, Geschlecht und Geburtsdatum der Flugpassagiere zu melden. Dabei handelt es sich um ein Programm der US-amerikanischen »Transportation Security Administration« (TSA). Diese TSA-Daten werden bei der Flugbuchung grundsätzlich übermittelt.

Hiervon zu unterscheiden sind jedoch die **APIS-Daten** (APIS = Advance Passenger Information System). Hierzu gehören weitere persönliche Daten wie Adresse, Reisepassnummer und Kontaktadresse in den USA. Diese Daten werden bei der Flugbuchung nicht weitergeleitet und müssen über die **Homepage der Fluggesellschaft** spätestens 72 Stunden vor Abflug selbst eingegeben werden! Das Log-in auf der Homepage der Fluggesellschaft erfolgt mittels Namen und Buchungsnummer. Bisweilen liest man, dass alternativ auch ein APIS-Formblatt ausgedruckt, ausgefüllt und beim Check-in am Flughafen übergeben werden kann. Das wäre allerdings zu spät und würde gegen die 72-Stunden-Regel verstoßen!

Bitte berücksichtige, dass es sich hierbei – wie auch bei den folgenden Ausführungen – um den Stand der Einreisebedingungen im Zeitpunkt der Drucklegung handelt. Die Einreisebestimmungen können sich jederzeit ändern. Es empfiehlt sich deshalb, im Rahmen der Flugbuchung nachzufragen.

ESTA/»Visa Waiver Program«

Allgemein bekannt ist mittlerweile dagegen die sogenannte ESTA-Registrierung für die visafreie Einreise (Elektronisches System zur Einreisegenehmigung, *Electronic System for Travel Authorization* – ESTA). Denn Staatsangehörige bestimmter Länder, darunter auch Deutschland, Österreich und die Schweiz, können im Rahmen des »*Visa Waiver Programs*« (VWP) grundsätzlich ohne Visum in die USA reisen und sich dort als Tourist maximal 90 Tage pro Reise aufhalten. Geschäftliche Gründe, z. B. die Informationsbeschaffung für diesen Reiseführer sowie Messen, sind damit auch abgedeckt, jedoch nicht das Ziel der Arbeitsaufnahme.

Für die Einreisegenehmigung im Rahmen des »Visa Waiver Programs« musst du deine persönlichen Daten online im ESTA-System erfassen. Die US-Botschaft in Deutschland warnt vor »nicht ordnungsgemäß zugelassenen Drittanbietern«. Nur

der nachfolgende Internetlink führt zur offiziellen Internetseite des »Department of Homeland Security«.
esta.cbp.dhs.gov/esta

Du wählst zunächst die gewünschte Sprache aus. Für die erforderlichen Angaben benötigst du deinen Reisepass. Auch wenn du mehrere Vornamen hast, trägst du nur den ersten Vornamen ein. Der zweite Vorname (*middle name*) wird nicht angegeben. Das ist ein Unterschied zur APIS-Datenerfassung.

Aufpassen musst du insbesondere bei der Eingabe der Reisepassnummer. Wenn du statt einer Null (»0«) den Großbuchstaben »O« eintippst, kann dies zu Problemen führen. Aber das ist leicht zu merken, denn der Buchstabe »O« kommt in deutschen Reisepassnummern niemals vor! Es muss sich also zwangsläufig um eine Null handeln! Dies kann in der nachfolgenden Publikation des Bundesinnenministeriums nachgelesen werden:
www.bmi.bund.de/cae/servlet/contentblob/374538/publicationFile/17985/epass_d_alphanumerische_seriennummer_flyer.pdf

Bei der Frage nach der *National Identification Number* ist die Nummer des Personalausweises gemeint. Wenn du »nur« über einen Reisepass verfügst, nicht aber über einen Personalausweis, sollte lediglich »*unknown*« (dt. unbekannt) oder »*does not apply*« (dt. gilt nicht, nicht relevant) eingetragen werden. Doppelte Staatsbürgerschaften müssen jedoch unbedingt genannt werden.

Für den ESTA-Antrag wird eine Gebühr von derzeit 14 Dollar erhoben, die nur mit Kreditkarte beglichen werden kann. Nachträgliche Änderungen der persönlichen Daten verursachen keine Kosten. Die ESTA-Genehmigung hat dann eine taggenaue Gültigkeit von zwei Jahren. Es kann also durchaus Sinn machen, die Erfassung der persönlichen Daten nicht zu früh vorzunehmen, damit auch die USA-Reise in zwei Jahren möglicherweise noch in den Genehmigungszeitraum fällt. Zu spät sollte der ESTA-Antrag allerdings auch nicht gestellt werden, um noch eventuelle Unklarheiten regeln zu können. Der Antrag kann im Prinzip zu jedem Zeitpunkt vor der Einreise gestellt werden, selbst wenn noch keine konkreten Reisedaten vorliegen. Die Genehmigung erfolgt gewöhnlich innerhalb weniger Sekunden. Ich empfehle aber, den Antrag bald nach der Reisebuchung zu stellen, um ausreichend Zeit für alle Eventualitäten zu haben. Was sind schon 14 Dollar im Verhältnis zum Reisepreis? Eine möglicherweise notwendige Beantragung und Erteilung eines US-Visums im amerikanischen Konsulat kann außerdem viel Zeit in Anspruch nehmen. Keinesfalls sollte man die 72-Stunden-Regel ausreizen und den Antrag erst auf den letzten Drücker stellen.

Für eventuelle Änderungen deiner Daten solltest du dir die Auftragsnummer der ESTA-Genehmigung notieren. Zwar soll es keine Verpflichtung geben, geänderte Daten zu berichtigen, ich empfehle jedoch wesentliche Änderungen vorzunehmen, damit die schönste Zeit des Jahres bei der Einreise in die USA nicht vorzeitig endet. Aus dem gleichen Grund rate ich dazu, die ESTA-Genehmigung auszudrucken und mitzuführen. Wenn du von einer vorangegangenen USA-Reise noch eine nicht abgelaufene ESTA-Genehmigung hast, können die Flugdaten allerdings nicht geändert werden. Gleichwohl bleibt die ESTA-Genehmigung gültig.

Wird die Genehmigung nicht unmittelbar nach der Onlineerfassung erteilt und du erhältst die Antwort, dass deine Genehmigung bearbeitet wird, musst du dich innerhalb der nächsten Tage erneut einloggen und prüfen, ob die Genehmigung mittlerweile erfolgt ist.

Das Ausfüllen des Antrags am Bildschirm erfordert darüber hinaus auch etwas Zeit und Ruhe. Der Respekt vor dem »United States Department of Homeland Security« (DHS, Ministerium für Innere Sicherheit in den Vereinigten Staaten) lässt dich die Richtigkeit deiner Eintragungen mehrmals überprüfen – du wirst schon sehen! ☺ Und das wiederholt sich bei den Anträgen für alle Mitreisenden!

Weitere Informationen zum Thema finden sich auf der Internetseite der US-Botschaft in Deutschland.
🌐 de.usembassy.gov/de/visa/esta

Empfohlene Hotel-Reservierungen

Nachdem die Flugzeiten feststehen und die Reservierung des Wohnmobils für die zweite und dritte Reisewoche in trockenen Tüchern ist, müssen noch die **ersten vier Übernachtungen** gebucht werden.

Für die danach folgenden drei Nächte bis zur Übernahme des Wohnmobils ist dagegen keine Vorreservierung erforderlich. Die abendlichen Ziele sind so angelegt, dass ausreichend Motels vorzufinden sind. Wenn du ADAC-Mitglied bist, kann es außerdem nicht schaden, die Mitgliedskarte beziehungsweise die amerikanische AAA-Version mitzuführen. Manche Motels gewähren einen AAA-Discount. Fragen kostet ja nichts.

Für den Tag der Anreise mit dem Flugzeug und den nächsten Tag buchst du bitte **zwei Übernachtungen in einem Hotel in Las Vegas** voraus. Die Auswahl ist riesengroß und es ist für jeden Geldbeutel etwas dabei. Auch die Hotels direkt am »Las Vegas Strip«, dem berühmten Abschnitt des Las Vegas Boulevards, sind grundsätzlich erschwinglich. Vielleicht möchtest du es zur berühmten Flaniermeile auch nicht weit haben und suchst dir dort ein Hotel. An den Wochenenden sind die Hotelpreise höher als unter der Woche.

Übernachtungen in Las Vegas

Ich habe mit dem **Stratosphere Hotel** gute Erfahrungen gemacht. Das Hotel ist preiswert und hat einen weiteren Vorteil. Wer dort übernachtet, kann kostenlos auf dem Stratosphere Tower, dem Wahrzeichen von Las Vegas, die grandiose Aussicht über die 2-Millionen-Metropole bei Tag und bei Nacht genießen.
www.stratospherehotel.com

Der Stratosphere Tower liegt nicht unmittelbar im Zentrum des »Strips«, sondern einige Fußminuten entfernt am nördlichen Ende. Die kurze Strecke kann aber auch mit dem Bus zurückgelegt werden. Ein weiterer »großer Vorteil« ist, dass sich gleich neben dem Hotel mein Lieblingsrestaurant »IHOP« befindet, was für »International House of Pancakes« steht, welches außer *pancakes* auch leckere Omeletts anbietet. *Pancakes* sind süße Pfannkuchen, die traditionell mit viel Ahornsirup serviert werden. Ich empfehle zum Frühstück *pancakes* mit Bananen, Erdbeeren und Sahnedip. Zugegeben, *das* vermisse ich in Deutschland! ☺
www.ihop.com

Das »Stratosphere Hotel« und überhaupt die Hotels in Las Vegas lassen sich am einfachsten über die großen deutschen Hotelportale online buchen, z. B. bei »Expedia«.
www.expedia.de

Für den Reiseverlauf spielt es aber keine Rolle, welches Hotel du in Las Vegas für die ersten beiden Nächte buchst. Eine preisgünstige Alternative ist auch das zentral am »Strip« gelegene Hotel und Casino »Flamingo« direkt gegenüber vom Hotel »Caesars Palace«. Dann müsstest du für den Besuch des Stratosphere Towers jedoch extra Eintritt bezahlen.
www.flamingolasvegas.com

Der Stratosphere Tower – das Wahrzeichen von Las Vegas

FUN CIT
MOTEL
VACANCY
Cable TV
local Telephone Calls
Daily/Weekly Rates
Major Credit Cards Accepted
MOTEL
STRATOSPHERE
PIN UP

Showbesuch in Las Vegas

Möchtest du eine Show in Las Vegas besuchen, kann es sinnvoll sein, *das* Hotel zu reservieren, in dem die Show stattfindet. Dann hast du einen »kurzen Weg« vom Hotelzimmer zum Veranstaltungsort und musst den klimatisierten Bereich nicht verlassen.

Bei einer aktuell angesagten **Show** und speziellen Sitzplatzwünschen, solltest du die Eintrittskarten rechtzeitig vor Reisebeginn online buchen, z. B. über die Telefonhotline des Veranstaltungsorts, meistens Hotels, oder über diverse Internetseiten von Las Vegas. Die Tickets holst du dann einige Stunden vor der Show direkt am Veranstaltungsort ab.
www.lasvegas.com/shows-and-events
www.lasvegas.com/shows-and-events/live-music (für Konzerte)
www.vegas.com, Menüpunkt »Shows«

Für den Besuch einer Show stehen dir folgende Abende zur Verfügung:

- der erste Abend nach der Ankunft in Las Vegas (wenn du vom langen Flug nicht zu müde bist; das könnte zeitlich aber auch knapp werden),
- der zweite Abend nach der Ankunft (das passt wohl schon besser),
- der siebte Abend, also der Abend vor der Rückgabe des Pkw und der Übernahme des Wohnmobils,
- der letzte Abend vor dem Rückflug.

Sofern sich dir bei deiner Recherche keine Show aufdrängt, welche du unbedingt sehen willst, kannst du dich auch ohne Vorreservierung noch tagsüber in Las Vegas nach einer geeigneten Abendunterhaltung erkundigen und Eintrittskarten an der Tageskasse erwerben.

Übernachtung im Death Valley

Unabdingbar jedoch ist die Buchung der Unterkunft in Stovepipe Wells im **Death Valley** für die **dritte Nacht**. Verständlicherweise ist im Death Valley das Angebot an Unterkünften nicht so groß und ohne Vorreservierung steht man am Ende ohne Übernachtungsmöglichkeit da.
Stovepipe Wells Hotel
www.deathvalleyhotels.com
☎ +1-760-786-2387
✉ frontdesk@deathvalleylodgingco.com

Alternativ bieten sich folgende Möglichkeiten im Death Valley an: das ebenfalls zentral gelegene »Furnace Creek Resort« mit Ranch oder teurerem Inn sowie das »Panamint Springs Resort« am westlichen Ausgang des Tals. Damit wären die Übernachtungsmöglichkeiten im zu besuchenden Teil des Death Valleys aber auch schon abschließend aufgezählt.

Furnace Creek Ranch (Das Inn hat im Sommer nicht geöffnet)
🌍 www.furnacecreekresort.com
☎ +1-303-297-2757
✉ reserve-fc@xanterra.com
oder
Panamint Springs Resort
🌍 www.panamintsprings.com
☎ +1-775-482-7680
✉ Keine Reservierungen per E-Mail

Mein eindeutiger Favorit ist jedoch die Übernachtung in Stovepipe Wells. Die 1926 begründete Motel-Anlage im Herzen des Death Valleys versprüht eine romantische Westernatmosphäre, welche auch durch den Slogan des Hauses »Where the desert meets the sky« (dt. »Wo die Wüste den Himmel trifft«) zum Ausdruck kommt. Du solltest dich deshalb gleich nach der Reisebuchung um die Vorreservierung in Stovepipe Wells bemühen.

Übernachtung in Lone Pine

Die letzte Buchung sollte für die **vierte Nacht** in dem »Filmstädtchen« **Lone Pine** vorgenommen werden. Dort befindet sich das »Dow Villa Motel« mit dem angrenzenden historischen **Dow Hotel**. Es wäre schade, wenn du in Lone Pine eine andere Unterkunft buchen würdest. Denn das historische »Dow Hotel« ist urgemütlich und bietet viele Erinnerungen an Westernfilme und deren Helden. Vielleicht bekommst du ja sogar das originale »John-Wayne-Zimmer« zugeteilt!

Dow Villa Motel
310 South Main Street, Lone Pine/CA 93545
🌍 www.dowvillamotel.com
☎ +1-760-876-5521
✉ dowvilla@lonepinetv.com

Sollte es wider Erwarten mit einer Vorreservierung im historischen »Dow Hotel« nicht funktionieren, empfehle ich die Buchung im »Dow Villa Motel« unter der gleichen Rufnummer. Das Motel ist an den historischen Teil angebaut und man kann sich den historischen Hotelbereich gleichwohl anschauen.

Weitere Unterkünfte in Lone Pine findest du unter der Internetadresse der Touristinformation in Lone Pine, dem »Lone Pine Chamber of Commerce«. Aber das wird bei rechtzeitiger Buchung wohl nicht erforderlich sein.
www.lonepinechamber.org/lodging

Weitere Übernachtungen

Für die Nächte fünf bis sieben in Yucca Valley, Kingman und nochmals in Las Vegas habe ich keine Vorreservierung vorgesehen. Zum einen gibt es an diesen Tageszielen ausreichend Übernachtungsmöglichkeiten, zum anderen bleibt dadurch auch eine gewisse Flexibilität bei der Reisedurchführung bestehen. Denn nach vier Reisetagen kann es durchaus sein, dass du etwas entdeckst oder erfährst, was dich vom Reiseplan etwas abweichen lässt. Wichtig ist nur, dass du nach einer Woche zur Übernahme des Wohnmobils wieder in Las Vegas bist. Aber natürlich empfehle ich, die vorgesehene Route einzuhalten. Wenn du möchtest, kannst du aber auch für diese drei Nächte vorreservieren, z. B. das »Best Western Joshua Tree Hotel & Suites« in Yucca Valley und das »El Trovatore Motel« in Kingman (siehe die Abschnitte zu Tag 5 und Tag 6).

Zahlungsmittel

Ein wesentlicher Teil der Reisevorbereitung entfällt auch auf die benötigten Zahlungsmittel. Deshalb räume ich diesem Thema nachfolgend ausführlich Raum ein. Die Zeiten von Reiseschecks und Bargeldumtausch in Dollar bei einer deutschen Bank gehören der Vergangenheit an. Es ist zwar etwas Bargeld in kleinen Dollar-Scheinen sinnvoll, z. B. für Trinkgeld, Campingplatzgebühren oder sonstige kleine Ausgaben. Die Grundausstattung mit Bargeld solltest du dir jedoch erst nach der Ankunft in Las Vegas an einem Geldautomaten (*ATM*, Abk. für »Automatic Teller Maschine«) einer seriösen Bank oder gegebenenfalls noch am Flughafen beschaffen.

An Automaten steht der Menüpunkt »Withdrawal« für Barabhebung und wird mit »Yes« beantwortet. Die Frage auf dem Display des *ATM* nach »Debit or Credit« beantwortest du grundsätzlich mit »Credit«. Das gilt auch beim Bezahlen mit Kreditkarte, z. B. an der Tankstelle. Selbst wenn du »nur« über eine Debit-Karte verfügst oder die Maestro-Karte verwendest, wählst du »Credit«. Das sichert den besseren Abrechnungskurs und vermeidet das interne Abrechnungssystem der amerikanischen Bank (siehe dazu den nachfolgenden Abschnitt »Währungsumrechnung«).

Allgemein ist es jedoch am praktischsten, mit Kreditkarte zu zahlen, zumal diese Zahlungsart in den USA wesentlich selbstverständlicher ist als in Deutschland. Für die Vorreservierung eines Motels, eines Campingplatzes oder einer Veranstaltung in Las Vegas ist eine Kreditkarte unverzichtbar. Das bargeldlose Bezahlen ist zudem nicht nur bequem, sondern mit üblicherweise 1,5% bzw. 1,75% Gebühr für den Auslandseinsatz auch recht preiswert. Es erfordert jedenfalls unnötigen Aufwand, immer ausreichend Bargeld vorrätig zu haben.

Wenn du bereits über eine Kreditkarte verfügst, solltest du mit deiner Bank Kontakt aufnehmen, die Eignung der Kreditkarte für die USA abklären und dir die vierstellige PIN-Nummer einprägen. Visa und Mastercard können problemlos eingesetzt werden. Die geringere Verbreitung anderer Kreditkarten könnte ggf. Probleme bereiten.

Wenn du noch nicht über eine geeignete Kreditkarte verfügst, bietet sich beispielsweise ein Angebot der Deutschen Kreditbank AG (DKB) an. Mit diesem erhält man neben einem kostenlosen Onlinekonto mit Maestro-Karte auch eine kostenlose Kreditkarte, mit der man weltweit, nicht nur in den USA, an Automaten gebührenfrei Bargeld beziehen kann. Auf diese Weise könntest du dir auch preisgünstig eine zweite Kreditkarte anschaffen, für den Fall, dass deine bereits vorhandene Kreditkarte aus technischen Gründen einmal Probleme machen sollte. Die bisherige Praxis der DKB, Fremdgebühren zu erstatten, gehört seit dem 1. Juni 2016 leider der Vergangenheit an.
🌐 www.dkb.de

Es ist sinnvoll, wenn du dich bei deiner Hausbank danach erkundigst, ob deine Maestro-Karte für die USA freigeschaltet werden kann. Dann kannst du ggf. mit deiner Maestro-Karte preiswert, eventuell nur bei bestimmten Partnerbanken, Bargeld beziehen. Hierfür muss deine Maestro-Karte jedoch noch über einen Magnetstreifen und nicht ausschließlich über einen Chip verfügen. Ich kann hier nur für die »Deutsche Bank« sprechen, deren Maestro-Karte nach Freischaltung die kostenlose Bargeldabhebung bei der Partnerbank »Bank of America« erlaubt.

Währungsumrechnung

Wenngleich ich in den USA das nachfolgende Problem bisher nicht hatte (oder davon nichts bemerkt habe), möchte ich es der Vollständigkeit halber dennoch beschreiben. Das Stichwort lautet **Dynamic Currency Conversion** (DCC) und lässt sich am besten mit »Direktumrechnung» oder »Sofortige Umrechnung« beschreiben. Das Problem besteht sowohl am Geldautomaten, als auch bei Kreditkartenzahlungen. Nach meiner Erfahrung wird man mit dieser Gebührenmasche vor allem in Nicht-Euroländern Europas konfrontiert. Aber es kann nicht schaden, darüber informiert zu sein.

Bei der Bargeldabhebung macht es nämlich einen erheblichen Unterschied, ob man die schlichte Auszahlung in Landeswährung oder die Abrechnung in Euro wählt. Die Automatenaufsteller sind also bestrebt, dass du dich für die Abrechnung in Euro entscheidest, denn dann können sie selbst einen für dich ungünstigen Umrechnungskurs festlegen. Schließlich hast du den Automatenaufsteller selbst gewählt und diesen zum Geldwechsler bestimmt. Du solltest also immer die Abrechnung in Landeswährung, also in Dollar, wählen, weil dann dem Automatenaufsteller nichts anderes übrig bleibt, als den ausgezahlten Fremdwährungsbetrag deiner Hausbank zu übermitteln, welche den günstigeren Interbankenkurs zugrunde legt.

Natürlich versuchen die Automatenhersteller, dir die Abrechnung in Euro schmackhaft zu machen. Mit dem »Euro« fühlst du dich wohl eher »verbunden«. Wenn auf dem Display also zum Beispiel »garantierter Wechselkurs« erscheint, klingt das zunächst vorteilhaft. Das ist es aber nicht. Denn garantiert wird der ungünstigere Wechselkurs des Automatenaufstellers! Der *nicht* garantierte Interbankenkurs ist dagegen garantiert (!) günstiger.

Hast du allerdings erst einmal den Automatenaufsteller »versehentlich« zum Geldwechsler gemacht, nutzen auch Beschwerden bei der Hausbank nichts mehr. Schließlich war es *deine* Entscheidung. Und selbst wenn das Geldabheben gebührenfrei war bzw. die Gebühren erstattet werden – am ungünstigen Umrechnungskurs ändert das nichts mehr.

PIN-Nummern der Bankkarten

Wenn du für deinen Urlaub mit Bankkarten bestens ausgestattet bist, besteht noch die Notwendigkeit, sich die PIN-Nummern zu merken. Während du die Geheimzahl deiner Maestro-Karte bestimmt auswendig weißt, ist das bei Kreditkarten nicht unbedingt der Fall und schon gar nicht, wenn du mehrere oder gar eine neue Kreditkarte mit auf die Reise nimmst. Die PIN-Nummern in Klarschrift aufzuschreiben ist aber bekanntlich keine gute Idee. Ich verrate dir deshalb einen einfachen Trick, mit dem du sämtliche PIN-Nummern verschlüsselt notieren kannst. Am einfachsten lässt sich das anhand eines Beispiels erläutern.

In der nachfolgenden vorausgefüllten PIN-Card sind die Buchstaben des Alphabets jeweils mit neun Ziffern umgeben. Für die beispielhaft eingetragene »Sparkassen-Card« gelten dabei die jeweiligen Ziffern in der Mitte über den Buchstaben.

Mein einfach zu merkendes Geheimwort lautet »VEGAS«. Also kann ich die PIN »meiner« Sparkassen-Card wie folgt ablesen:

Über dem 1. Buchstaben »V« steht in der PIN-Card die Ziffer »5«.
Über dem 2. Buchstaben »E« steht in der PIN-Card die Ziffer »3«.
Über dem 3. Buchstaben »G« steht in der PIN-Card die Ziffer »0«.
Über dem 4. Buchstaben »A« steht in der PIN-Card die Ziffer »4«.

Die PIN lautet also »5304«. Der 5. Buchstabe »S« interessiert nicht mehr, weil die PIN immer nur 4 Ziffern hat.

										Sparkassen-Card										
1	4	8	4	5	8	3	2	9	0	3	6	1	3	8	6	4	8	3	0	4
5	**A**	6	5	**B**	6	1	**C**	0	4	**D**	1	2	**E**	5	4	**F**	3	2	**G**	1
6	5	9	0	1	3	4	9	6	7	7	2	1	7	6	8	5	3	4	2	6
1	6	7	6	5	2	3	4	9				1	5	6	8	3	1	5	6	7
3	**H**	3	3	**I**	4	4	**J**	5				6	**K**	8	9	**L**	0	1	**M**	6
2	2	1	9	8	8	7	5	3				1	2	9	6	5	7	7	6	1
2	3	9	8	7	6	1	5	6				3	2	7	5	6	7	3	5	1
3	**N**	9	1	**O**	6	8	**P**	6				1	**Q**	6	6	**R**	4	8	**S**	9
0	0	1	6	8	7	9	0	3				4	4	3	1	9	8	3	2	7
2	2	3	5	3	4	3	5	3	3	3	6	9	9	8	7	5	6	6	5	2
2	**T**	8	4	**U**	3	5	**V**	3	8	**W**	0	9	**X**	7	6	**Y**	5	4	**Z**	4
4	0	1	2	4	4	5	3	9	7	6	6	0	0	1	3	2	4	9	7	6

Um dies mit deinen eigenen PIN-Nummern durchzuführen, trägst du zunächst den Namen deiner Bankkarte in das obere mittlere Feld ein. Dann suchst du dir ein leicht zu merkendes Geheimwort, z. B. »AMERIKA«. Wichtig ist nur, dass bei den ersten vier Buchstaben kein Buchstabe doppelt vorkommt. Angenommen die PIN deiner Bankkarte lautet »6927«, dann trägst du in der PIN-Card über dem Buchstaben »A« die Ziffer »6« ein, über dem Buchstaben »M« die Ziffer »9«, über dem Buchstaben »E« die Ziffer »2« und über dem Buchstaben »R« die Ziffer »7«. Die folgenden Buchstaben interessieren nicht mehr.

Dann füllst du zur Tarnung die Felder über allen anderen Buchstaben mit beliebigen Ziffern aus. Somit kann niemand, der dein Passwort nicht kennt, deine PIN nachvollziehen. Nur du kannst mithilfe deines Passworts deine PIN-Nummer aus dem Zahlenwirrwarr entschlüsseln!

			Deine Bankkarte		oben rechts	
6	4	5	1	2	0	3
A	**B**	**C**	**D**	**E**	**F**	**G**
9	6	5		1	2	9
H	**I**	**J**		**K**	**L**	**M**
4	1	2		6	7	0
N	**O**	**P**		**Q**	**R**	**S**
5	4	1	3	7	2	8
T	**U**	**V**	**W**	**X**	**Y**	**Z**

Ebenso verfährst du mit deinen anderen Bank- und Kreditkarten. Die Ziffern rechts über den Buchstaben sind dann der Bankkarte zugeordnet, die du »oben rechts« auf der PIN-Card einträgst.

Auf diese Weise können mit *einer* PIN-Card insgesamt bis zu 8 PIN-Nummern verschlüsselt werden. Und das Beste: Du musst dir für alle PIN-Nummern nur ein einziges Passwort merken!

Von der nachfolgenden Blanko-PIN-Card machst du am besten eine Kopie.

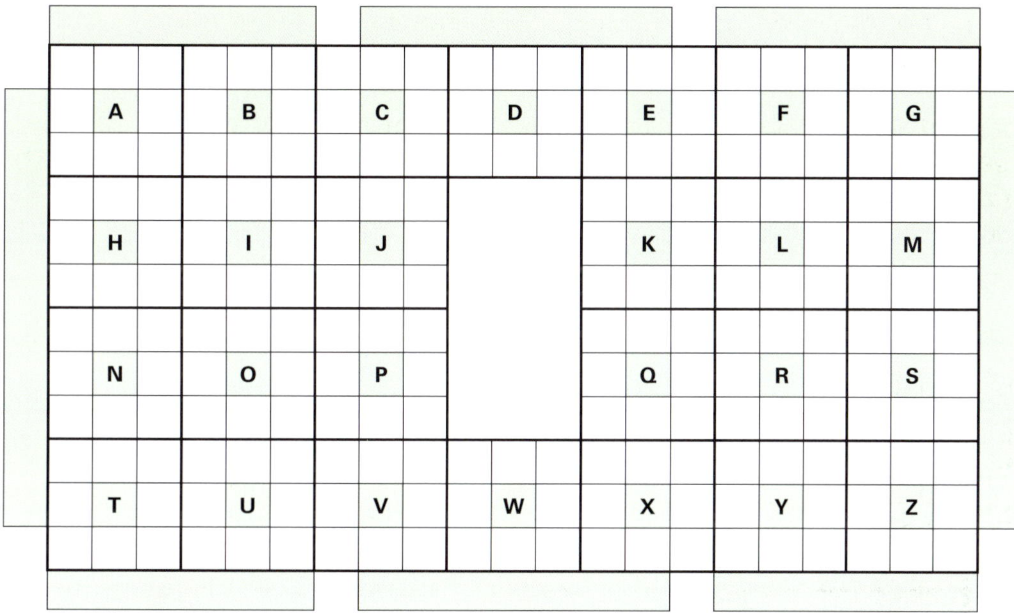

Handy- und Internetnutzung

Schließlich musst du dir über die Handy- und Internetnutzung in den USA Gedanken machen. Nicht zuletzt geht es dabei auch ums Geld, extrem hohe Gebühren können vermieden werden.

Ich habe in den letzten Jahren mit dem »Cellion-Tarif« der »BlueBell Telecom AG« gute Erfahrungen gemacht.
www.cellion.de

Bei Cellion erhältst du nur für deinen Urlaub (das Angebot gilt aber auch für Geschäftsreisen) eine amerikanische Rufnummer und musst so keine Roaming-Gebühren zahlen. Die SIM-Karte kannst du bereits vor deiner Reise bestellen und

Vorfreude auf den Bryce Canyon – »Hoodoos« am »Mossy Cave Trail«

nach der Einreise in die USA in dein Handy oder Smartphone einlegen. Hierzu benötigst du »nur« ein quadbandfähiges Gerät, welches auch die zwei amerikanischen GSM-Frequenzen 850 und 1900 MHz unterstützt. Die meisten neuen Smartphones erfüllen diese Voraussetzung. Eventuell müssen die Frequenzen in den Einstellungen deines Smartphones freigeschaltet werden. Dein Handy darf keine SIM-Lock oder Net-Lock aufweisen oder die Sperre müsste bei deinem Mobilfunkvertragspartner aufgehoben werden. Tribandhandys sind jedoch nicht ausreichend, weil diese nur eine der beiden amerikanischen GSM-Frequenzen abdecken. Solltest du ausnahmsweise nicht über ein Quadband-Handy verfügen, kannst du dir nur für den USA-Urlaub ein Billigmodell anschaffen. Ich habe mir das Quadband-Handy Wiko RIFF für nur 29 Euro besorgt, also kein Smartphone, weil ich nur telefonieren wollte. Für das Internet nutze ich stattdessen ein Tablet, dazu später mehr.

Der Cellion-Tarif »Standard-Option« für Urlauber hat keine Grundgebühren. Du bezahlst nur die reinen Gesprächskosten. Gespräche innerhalb der USA (z. B. für die Vorreservierung eines Campingplatzes) kosten 0,29 Euro/Minute, in das deutsche Festnetz beträgt der Minutenpreis 0,39 Euro, in das deutsche Mobilfunknetz 0,55 Euro. Eine SMS zu einer Rufnummer in Deutschland kostet 0,29 Euro, zu einer amerikanischen Rufnummer 0,19 Euro. Wirst du in den USA angerufen, zahlt der

Anrufer nur die Gebühr für Festnetzanrufe in die USA – obwohl er dich auf dem Handy anruft. Die preiswertesten Call-by-Call-Tarife kosten dabei nur 0,01 Euro/ Minute. Für das ankommende Gespräch aus Deutschland zahlst du 0,29 Euro/ Minute. Die Mailbox ist standardmäßig deaktiviert, was unter Erholungsaspekten zu begrüßen ist. Solltest du die Mailbox auch im Urlaub wünschen, müsstest du diese explizit einrichten.

Gelegentlich kommt es vor, dass man bei der Benutzung einer amerikanischen SIM-Karte einen Anruf erhält, der Anrufer aber eine andere Person sprechen möchte, nämlich den Vorbesitzer der Rufnummer. Manchmal gibt es auch Werbe-SMS. Das ist etwas störend, lässt sich aber nicht vermeiden und man kann gut damit leben. Der Grund dafür ist, dass die amerikanischen Netzbetreiber aufgrund der herrschenden Rufnummernknappheit gebrauchte Rufnummern bereits nach wenigen Wochen anderweitig vergeben können. »Cellion« nutzt die amerikanischen Netze aber nur wie jeder andere Provider (*mobile virtual network operator*) und hat auf die Rufnummernvergabe selbst keinen Einfluss.

Wenn du möchtest, kannst du auch einen Cellion-Datentarif zusätzlich buchen. Den volumenabhängigen Tarif empfehle ich jedoch nicht. Wie in Deutschland kann das schnell ins Geld gehen. Beim Data Paket 100, gültig für 30 Tage, erhältst du dagegen 100 MB für 29 Euro, was allerdings auch eine ganze Menge Geld ist. Der Nachteil ist außerdem, dass ein weiteres 100-MB-Paket automatisch aktiviert wird, wenn die ersten 100 MB aufgebraucht sind. Das kann dann mangels Kontrolle ebenfalls teuer werden. Ich empfehle deshalb, auf den Datentarif völlig zu verzichten. In den USA gibt es an vielen Orten kostenloses Wi-Fi, insbesondere in Motels, auf Campingplätzen, in Bibliotheken (*libraries*) und bei »McDonalds«. Wenn du zwischendurch einmal offline sein solltest, könntest du das auch als Erleichterung oder Entspannung ansehen – du bist ja schließlich im Urlaub.

Wenn du unterwegs Internet benötigst, bietet sich gegebenenfalls ein Komplettpaket von »US-Simkarte« mit Telefon-Flatrate an. Die Preise richten sich nach dem benötigten Highspeed-Volumen. Ist das gewählte Volumen aufgebraucht, kann weiterhin mit reduzierter Geschwindigkeit gesurft werden. Eine automatische Aufladung findet nicht statt. So hat man die Kosten im Griff. Auch eine manuelle Aufladung ist während der Prepaid-Laufzeit, in der Regel 30 Tage, nicht möglich. Das für die Reise benötigte Highspeed-Volumen sollte deshalb nicht zu knapp kalkuliert werden. Über eigene Erfahrungen mit diesem Tarif kann ich jedoch nicht berichten.
www.us-simkarte.de

Verkehrsregeln

Zu guter Letzt kann es nicht schaden, sich zum Beispiel auf dem Hinflug nach Las Vegas etwas mit den besonderen Verkehrsregeln in den USA zu beschäftigen. Die Unterschiede zu Deutschland sind größer als ich ursprünglich dachte – außerdem haben die Bundesstaaten noch ihre eigenen Regeln. Bei dieser Rundreise kommt man mit fünf Staaten in Berührung. In Grenzbereichen ist man sich manchmal nicht sicher, in welchem Staat man sich gerade befindet und welche Regelung gilt. Erst bei näherer Beschäftigung mit diesem Thema ist mir das so richtig bewusst geworden. Andererseits hatte ich bisher – trotz zum Teil unvollständiger Kenntnisse – keine Probleme. Aber vielleicht hatte ich auch nur Glück. Wichtig ist einfach, zurückhaltend und passiv zu fahren. Dann stellen sich viele Fragen erst gar nicht. Denn der amerikanische Fahrstil ist sehr entspannt und rücksichtsvoll – ganz anders als im hektischen Deutschland.

Kinder unter 12 Jahren dürfen beispielsweise nicht alleine im Auto gelassen werden. Also ist es tabu, schnell einmal in einen Laden zu springen und die Kinder im Auto warten zu lassen – es wird bestraft. Wenn sich Kinder unter 18 Jahren im Auto befinden, ist das **Rauchen** am Steuer außerdem untersagt.

Im Umfeld von **Schulen** ist die Höchstgeschwindigkeit oftmals auf 15 Meilen/Stunde herabgesetzt, manchmal auch nur bei gelbem Blinklicht oder wenn Kinder anwesend sind (»*when children are present*«). Daran solltest du dich unbedingt halten. Bei der Verkehrssicherheit für Kinder kennt die amerikanische Polizei keinen Spaß und die Strafen sind empfindlich.

Wenn die zumeist gelben Schulbusse anhalten, dürfen diese nicht überholt werden und auch in Gegenrichtung darf man nicht vorbeifahren, jedenfalls dann nicht, wenn das Warnblinklicht eingeschaltet ist oder Warnschilder ausklappen. Im Zweifel empfiehlt es sich jedoch, auch dann zu warten, wenn der Bus ohne Warnhinweise hält. Denn das unerlaubte Vorbeifahren wird als schwerer Verkehrsverstoß geahndet.

Ampeln sind meistens auf der gegenüberliegenden Seite der Straße montiert oder hängen an Seilen über der Kreuzung. Bis man sich daran gewöhnt hat, neigt man dazu, an Kreuzungen zu spät zu bremsen, weil man es aus Deutschland so kennt, dass die Ampel vor der Kreuzung steht. Hier heißt es also, aufzupassen und nicht bei Rot zu weit auf die Kreuzung zu fahren. Auch gibt es keine Rot-Gelb-Phase – vielmehr wechselt die Ampel direkt von Rot auf Grün.

Zu einer Hochzeit in Las Vegas gehört auch ein glamouröser Mietwagen

In den meisten US-Staaten darf man bei Rot rechts abbiegen (»*Turn right on red*«) – auch ohne grünen Pfeil. Ist eine gesonderte Abbiegespur vorhanden, muss sogar bei Rot abgebogen werden. Doch auch in den USA gilt: Keine Regel ohne Ausnahme. Deshalb empfiehlt es sich, die Augen offen zu halten, sich an den anderen Verkehrsteilnehmern zu orientieren und im Zweifel stehen zu bleiben – frei nach dem Motto: »Der Hintermann wird sich schon melden«. Wie in Deutschland muss man vor dem Abbiegen bei Rot einmal vollständig anhalten. Bei dem Schild »*No turn on red*« ist das Abbiegen bei Rot jedoch immer untersagt.

Insbesondere in Wohngebieten sind Stoppschilder häufig mit einem Zusatzvermerk »*4 way*« oder »*all way*« versehen. Das bedeutet, dass man aus jeder Richtung zunächst stoppen muss und dann derjenige, welcher die Kreuzung zuerst erreicht hat, als Erster weiterfahren darf. Ist nicht klar, wer zuerst fahren darf, muss man sich mit Handzeichen verständigen. Auch wenn weit und breit kein anderes Fahrzeug zu sehen ist, solltest du unbedingt einmal vollständig stoppen. Unbeschilderte Kreuzungen, an denen »rechts vor links« gilt, sind dagegen eher selten.

Der Gegenverkehr wird in den USA durch **gelbe Mittellinien** abgetrennt, die zum Überholen oder Abbiegen überfahren werden dürfen. Sie entspricht also unserer weiß gestrichelten Mittellinie. Bei einer doppelten gelben Linie herrscht absolutes Überholverbot, sie entspricht unserer weißen durchgezogenen Mittellinie. Einbahn-

Gesehen an der Zion Mountain Ranch – ein »Chevy« aus den 50er-Jahren

straßen haben eine gelbe Linie am linken Fahrbahnrand. Erkennst du die gelbe Linie einmal rechts, bist du also in die falsche Richtung der Einbahnstraße eingefahren. Aufpassen muss man bei Abbiege- und Überholspuren, die für Fahrzeuge in beide Fahrtrichtungen zugelassen sind, damit man mit dem Gegenverkehr nicht kollidiert.

Während in Deutschland außerhalb von Ortschaften Rechtsfahrgebot besteht und nur links überholt werden darf, dadurch aber regelmäßige unfallträchtige Spurwechsel erforderlich sind, möchte man in den USA unnötige Spurwechsel vermeiden (»Keep-in-Lane-Prinzip«). Ständiges unnötiges Spurwechseln, um sich einen Vorteil zu verschaffen, kann sogar mit Bußgeld belegt werden. Deshalb darf auf mehrspurigen Straßen auch rechts überholt werden, also auch außerhalb von Ortschaften und auf Autobahnen. Darauf sollte man sich einstellen, wenn man die Spur nach rechts wechselt. Autobahnen haben in den USA eine grüne Beschilderung – nicht blau wie in Deutschland.

Um die Bürger dazu zu bewegen, Fahrgemeinschaften zu bilden und die Straßen zu entlasten, dürfen Fahrzeuge mit einer Mindest-Insassenzahl sogenannte »*carpool lanes*« (Fahrgemeinschaftsspuren) benutzen, vornehmlich während der Hauptverkehrszeiten. Wer diese Fahrspuren als Einzelfahrer oder mit weniger als der Mindest-Insassenzahl von zwei oder drei Personen befährt, wird empfindlich zur Kasse gebeten.

Im Unterschied zu Deutschland, wo bei Fahrbahnverengungen das Reißverschlussverfahren anzuwenden ist, muss man in den USA möglichst früh die Fahrspur wechseln, um nicht als Drängler zu gelten.

Beim **Parken** ist das Wissen über die Bedeutung der Farben wichtig, da häufig die Bordsteine eingefärbt sind: Blaue Linien markieren im Unterschied zu Deutschland nicht Parkzonen, sondern Behindertenparkplätze. Rote Linien weisen auf ein absolutes Halteverbot hin. Bei weißen oder grünen Linien darf man fünf bzw. zehn Minuten halten. Zudem sei noch auf die Hydranten hingewiesen. Werden diese zugeparkt, muss man damit rechnen, dass das Fahrzeug abgeschleppt wird. Rund um Hydranten muss ein Abstand von drei bis fünf Metern eingehalten werden. Außerhalb von Ortschaften darf nicht am Straßenrand angehalten werden, vielmehr muss man die Straße vollständig verlassen, am besten an einer Parkbucht.

Das Fahren unter **Alkohol** wird in den USA mit hohen Strafen geahndet, sogar mit Freiheitsentzug. Es darf nicht der Verdacht entstehen, dass der Fahrer (auch nicht der Beifahrer) während der Fahrt Alkohol trinkt. Alkoholische Getränke dürfen im Wageninneren nicht einmal mitgeführt werden! Bei Wohnmobilen gilt das auch für den Transport im Kühlschrank. Alkohol darf nur im Kofferraum verdeckt transportiert werden, z. B. in braunen Verpackungstüten. Unabhängig vom Führen eines Kraftfahrzeugs sind der Verkauf und der Genuss von Alkohol erst ab einem Alter von 21 Jahren erlaubt und in der Öffentlichkeit problematisch, wobei von Bundesstaat zu Bundesstaat, mitunter sogar zwischen den Orten, Unterschiede bestehen. Ich rate deshalb, sich in diesem Punkt stark zu beschränken, damit der Urlaub nicht in einem Desaster endet. In Indianerreservaten soll schon der Besitz von Alkohol strafbar sein. Wenn man als Camper mit Vorräten für mehrere Tage nicht auf das abendliche »Bud Light« (*Budweiser*, amerikanische Biermarke) verzichten will, ist das nicht ganz einfach und bleibt mir ein Rätsel. Beim Transport im Kofferraum wird das wohl unter Umständen nicht so eng gesehen, geschweige denn kontrolliert.

Verhalten bei Verkehrskontrollen

Wichtig ist auch das richtige Verhalten bei Verkehrskontrollen. Wenn du in eine Verkehrskontrolle kommst, hast du meistens auch gegen eine Verkehrsvorschrift verstoßen. Denn anlasslose Kontrollen finden nur sehr selten statt.

Bei einer Kontrolle solltest du unverzüglich rechts heranfahren, anhalten und den Motor abstellen, das Fenster öffnen, die Sonnenbrille abnehmen und die Hände aufs Lenkrad legen. Auch die Hände der Mitfahrer sollten sichtbar sein und am besten auf das Armaturenbrett oder oben auf die Rückenlehnen gelegt werden.

Ohne Aufforderung aber bitte auf keinen Fall aussteigen! Das kann als Fluchtversuch missverstanden werden! Die Polizisten können ja nicht ahnen, dass du ein Tourist bist, und reagieren schnell, so wie sie auch auf Straftäter reagieren.

Man sollte auch nicht unaufgefordert im Handschuhfach oder in der Jackentasche nach den Fahrzeugpapieren suchen. Der Polizist könnte sonst unterstellen, dass sich dort eine Waffe befindet und mit all seinen Befugnissen reagieren. Du solltest dem Polizisten vorher ankündigen, was du machen willst und ihm mitteilen, dass du Tourist bist und eventuell nicht so gut Englisch sprichst. Polizisten bzw. die Ranger in den Nationalparks mit polizeiähnlichen Befugnissen werden dabei mit »Officer« oder »Sir« angesprochen. Auf Witzeleien solltest du – wie am Flughafen – auf jeden Fall verzichten.

Wenn sich ein Strafzettel nicht vermeiden lässt, sollest du nicht versuchen, diesen bar zu bezahlen. Das könnte als Bestechung ausgelegt werden. Der Strafzettel kann entweder online bezahlt werden oder wird mit der Post zugestellt – und sollte dann auch zuverlässig überwiesen werden, wenn man noch weitere USA-Aufenthalte plant! Auch Parktickets sollte man unbedingt fristgerecht bezahlen, da diese sonst der Autovermieter auf den Tisch bekommt und – vermutlich mit einer empfindlichen Zusatzgebühr – weiterbelastet. Schließlich hat er deine Kreditkartendaten! Ich habe bisher aber weder mit geahndeten Verkehrsverstößen noch mit anlasslosen Verkehrskontrollen praktische Erfahrungen gesammelt – glücklicherweise.

So, das war das, was ich zur Einführung, insbesondere zu den notwendigen Buchungen zu sagen hatte. Wenn du die Reise-Checkliste und meine Ausführungen sorgfältig abgearbeitet hast, kannst du die auf den nun folgenden Seiten beschriebenen Reisetage in vollen Zügen genießen.

Notizen
zur Reiseplanung

LAS VEGAS

Wochentag: | **Datum:**

Fahrstrecke: Vom Flughafen über den »Strip« ins Hotel, nur wenige Meilen

Übernachtung: Las Vegas (bereits gebucht)

Deine erste Aktion unmittelbar nach der Landung in Las Vegas ist die Fahrt mit dem Shuttlebus zum »McCarran Rent-A-Car-Center« sowie die Übernahme des Mietwagens. Und schon geht die abenteuerliche Reise richtig los!

Ja, ich finde, Las Vegas muss man einfach einmal im Leben gesehen haben – und wenn es nur darum geht, dass man mitreden kann. Für diese Rundreise zu den Naturschönheiten des Südwestens bräuchte es diese »Retortenstadt« zwar nicht – mit Ausnahme des Flughafens. Aber natürlich ist es hochinteressant, die Casinostadt einmal zu erleben. Und jeder mag sich sein eigenes Urteil bilden.

Der »McCarran International Airport« liegt im südlichen Teil von Las Vegas in unmittelbarer Verlängerung des Las Vegas Boulevards, dem sogenannten »Las Vegas Strip« (*strip* = Streifen) mit seinen riesigen Casino-Hotels, wobei als »Strip« nur die knapp 7 km vom Mandalay Bay Hotel bis zum Stratosphere Tower bezeichnet werden. Denn insgesamt ist der Las Vegas Boulevard (kurz: Las Vegas Blvd.) über 50 Meilen (80 km!) lang und zieht sich vom Norden Las Vegas' nach Südwesten bis fast an die Grenze von Kalifornien!

Nach dem Abholen des Mietwagens kannst du dann gleich dem **Welcome-To-Fabulous-Las-Vegas-Nevada-Schild** einen Besuch abstatten.

Hierzu fährst du aus dem »Rent-A-Car-Center« heraus auf die Gilespie Street und biegst dann rechts auf die Warm Springs Road ab. Nach wenigen Hundert Metern geht es noch einmal nach rechts auf den Las Vegas Boulevard. Das weltbekannte Schild erreichst du nach 1,7 Meilen auf Höhe des zentra-

Das »Welcome To Fabulous Las Vegas Nevada«-Schild – ein Besuchermagnet

len Teils des Flughafens. Da du von Süden kommst, der Parkplatz des »Welcome-Signs« jedoch nur von Norden zugänglich ist, hältst du dich auf dem Las Vegas Boulevard auf der linken Spur, fährst am »Welcome-Sign« vorbei und machst dann einen *U-turn* (Kehrtwendung).

Danach fährst du am besten »zum Staunen« einmal den gesamten **Strip** bis zum Stratosphere Tower ab, bevor du dich zu deinem Hotel begibst. Für die Fahrt über den »Strip« benötigst du je nach Stausituation 20 bis 60 Minuten – und Stau ist dort meistens.

Nach dem Hotel-Check-in kannst du dich dann zu Fuß in das Getümmel auf dem Las Vegas Boulevard stürzen. Wie gesagt: Vom Stratosphere Hotel kannst du zu Fuß gehen, vorbei an den älteren Casinos »Circus Circus« und »Riviera«. Oder du fährst mit dem Bus. Die Doppeldecker-Busse, genannt »**The Deuce**«, bieten sich für kürzere Strecken entlang des Las Vegas Boulevards an. Das 24-Stunden-Ticket kostet 8 Dollar. Die Busse fahren auch nach Downtown (siehe dazu nachfolgend).

www.lasvegas-how-to.com/las-vegas-deuce.php

www.rtcsnv.com/transit/fare-information

Der Las Vegas Boulevard

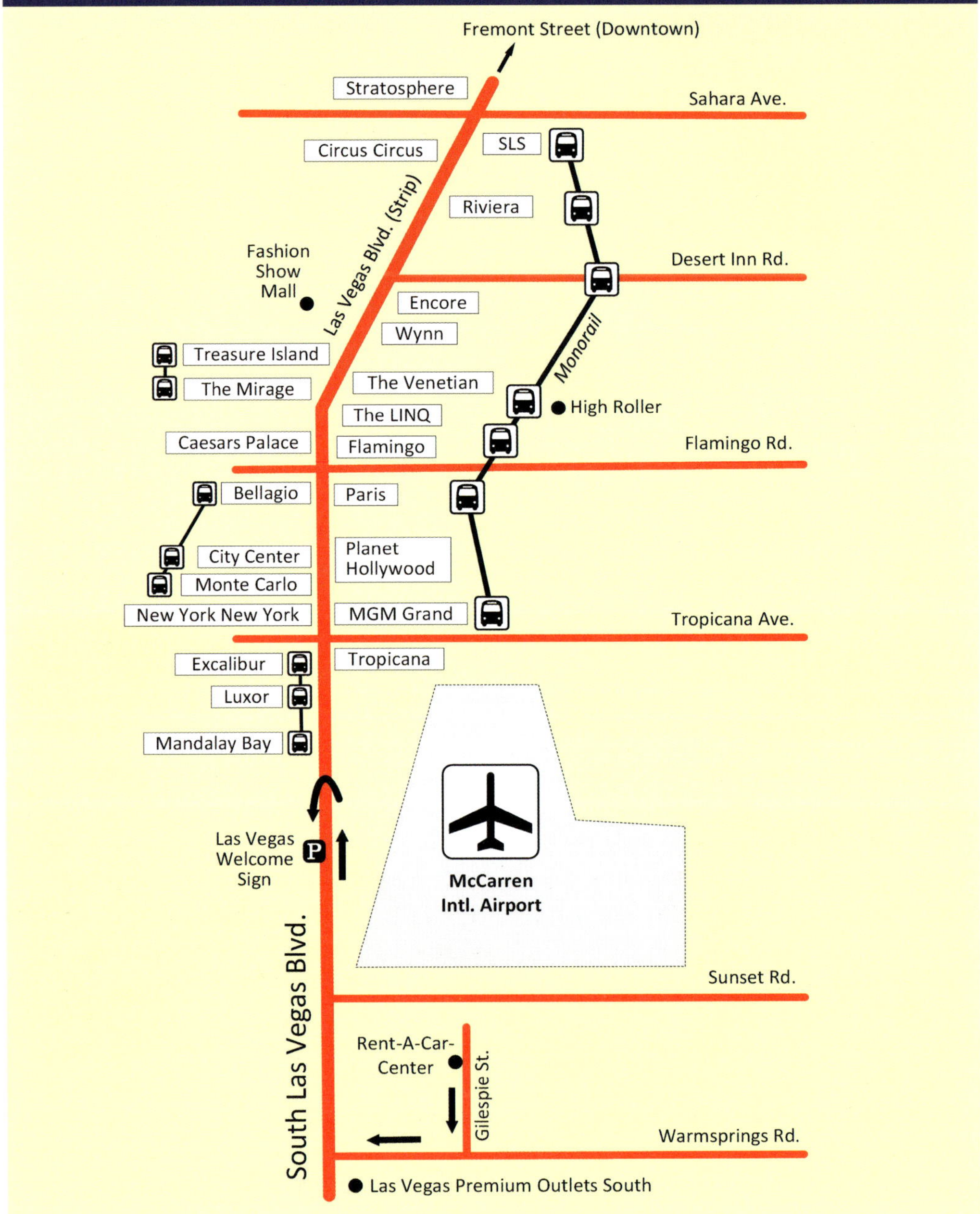

Oder du fährst mit der **Monorail-Hochbahn**. Diese Hochbahn verkehrt im »Rücken« der Hotels entlang des »Strips«. Die erste Haltestelle befindet sich hinter dem »SLS Hotel«, das schräg gegenüber vom »Stratosphere Tower« liegt. Eine gute Idee ist es beispielsweise, mit der Monorail bis zur letzten Station am »MGM Grand Hotel« zu fahren und dann den »Strip« von Süden beginnend rückwärts abzulaufen. Oder du steigst am zentralen Halt »Flamingo – Caesars Palace« aus und besichtigst den »Strip« von dort zunächst nach Süden und danach den nördlichen Abschnitt.

Die Monorail hält an diesen Stationen:

- SLS Station Las Vegas (gegenüber »Stratosphere Hotel«)
- Westgate Las Vegas Station (nahe »Circus Circus Hotel«)
- Las Vegas Convention Center Station
- Harrah's/The Linq Station (u. a. in der Nähe zu »Wynn Hotel«, »Fashion Show Mall«, »High Roller«, »Mirage«, »The Venetian«, »Treasure Island«)
- Flamingo/Caesars Palace Station
- Bally's/Paris Station (nächstgelegene Station u. a. zu »Bellagio« und »Planet Hollywood«)
- MGM Grand Station (näheste Station u. a. zu »Excalibur«, »Luxor«, »Mandalay Bay«, »New York New York« und »Tropicana«)

Am »Strip« reihen sich sagenhafte »Themenhotels« aneinander, darunter Dreiviertel der 25 größten Hotels der Welt! Hinter den Hotelfassaden befinden sich die riesigen Spielcasinos.

Hauptziel der optisch beeindruckenden »Themenhotels« ist es, Spieler anzulocken, diese sollen möglichst ihr Geld in den Casinos ausgeben. Für mich war es erschütternd zu sehen, wie zum Teil ältere Damen und Herren bereits morgens um 7 Uhr, als ich gerade auf dem Weg zum Frühstück war, wie besessen an Spielautomaten sitzen. Mag sein, dass das vielfach nicht die Ärmsten sind, aber ich frage mich, ob es keine besseren Möglichkeiten gibt, das Leben zu genießen? Zweifellos bildet die Sucht der Leute eine entscheidende Geschäftsgrundlage.

Wenn man hier mit Kindern unterwegs ist, sollte man versuchen, die Fußpassagen durch die Casinos möglichst unauffällig zu passieren, diese Wege nicht zu verlassen und auch nicht stehen zu bleiben. Anderen beim Spielen zuzuschauen ist mit Kindern ohnehin ein absolutes Tabu und es würde nicht lange dauern, bis man vom Personal zurechtgewiesen wird.

Wie dem auch sei, die milliardenschweren Hotelbauten sind unbestritten faszinierend. Heißt es doch, wer einmal in Las Vegas war, müsse nicht mehr nach Paris und Venedig reisen. Aber das darf man nicht ganz ernst nehmen. Denn das Gegenteil ist der Fall: Wer den »Eiffelturm« und den »Dogenpalast« in Las Vegas gesehen hat, der muss erst recht einmal nach Paris und Venedig fahren, um den falschen Eindruck wieder aus dem Kopf zu bekommen. Und wer Paris und Venedig bereits kennt, kommt um ein Schmunzeln nicht herum, wenn er den singenden Gondoliere auf dem »Canale Grande« im »The Venetian« erlebt.

Nach Einbruch der Dunkelheit bekommt Las Vegas dann noch einmal ein völlig anderes Gesicht. Man könnte sagen, dass es fast zum Pflichtprogramm gehört, den »Strip« zwischen »Luxor« und »Treasure Island« einmal bei Tageslicht und einmal bei Nacht abzulaufen – auf der einen Seite hin und auf der anderen Seite zurück. Schließlich hat der »Strip« zwei attraktive Seiten und ständig die Straßenseite zu wechseln ist bei sechs bis acht Fahrspuren nicht zu empfehlen. Im Sommer kommt zu den Belastungen des anstrengenden Fußmarsches auch noch die große Hitze hinzu. Eine willkommene Abkühlung versprechen deshalb die Wege durch die klimatisierten Spielcasinos. Wenn es dir zu anstrengend wird, kannst du außerdem auf die Monorail-Hochbahn ausweichen. Neben der kostenpflichtigen Monorail im Osten des »Strips« gibt es noch weitere kostenfreie Bahnen auf der Westseite des »Strips«.

www.lvmonorail.com/route-map
www.vegas.com/transportation/las-vegas-monorails

Aber Las Vegas, wie wir es uns vorstellen, besteht nicht nur aus dem Las Vegas Boulevard bzw. dem »Strip«. Denn die ursprüngliche Keimzelle des Glücksspiels war in **Downtown** Las Vegas an der **Fremont Street**. Vom Stratosphere Tower sind es dorthin etwa 2 Meilen in nördlicher Richtung. Einen kostenlosen Parkplatz in fußläufiger Entfernung zur Fremont Street findest du zwei Blocks weiter an der Ecke Main Street/Stewart Avenue. Oder du benutzt den Bus »The Deuce«.

Seit den 1960er Jahren wuchs der »Strip« durch intensive Baumaßnahmen, weshalb die Casinos an der Fremont Street seinerzeit ins Hintertreffen gerieten. Dort mussten sich die Casinobetreiber etwas einfallen lassen, um für das Publikum weiterhin attraktiv zu sein. So entstand die Fußgängerzone »Fremont Street Experience« (FSE). Hierzu wurde der zentrale Casinobereich der Fremont Street auf 1500 Ft. (457 m) Länge kuppelförmig überdacht. Stündlich finden seitdem bunte Lichtshows mit Millionen LEDs statt, welche die Überdachung als Projektionsfläche nutzen – ein eindrucksvolles Erlebnis, selbstverständlich mit

»Fremont Street Experience« – Glitzerwelt in Downtown Las Vegas

musikalischer Untermalung aus über 200 Lautsprechern.
🌍 www.vegasexperience.com

In der Fremont Street tummeln sich viele Künstler und Livebands. Es wird der Eindruck vermittelt, als ob Elvis tatsächlich noch leben würde. Kleiner Kommentar von mir am Rande: Nur seine Gesangskünste haben etwas nachgelassen. ☺

Es gibt sehr unterschiedlich geartete Restaurants oder Hotels, so war mir das folgende Beispiel in Erinnerung geblieben: Im »Heart Attack Grill« sind die Bedienungen mit extrem kurzen Krankenschwesterkostümen bekleidet und auch die Gäste »sollen« einen Patientenkittel überziehen, das ist allerdings nicht jedermanns Sache. Es sei denn, man möchte sich vor der Menschenmenge außen vor dem Schaufenster unbedingt lächerlich machen.

Du brauchst den »Strip« und die Fremont Street in den ersten eineinhalb Tagen bzw. zwei Abenden zu Beginn deiner Reise nicht gleich vollständig »abzuarbeiten«. Denn nach der ersten Woche und am Ende dieser Reise stehen dir insgesamt nochmals ein Tag und zwei Abende in Las Vegas zur Verfügung.

Wie bereits gesagt, liegt der Schwerpunkt dieser Reise auf den Naturschönheiten beziehungsweise den Nationalparks des Südwestens. Mit Las Vegas, dem Gegensatz, möchte ich

Palmen säumen die goldglänzende Fassade des »Mandalay Bay«

mich deshalb gar nicht so lange aufhalten. Hier muss jeder seine eigenen Eindrücke und Erfahrungen sammeln.

Ich beschränke mich nachfolgend deshalb auf kurze Informationen zu ausgewählten Hotels am »Strip«, bevor dann Las Vegas hinter uns bleibt und das eigentliche Naturabenteuer beginnt.

Das **Mandalay Bay** ist der erste große Hotel-Komplex, wenn man auf dem Las Vegas Boulevard aus Süden kommend am Flughafen vorbeifährt. Die goldglänzende Fassade fällt schon von Weitem auf. Im **Luxor** befinden sich die Hotelzimmer direkt hinter den schrägen Wänden der Pyramide, was von außen jedoch nicht zu erkennen ist. Die Sphinx bewacht den Eingang und bei Dunkelheit strebt ein Lichtstrahl aus der Spitze der Pyramide in den Nachthimmel. Es schließt sich eine »mittelalterliche Burg« an: Das »Themenhotel« **Excalibur** beeindruckt besonders bei Nacht durch seine bunt beleuchteten Türmchen. Diese drei Hotels sind mit einer kostenlosen Hochbahn miteinander verbunden.

Das **Tropicana** ist der letzte Komplex, bevor du nach Überquerung der Tropicana Avenue das Herzstück des »Strips« erreichst. Das **New York New York** wird umrahmt von einer Achterbahn, einer Freiheitsstatue, welche drei Viertel der Höhe des Originals auf Liberty Island an der Südspitze New Yorks erreicht, und einer etwa hundert Meter langen Kopie der Brooklyn Bridge. Direkt gegenüber befindet sich der riesige Komplex des **MGM Grand Hotel** mit der »Garden Arena«, wo einst Muhammad Ali boxte. Im »Hollywood Theatre« tritt nach wie vor David Copperfield regelmäßig auf. Das Kürzel »MGM« steht dabei für das Hollywood-Studio »Metro-Goldwyn-Mayer«, der brüllende Löwe ist den meisten von zahlreichen Spielfilmen bekannt. Zwei riesige goldene Löwen zieren deshalb auch die Außenfassade und das Foyer. Im **Planet Hollywood** heirateten 1967 Elvis Presley und Priscilla.

Verblüffende Ähnlichkeit mit dem Original – der »Eiffelturm« von Las Vegas

Das **Paris** sticht mit seiner halbhohen Nachahmung des Eiffelturms besonders hervor. Das Eintrittsgeld für die Aussichtsplattform kann man sich meines Erachtens aber sparen. Wenn du nicht ohnehin im Stratosphere Hotel übernachtest, lohnt es sich weit mehr, Geld für die Fahrt auf den Stratosphere Tower auszugeben. Außerdem verfügt Las Vegas seit 2014 mit dem »High Roller« im zentral am »Strip« gelegenen Vergnügungskomplex »The LINQ« über das höchste Riesenrad der Welt. Die über 100 m hohen, computergesteuerten Wasserspiele vor dem **Bellagio**, zumeist begleitet von klassischer Musik, sind weltberühmt. Das Hotel war unter anderem Schauplatz der Filme »Ocean's Eleven« und »Ocean's 13«.

Der **Caesars Palace** scheint jedem ein Begriff zu sein, auch denjenigen, die sich noch nie mit Las Vegas beschäftigt haben. Shows von Celine Dion und der Film »Hangover« sind eng mit dem »Caesars« verbunden. Das Hotel ist dem antiken Rom nachempfunden. Die zugehörigen »Forum Shops« mit einem Nachbau des Trevi-Brunnens und zahlreichen Statuen römischer Götter schmückt ein künstlicher Him-

»O sole mio« auf dem »Canale Grande« von Las Vegas

mel, welcher die Shoppingmall in ein faszinierendes Licht taucht. Der Garten des **Flamingo** ist, wie der Name des Hotels verrät, von einem Schwarm Flamingos besiedelt. Das **Venetian** möchte seine Besucher in die Lagune von Venedig versetzen. Man kommt aber – ich wiederhole mich bewusst – um ein Schmunzeln nicht herum, wenn die Gondoliere auf dem »Canale Grande« ein »O sole mio« anstimmen. Auch hier gibt es einen künstlichen Himmel zu bestaunen.

Das **Mirage** verbindet jeder mit »Siegfried & Roy«. Seit dem schweren Unfall im Jahr 2003 kann man deren Show jedoch nicht mehr besuchen. Die weißen Tiger können jetzt im »Siegfried & Roy's Secret Garden and Dolphin Habitat« besichtigt werden. Im Eingangsbereich des Hotels wird nach Einbruch der Dunkelheit halbstündlich ein Vulkanausbruch simuliert. Vor dem **Treasure Island** drängen sich allabendlich zu jeder Stunde Hunderte von Zuschauern bei der kostenlosen Piratenshow »Sirens of Treasure Island«. Pyrotechnik taucht das Hotel dabei in ein farbenprächtiges Licht.

Die edel wirkende braun-goldene Fassade des **Wynn Las Vegas** verrät, dass es sich dabei um das teuerste Etablissement am »Strip« handelt, was bei

Das »Wynn Las Vegas« – die edelste Adresse am »Strip«

fast 5 Milliarden Dollar Baukosten auch nicht verwunderlich zu sein scheint. So seien ein paar Auffälligkeiten genannt, die die Exklusivität belegen: Eine Runde Golf auf dem hauseigenen Golfplatz zu spielen, kostet mehrere Hundert Dollar. Kein anderes Resort am »Strip« verfügt über einen eigenen Golfplatz. In der Rezeption des Hotels hing einst »Der Traum« von Pablo Picasso. Steve Wynn, der Finanzier des Hotels, beschädigte das Bild bei einer Präsentation versehentlich selbst mit dem Ellenbogen und der Verkauf scheiterte dadurch. Die enorme Größe des Hotels zeigt sich auch daran, dass sich hinter dem Hotel ein riesiges Parkhaus für Tausende Mitarbeiter über mehrere Häuserblocks erstreckt. Das Nachbarhotel »Encore« wurde im gleichen Design gehalten. Auf der gegenüberliegenden Seite des »Strips« befindet sich die **Fashion Show Mall**, ein elegantes Einkaufszentrum.

Schließlich eröffnet sich vom über 300 m hohen **Stratosphere Tower** ein gigantischer Ausblick über die Stadt und die umliegende Wüste bis hin zum Lake Mead. Wer den Nervenkitzel sucht, kann sich bei verschiedenen Fahrgeschäften, welche über die Aussichtsplattform hinausragen, vergnügen. Oder darf es vielleicht ein »Sky Jump« (ähnelt dem »Bungee-Jumping«) vom Stratosphere Tower sein?

Bekannt aus zahlreichen Kinoproduktionen – der goldene Löwe von »MGM«

Nun ja, jeder, wie er es mag und wie er bereit ist, für diese Art der Unterhaltung Geld auszugeben. Wenn du am Spätnachmittag auf den Tower fährst, kannst du die Dunkelheit abwarten und auch noch den nächtlichen Ausblick auf die Stadt genießen.

Mehr möchte ich zu Las Vegas jetzt gar nicht mehr sagen. Hier muss sich jeder selbst seine eigene Meinung bilden. Ich gebe zu, dass ich der »Spielerstadt« anfangs mit einer Mischung aus Faszination und Skepsis begegnet bin. Doch mit jedem Aufenthalt nimmt die Faszination zu und die Skepsis ein wenig ab. Denn was man in Las Vegas geboten bekommt, sucht andernorts seinesgleichen. Und wenn man sich nach Ruhe sehnt, findet man diese in den »umgebenden« Nationalparks. Deshalb fühlen sich vermutlich auch Prominente wie Steffi Graf und ihr Mann André Agassi, der in Las Vegas geboren wurde, in dieser Stadt so wohl. Als weitere Möglichkeiten, die Zeit in Las Vegas zu verbringen, bieten sich beispielsweise der Besuch eines Wasser-Funparks oder eine Shoppingtour an. Informationen dazu findest du »am Ende der Reise« im Abschnitt zu Tag 21.

Notizen

zu Las Vegas

Tag 3

LAS VEGAS → DEATH VALLEY

Wochentag:

Datum:

Fahrstrecke: Von Las Vegas bis Stovepipe Wells im Death Valley

Entfernung: Ca. 210 Meilen

Fahrzeit ohne Pausen: Ca. 4,5 Stunden

Übernachtung: Stovepipe Wells (bereits gebucht)

Nach der Aufregung im pulsierenden Las Vegas sehnst du dich vielleicht nach Landschaft und Natur. Das ist ja auch der Hauptzweck dieser Reise. Und heute wartet gleich das berühmte Tal des Todes (*Death Valley*) auf dich. Hierfür nimmst du dir den ganzen Tag Zeit, um dann in der gebuchten Unterkunft »Stovepipe Wells« diesen Tag ausklingen zu lassen.

Death Valley – Tal des Todes. Wer es noch nicht kennt, verbindet damit erst einmal eine unwirtliche, lebensfeindliche und sogar gefährliche Landschaft. Das kann sich bewahrheiten, wenn man gegen die Regeln verstößt, gleichwohl ist das Tal nicht tot. Vielmehr beherbergt es eine, auch aufgrund der großen Höhenunterschiede, vielfältige, angepasste Flora und Fauna – man sieht es nur nicht auf den ersten Blick. Auffallend sind vielmehr grandiose Bergketten, Sanddünen und Salzflächen. Viele Pflanzen und Tiere sind an das Leben in der Wüste angepasst und endemisch, das heißt, sie sind nur hier und sonst nirgendwo auf der Erde anzutreffen. Für den im Death Valley beheimateten Stamm der Timbisha Shoshonen ist das Tal deshalb nicht tot, sondern vielmehr das »Tal des Lebens«! Die nachtaktive Känguru-Ratte (*kangaroo rat*) beispielsweise hat ihren Stoffwechsel so angepasst, dass sie fast ohne Wasser auskommt. Sie heißt so, weil sie sich wie ein Känguru auf zwei Beinen hüpfend fortbewegt.

Die sommerliche Hitze im Death Valley ist allerdings extrem und überhaupt nur aufgrund der Trockenheit der Luft zu ertragen. Die Hitze verlangt nicht nur dir einiges ab, nämlich dann, wenn du das Auto verlässt, sondern auch der Fahrzeugtechnik. Du solltest also

Auf der »Badwater Road« geht es schnurgerade durch das Death Valley

noch einmal den Sitz des Keilriemens sowie den Ölstand und das Kühlwasser checken (Bitte nur vor Fahrtantritt bei kaltem Motor prüfen, da sonst Verbrühungsgefahr besteht!). Du solltest außerdem ausreichend Trinkwasser mitführen und auch für den Fall, dass eine Fahrzeugpanne auftritt, vorbereitet sein. Damit kannst du es eine Weile aushalten, solange bis Hilfe kommt. Auf keinen Fall sollte man sich zu Fuß vom Fahrzeug entfernen. Denn Dehydrierung und Sonnenstich können schneller als man denkt eintreten und dann wird es wirklich gefährlich. Die Parkverwaltung weist außerdem darauf hin, dass man auf das Funktionieren von GPS-Navigation und Mobilfunk im »Death Valley National Park« nicht vertrauen sollte. Was übrigens auch für die anderen Nationalparks gilt. Die Ausmaße sind mit Europa eben nicht zu vergleichen und der nächste Mobilfunkmast kann weit entfernt sein.

Du verlässt Las Vegas in Richtung Westen auf dem Highway 160 (Blue Diamond Road) nach Pahrump/NV. Den Highway 160 erreichst du am besten, wenn du auf dem Las Vegas Boulevard nach Süden am Flughafen vorbeifährst. Wenige Meilen nach dem Flughafen biegst du rechts ab. Pahrump ist ausgeschildert. Du kannst aber auch die parallel zum Las Vegas Boulevard verlaufende Interstate 15 nach Süden fahren und bei Exit 33 auf den Highway 160 bzw. die Blue Diamond Road fahren.

Amerikas Straßen

In Deutschland unterscheidet man im Wesentlichen zwischen Autobahnen, Bundesstraßen, Landstraßen bzw. Staatsstraßen (in Bayern und Sachsen heißen die Landstraßen »Staatsstraßen«), Kreisstraßen und Gemeindestraßen. Diese haben dann Bezeichnungen wie A1, B2, L1234 oder S1234. Aber wie sieht es in den USA aus?

Da wären zunächst die »Interstate Highways« (kurz: »Interstates«), welche in etwa den deutschen Autobahnen entsprechen. Wie der Name schon sagt, verbinden diese Straßen die einzelnen US-Staaten miteinander. »Interstates« mit ein- oder zweistelligen geraden Nummern verlaufen in Ost-West-Richtung, solche mit ungeraden Nummern von Norden nach Süden. »Interstates« mit Nummern, die durch fünf teilbar sind, führen über besonders lange Strecken. Bei dieser Rundreise fährst du beispielsweise über ein Teilstück der Interstate 40 (kurz: I-40), also einer besonders langen »Interstate« in Ost-West-Richtung. Dreistellige Nummern mit gerader Anfangszahl stehen häufig für Autobahnringe um größere Städte. »Interstates«, welche in die Städte hineinführen, beginnen meistens mit einer ungeraden Ziffer. Es gibt aber auch Ausnahmen.

Die übrigen Hauptverkehrsstraßen heißen »United States Highway« (»US Highway«) und sind am ehesten mit den deutschen Bundesstraßen vergleichbar.

»US Highways« können ein-, zwei- oder dreistellige Nummern aufweisen. Auch hier verlaufen gerade Nummern grundsätzlich in Ost-West-Richtung und ungerade Nummern von Norden nach Süden. Die Nummern 1 bis 101 stehen für transkontinentale Highways, Nummern über 101 für Nebenstraßen, die von der Hauptroute abweichen. Der ehemalige US Highway 66 (Route 66) ist wohl jedem Amerika-Fan ein Begriff. Teilstrecken erhalten Zusätze nach Himmelsrichtungen, zum Beispiel »US-21E« (US Highway 21 East).

Manchmal trifft man auch auf den Begriff »Pike« für eine Straße, die dem Highway ähnelt. Ausweichstraßen werden z. B. als »Alternate Routes« oder als »Bypass« bzw. »Business Routes« bezeichnet. Ein »Belt« zeigt eine Ortsumgehung an. »Greenway« steht für »landschaftlich interessant«. Highways mit besonders sehenswerter Natur oder historischer bzw. kultureller Bedeutung heißen »National Scenic Byways«. Wenige landschaftlich besonders herausragende »National Scenic Byways« haben die Auszeichnung »All-American Road« erhalten. In Utah, auf dem

Weg zum Bryce Canyon, wirst du den »All-American Highway« 12 abfahren. Als »Freeways« werden »Interstates« und andere ähnlich ausgebaute »Highways« bezeichnet, weil dort »freie Fahrt« ohne Kreuzungen herrscht. Diese Straßen sind dann häufig auch gebührenpflichtig und heißen »Toll Roads« (*toll* = Gebühr). Auf dieser Rundreise kommst du nicht mit »Toll Roads« in Berührung.

Das ganze System ist sehr gewöhnungsbedürftig. Ich unterscheide in diesem Buch deshalb bei Hauptstraßen nur zwischen »Interstates« und »Highways«. Schließlich wollen wir im Urlaub keine Wissenschaft betreiben. ☺

Neben geteerten Straßen trifft man in den Weiten der USA auch auf »Gravel Roads« beziehungsweise »Unpaved Roads«. Dabei handelt es sich um Schotterpisten, die mit dem Geländewagen und zum Teil auch mit dem Pkw vorsichtig befahrbar sind, für die Benutzung mit Wohnmobilen jedoch ausscheiden. Die Mietbedingungen verbieten zumeist auch deren Befahrung. »Dirt Roads«, also »Dreckstraßen«, sind noch weniger befestigt und verwandeln sich bei nasser Witterung schnell in unpassierbare, schmierige Pisten. Die Grenzen zwischen diesen nicht geteerten Straßen sind jedoch fließend. Hier sollte man die Wetterauskunft im Besucherzentrum einholen, um sich nicht unnötigen Gefahren auszusetzen. Bei dieser Rundreise sind jedoch alle notwendigen Straßen geteert. Dennoch sind bei Regenfällen Überflutungen nicht ausgeschlossen!

Über Pahrump ins Death Valley

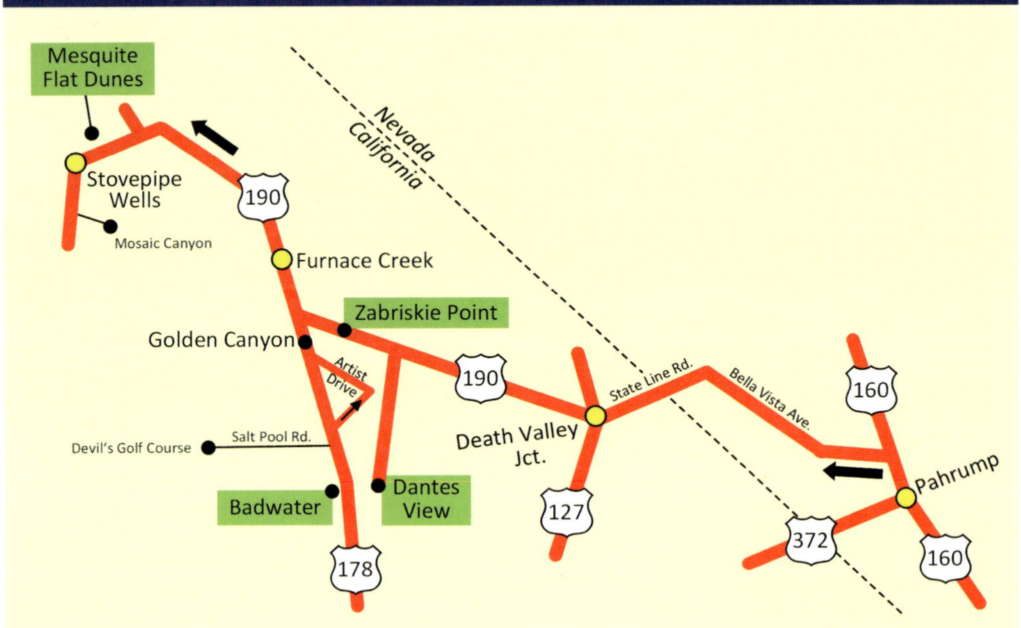

Wenn noch nicht geschehen, solltest du jetzt nach einem Supermarkt Ausschau halten und die empfohlene größere Menge Trinkwasser kaufen. Hierzu ist anzumerken, dass Leitungswasser in den USA stark gechlort und im Unterschied zu Deutschland deshalb als Trinkwasser ungeeignet ist. Jegliche Keime sind bereits durch die zugesetzten Chemikalien abgetötet. Abkochen bringt dann auch nicht mehr viel und am Geschmack ändert das sowieso nichts. Auch für Kaffee und Tee musst du also Trinkwasser in (Plastik-)Flaschen oder Gallonen-Behältern kaufen. Wer empfindlich ist, meidet das amerikanische Leitungswasser sogar beim Zähneputzen. Selbst wenn du dir in einer Gaststätte oder einem Fastfood-Restaurant eine Cola bestellst, wirst du häufig Chlorgeschmack feststellen. Aus diesem Grund ist das fast immer kostenlos zum Essen servierte Eiswasser mit Vorsicht zu genießen.

Spätestens in Pahrump, besser aber schon beim Verlassen von Las Vegas auf der Blue Diamond Road, solltest du auch den Tank vollständig füllen, denn bei den wenigen Tankstellen im Death Valley kann der Kraftstoff durchaus einmal doppelt so viel kosten – sofern es überhaupt welchen gibt und

Stovepipe Wells – Übernachtung im Herzen des Death Valleys

die Tankstelle nicht »out of gas« ist. Du kannst auch in Pahrump nochmals nachtanken.

In Pahrump zweigst du ca. 4 Meilen nach dem Ortszentrum vom Highway 160 nach links ab auf die Bella Vista Avenue und fährst Richtung »Death Valley National Park«. Ein großes Hinweisschild weist dir den Weg. Kurz vor Death Valley Junction geht es dann von Nevada nach Kalifornien, denn das Death Valley befindet sich weitestgehend auf dem Gebiet des Staates Kalifornien und nur zum Teil in Nevada.

In Death Valley Junction biegst du erst nach rechts ab und dann nach 300 m links auf den Highway 190, der dich direkt ins Death Valley hinein führt.

Den Automaten für den Eintritt in den »Death Valley National Park«, der nach etwa 18 Meilen auftaucht, lässt du rechts liegen. Stattdessen solltest du dir später im Besucherzentrum (*visitor center*) den Nationalparkpass (siehe dazu nachfolgend) kaufen, der für alle Nationalparks dieser Rundreise Gültigkeit hat.

500 m nach dem Automaten empfiehlt es sich, zunächst die 13 Meilen lange Bergfahrt hinauf zum Aussichtspunkt **Dantes View** zu machen, der 1669 m hoch gelegen ist. Von dort hast du einen herrlichen Blick auf die Salzflächen von Badwater, dem tiefsten Punkt des nordamerikanischen Festlands, und das langgestreckte Death Valley.

Auf der gegenüberliegenden Seite befinden sich die »Panamint Mountains« mit dem höchsten Gipfel »Telescope Peak« (3368 m), welche die Niederschläge der aus dem Westen heranziehenden Wolken fernhalten und das Death Valley zu einer der trockensten Gegenden der Erde machen. Angesichts der Hitze im Sommer kann man kaum glauben, dass auf den umliegenden Bergen im Winter Schnee liegt und es unten im Tal sogar zu Bodenfrost kommt. Rekordverdächtig ist auch der Höhenunterschied zwischen Gipfel und Talgrund mit 3454 m. Zum Vergleich: Zwischen dem Gipfel des Mount Everest und dem Hochland von Tibet liegen ungefähr 4000 Höhenmeter.

Auf der gleichen Bergstraße geht es vom »Dantes View« wieder zurück zum Highway 190 und hinein ins Death Valley.

Nach 7 Meilen entdeckst du direkt am Highway 190 zur Linken den **Zabriskie Point**, eine faszinierende Landschaft bizarrer, gelb-ocker gefärbter Felsformationen. Diese machen den Eindruck, als wären sie sandig und weich. Tatsächlich handelt es sich um festes Gestein.

In der Oase **Furnace Creek** informiert 5 Meilen später das Besucherzentrum über die Geologie, Flora und Fauna des Death Valleys. Die Pflanzen- und Tierwelt ist tatsächlich viel artenreicher als es die karge Landschaft vermuten lässt.

Und weil das Death Valley der erste gebührenpflichtige Nationalpark auf dieser Rundreise ist, »musst« du dort jetzt den **Interagency Annual Pass** (bzw. »America The Beautiful Annual Pass«) für 80 Dollar kaufen. Dieser gilt ein Jahr lang für alle Nationalparks in den USA. Das ist nicht nur erheblich billiger, als bei jedem Nationalpark gesondert zu bezahlen, es vereinfacht die Rundreise auch sehr. Der Pass gilt pro Fahrzeug für alle Mitfahrer, es sei denn, die Reisegruppe umfasst mehr als 6 Personen bzw. mehr als 4 Erwachsene.

America The Beautiful
www.nps.gov/findapark/passes.htm

Mit dem »Interagency Annual Pass« hast du Zutritt zu folgenden Parks auf dieser Rundreise:

1. »Death Valley National Park«
2. »Joshua Tree National Park«
3. »Lake Mead Recreation Area«
4. »Grand Canyon National Park«
5. »Wahweap Recreation Area« (Lake Powell)
6. »Antelope Point« (Lake Powell)
7. »Arches National Park«
8. »Colorado National Monument«
9. »Capitol Reef National Park«
10. »Grand Staircase-Escalante National Monument«
11. »Bryce Canyon National Park«
12. »Zion Canyon National Park«

Das Navajo National Monument ist ohnehin gebührenfrei.

Auf der Internetseite des »National Park Services« können zu jedem Nationalpark umfangreiche Informationen und eine Übersichtskarte (*Map*) abgerufen werden.
www.nps.gov

Die Unterseite für den »Death Valley National Park« lautet beispielsweise
www.nps.gov/deva

Tag 3

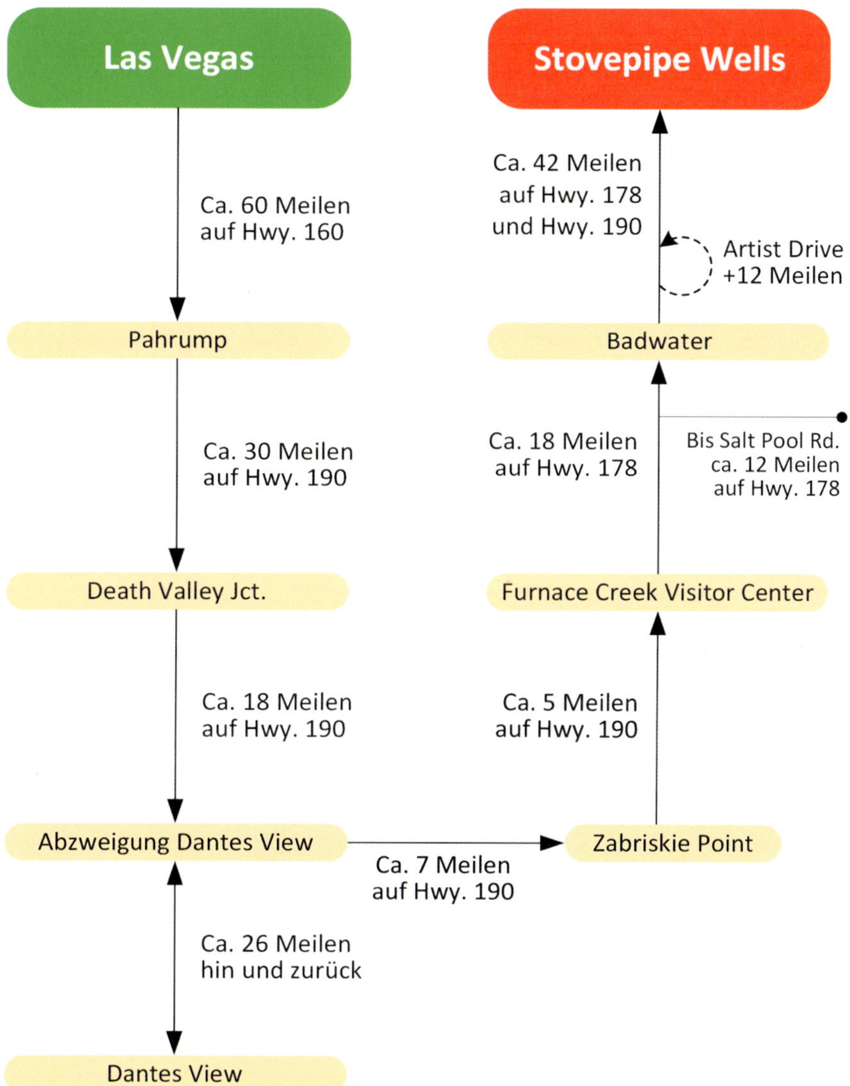
Las Vegas
Ca. 60 Meilen auf Hwy. 160
Pahrump
Ca. 30 Meilen auf Hwy. 190
Death Valley Jct.
Ca. 18 Meilen auf Hwy. 190
Abzweigung Dantes View
Ca. 26 Meilen hin und zurück
Dantes View
Ca. 7 Meilen auf Hwy. 190
Zabriskie Point
Ca. 5 Meilen auf Hwy. 190
Furnace Creek Visitor Center
Ca. 18 Meilen auf Hwy. 178
Bis Salt Pool Rd. ca. 12 Meilen auf Hwy. 178
Badwater
Artist Drive +12 Meilen
Ca. 42 Meilen auf Hwy. 178 und Hwy. 190
Stovepipe Wells

Die Verlinkungen zu den Übersichtskarten der Nationalparks sind nicht einheitlich und deshalb zum Teil schwierig zu finden. Der Link zur *Map* des »Death Valley National Parks« lautet
🌍 www.nps.gov/deva/planyourvisit/upload/devamap1a.pdf

Grundsätzlich empfiehlt es sich, bei jedem Park zunächst im Besucherzentrum (*visitor information*) vorbeizuschauen. Neben zum Teil einführenden Filmen erhältst du dort die erwähnten *Maps* in gedruckter Form sowie kostenlose Faltblätter mit Erläuterungen, bisweilen sogar in deutscher Sprache.

»State Parks« und »Tribal Parks« werden vom Nationalparkpass nicht abgedeckt. Das betrifft folgende Einrichtungen:

- »Valley of Fire State Park«
- »Monument Valley Tribal Park«
- »Goblin Valley State Park«
- »Coral Pink Sand Dunes State Park«

Nach dem Abstecher zum Besucherzentrum fährst du etwa 18 Meilen nach Süden auf der Badwater Road 178. Auf der fast schnurgeraden Straße geht es mitten durch das Death Valley.

Du passierst zunächst den »Golden Canyon«, welcher durch die farbenprächtige Landschaft führt, die du vom »Zabriskie Point« aus überschauen konntest. Ein Spaziergang im »Golden Canyon« ist im Hochsommer jedoch nicht gerade erquickend.

Der Umweg über den **Artist Drive** gibt dir bei überschaubarem Zeitaufwand ein gewisses Freiheitsgefühl (Offroad-Feeling) auf dennoch befestigtem Untergrund. Aufgrund der Einbahnstraßenregelung wäre das allerdings eher eine Alternative für den Rückweg von »Badwater«.

Genau 2,4 Meilen südlich der *Einfahrt* des »Artist Drive« befindet sich die Abzweigung zu **Devil's Golf Course**, einer eigenartig zerklüfteten Salzlandschaft, wo – daher der Name – nur der Teufel Golf spielen würde. Die Anfahrt erfolgt über eine 1,3 Meilen lange »Gravel Road« (Salt Pool Road), das heißt, die Straße ist zwar befestigt, aber nicht geteert.

Schließlich erreichst du **Badwater**. Das ist mit 86 m unter dem Meeresspiegel der tiefste Punkt des amerikanischen Kontinents. Auf der Höhe des Meeresspiegels ist am Berg ein gut sichtbares Schild mit der Aufschrift »Sea Level« angebracht.

Bis zur großen Salzfläche sind es ca. 500 m. Es ist aber auch schon ein Erlebnis, nur die ersten 100 m auf dem weißen Salzuntergrund zu gehen. Denn im Sommer hält man es auf der Salzfläche nicht lange aus und ist froh,

Salzfläche in »Badwater« – 86 m unter dem Meeresspiegel

wenn man wieder im klimatisierten Fahrzeug sitzt. 44° C zeigte unser Thermometer im August. Zum Glück ist die Luft trocken. Käme noch Luftfeuchtigkeit hinzu, wäre es am heißesten Ort der USA absolut unerträglich. Bei der extremen Hitze wurde mir augenblicklich bewusst, wie bequem »wir« es uns in unserer hoch entwickelten Welt eingerichtet haben. Niemand käme auf die Idee, freiwillig auf die Klimatisierung im Auto zu verzichten. Sollte allerdings die Temperaturanzeige des Kühlwassers zu hoch werden, bleibt nichts anderes übrig, als die Klimaanlage des Fahrzeugs abzustellen, insbesondere bei Bergauffahrten.

Die höchste jemals gemessene Temperatur von 56,7 Grad Celsius (134 Grad Fahrenheit) im Schatten wurde übrigens am 10.7.1913 auf der Furnace Creek Ranch (damals noch »Greenland Ranch«) festgestellt. Mit gemieteten Wohnmobilen ist es aufgrund der Hitze deshalb grundsätzlich nicht zulässig, während der »Sommermonate« von Mai bis September ins Death Valley zu fahren. Dafür sind die Motoren offenbar nicht ausgelegt und die Bergstrecken könnten ihnen den Rest geben. Insbesondere aus diesem Grund haben wir, wie eingangs erläutert, für die erste Woche dieser Rundreise den Pkw gewählt. Von Oktober bis April herrschen dagegen erträgliche Temperaturen im Death Valley.

Erstaunlicherweise gibt es in Badwater sogar eine kleine Quelle, die selbst in den Sommermonaten nicht austrocknet. Das Wasser stammt von weit her aus den Bergen Zentralnevadas und wird auf unterirdischen Wegen hierhin geleitet. Die »Salzbrühe« hat einen doppelt so hohen Salzgehalt wie die Meere, daher stammt der Name »Badwater«. Denn das Wasser ist »schlecht« und zum Trinken nicht geeignet. So schrieb ein Kartograph des Death Valleys in sein Notizbuch »*bad water*«. Diese Bezeichnung ist geblieben.

Von Badwater fährst du die gleiche Strecke wieder zurück nach Norden und dann auf dem Highway 190 vorbei an Furnace Creek weitere 25 Meilen nach Stovepipe Wells. Dort hast du ja sehr wahrscheinlich die Übernachtung im Herzen des Death Valleys im Voraus gebucht. Wenn du

Sahara-Feeling im Death Valley – die »Mesquite Flat Dunes«

möchtest, kannst du dabei den kleinen Umweg über den **Artist Drive** nehmen.

Kurz vor Stovepipe Wells begegnest du mit den **Mesquite Flat Dunes** einer Dünenlandschaft, die eher an die Sahara als an einen amerikanischen Western erinnert. Das Death Valley ist eben viel abwechslungsreicher als man es erwartet. Aufgrund der kurzen Entfernung von Stovepipe Wells eignen sich die Dünen auch gut als Fotomotiv bei Sonnenuntergang. Vom Parkplatz am Highway 190 sind es ca. 500 m bis zu den Dünen. In der Mittagssonne ist das nicht empfehlenswert. Aber auch der Ausblick vom Parkplatz auf die Dünen ist sehr eindrucksvoll. Die Dünen dienten unter anderem im Film »Star Wars« als Wüstenkulisse.

In **Stovepipe Wells** beziehst du dein Zimmer und – man glaubt es kaum – du hast die Möglichkeit, dich im kleinen Pool abzukühlen. Sogar im August war dieser Pool bei meinem Besuch angenehm kühl und keine warme Brühe. Die Wassertemperatur muss eben immer in Relation zur Außentemperatur gesehen werden. Es ist aber schon ein seltsames Gefühl, mitten in dieser »lebensfeindlichen« Umgebung einige Runden im Swimmingpool zu drehen. Auch dieser Umstand machte mich nachdenklich.

Markierung des Meeresspiegels am Berg bei »Badwater«

Ungefähr eine Meile nach Stovepipe Wells zweigt links die Mosaic Road ab, ebenfalls eine »Gravel Road«. Im **Mosaic Canyon** wurden die aus unterschiedlichen Gesteinsarten bestehenden Wände vom Wasser über Jahrtausende derart geschliffen, dass sich variationsreiche Muster bildeten – Mosaiken eben.

Am Abend könntest du dir im Saloon von Stovepipe Wells dann ein leckeres Steak oder Spare Ribs gönnen – oder eine Kombination aus beidem!

Besonderheiten beim Restaurantbesuch

Wenn du ein amerikanisches Restaurant betrittst, triffst du häufig auf ein Schild mit der Aufschrift »Wait to be seated«. Man soll also warten, bis einem ein Tisch zugewiesen wird. Das gilt zwar nicht bei »McDonalds«, wo keine Bedienung am Tisch erfolgt, aber zum Beispiel bei »IHOP« und vielen anderen Restaurants ohne Selbstbedienung. Aber auch wenn du das Schild nicht siehst, ist Zurückhaltung angesagt und du solltest erst einmal warten, bis ein Servicemitarbeiter kommt und nach der Anzahl der Personen fragt.

Da Amerikaner durchschnittlich viel häufiger auswärts essen gehen als zum Beispiel Deutsche, sind die Restaurants oft gut besucht. Es kann zu Wartezeiten kommen, welche man geduldig im Eingangsbereich oder an der Bar verbringt.

Die Bedienungen in amerikanischen Restaurants sind zumeist sehr freundlich und stellen sich mit Vornamen vor. Fast immer bekommst du als Erstes ein großes und kostenloses Glas mit Eiswasser serviert. Das Wasser hat, wie bereits erwähnt, jedoch meist einen starken Chlorgeschmack und ist für europäische Gaumen meines Erachtens ungenießbar. Wenn ich es nicht vergesse, sage ich auch gleich: »No water, please«. Wenn man zu viert ist, können sonst unnötigerweise vier randvoll gefüllte »Wasserpötte« auf dem Tisch stehen.

Auch die bestellten Getränke werden grundsätzlich mit vielen Eiswürfeln versehen – manchmal sogar Bier – was zulasten der Füllmenge geht. »No ice, please«, gehört deshalb zu meinen regelmäßigen Bitten. Kalt sind die Getränke ohnehin. Manchmal kann man auch kostenlos nachschenken lassen (*free refill*), nur weiß man das als durchreisender Urlauber oftmals nicht. Vorheriges Nachfragen kann also sinnvoll sein.

Die Preise auf der Speisekarte sind ohne Umsatzsteuer, wie du es bereits aus dem Supermarkt kennst. Eigentlich ist das eine gute Lösung, weil dem Kunden dadurch der »wirkliche Preis« mitgeteilt wird. In Deutschland heißt es oft: »Das ist ja teuer«. Dass der Unternehmer aber 19% Umsatzsteuer abführen muss, man also fast ein Fünftel gedanklich abziehen müsste, wird oft nicht bedacht. Speisekarte heißt übrigens im Englischen »menu« (gesprochen: »menju«). Das deutsche Menü wiederum wird übersetzt mit »meal«.

Bitte bedenke, dass die Portionen gewöhnlich sehr groß sind und zwei Portionen für zwei Erwachsene und zumeist auch noch für zwei Kinder reichen. Noch heute erinnere ich mich an meinen ersten Besuch bei »IHOP« gleich um die Ecke am Flughafen von Miami/FL. Meine Bestellung in gewohnt deutscher Manier war viel zu umfangreich. Zum Glück ist es in den USA recht üblich, sich das übrig gebliebene Essen in sogenannte »Doggy Bags« einpacken zu lassen. Das ist am Anfang zwar etwas gewöhnungsbedürftig, aber habe dabei nur keine Hemmungen! Eine andere Möglichkeit ist diese: Bestelle einfach anfangs weniger und ordere bei Bedarf nach. So habe ich es mir angewöhnt.

Wenn du nicht möchtest, dass man dich als Tourist erkennt, solltest du es den Amerikanern gleich tun, dein Fleisch zuerst in kleine Stücke schneiden und dann nur mit der Gabel essen. Angeblich handelt es sich dabei um ein Relikt aus dem Wilden Westen, als es wichtig war, mit der freien Hand den Colt möglichst schnell aus dem Holster ziehen zu können. ☺

Das Personal fragt regelmäßig höflich nach, ob alles okay ist und ob du noch einen Wunsch hast. Schließlich leben die Servicekräfte angesichts niedriger Fixgehälter zu einem großen Teil vom Trinkgeld. Sobald du aber zu verstehen gibst, dass du keinen Wunsch mehr hast, liegt die Rechnung relativ schnell auf dem Tisch. Denn die nächsten Gäste, die schließlich auch wieder Trinkgeld versprechen, warten schon.

Die Rechnung enthält immer alle Speisen und Getränke pro Tisch. Einer bezahlt also und lässt sich von den anderen Personen ihren Verzehranteil erstatten. Getrennte Rechnungen sind unerwünscht. Wenn du noch eine Weile im Restaurant bleiben möchtest und das Restaurant gut besucht ist, empfiehlt es sich mit dem Getränk an die Bar zu setzen, um den Tisch für die nächsten Gäste freizumachen.

Das Trinkgeld wird einfach auf den Tisch gelegt – üblich sind 15 bis 20%. Manchmal ist das Trinkgeld auch schon im Preis enthalten und offen ausgewiesen. Dann kannst du entweder auf zusätzliches Trinkgeld verzichten oder freiwillig aufstocken. Wenn du das Trinkgeld nicht passend hast, kannst du dieses auch mit auf den Kreditkartenbeleg schreiben. In diesen Fällen sage ich meiner Bedienung kurz Bescheid, damit sie nicht denkt, ich hätte kein Trinkgeld gegeben. Während man in Deutschland grundsätzlich am Tisch bezahlt, wird die Rechnung in den USA jedoch meistens an der Kasse beglichen. Das hat etwas von Selbstbedienungsrestaurant, ist organisatorisch aber durchaus clever.

»Come hungry. Leave happy.« ...

... lautet der Slogan von »IHOP«

Die Nächte im Death Valley sind häufig klar und störende Lichtverschmutzung ist weit entfernt. Deshalb empfiehlt es sich, entweder länger wach zu bleiben oder den Wecker am nächsten Morgen sehr früh zu stellen. Denn die Ruhe sowie die Klarheit des Sternenhimmels und der Blick auf die deutlich erkennbare Milchstraße gehört zu den Highlights im Death Valley. Die »International Dark Sky Association« hat das Death Valley deshalb auch zum »Lichtschutzgebiet« erklärt.
www.darksky.org/idsp/parks/deathvalley

Natürlich gibt es im Death Valley noch weitere Besichtigungsmöglichkeiten. Die aus meiner Sicht schönsten, wichtigsten und schnell erreichbaren Ziele habe ich für dich ausgewählt. Für den nördlichen Teil des Death Valleys reicht die Zeit leider nicht. Zum Teil sind die Pisten aber auch schwierig und überhaupt nur für SUVs (*sport utility vehicle* = Geländelimousine) befahrbar. Nur erwähnen möchte ich deshalb »Scotty's Castle«, ein großes Anwesen im spanischen Stil, den »Ubehebe Crater«, einen ehemaligen Vulkan, der zuletzt vor 300 Jahren ausbrach, die Schotterpiste durch den engen und nur in eine Richtung befahrbaren »Titus Canyon« und der etwas außerhalb des Death Valleys gelegene Ort Beatty mit der Geisterstadt Rhyolite. Im Racetrack Valley, ebenfalls über eine »Gravel Road« erschlossen, »wandern« große Steinbrocken über den Talboden und hinterlassen geheimnisvolle Spuren. Die Wissenschaft hat die Ursache hierfür erst vor kurzer Zeit geklärt: Im Winter bilden sich bei Nacht um die Steine millimeterdünne Eisschichten. Im morgendlichen Tauwetter zerbirst das Eis und es entstehen Tausende von kleinen Schollen, auf welchen die Hunderte Kilogramm schweren Steine vorantreiben.

Notizen

zum Death Valley

DEATH VALLEY → LONE PINE (MT. WHITNEY-AREA)

Wochentag:

Datum:

Fahrstrecke: Von Stovepipe Wells im Death Valley nach Lone Pine/CA

Entfernung: 80 Meilen bis Lone Pine + 24 Meilen auf der Whitney Portal Road + ca. 20 Meilen in den Alabama Hills

Fahrzeit ohne Pausen: 1:30 Stunden + ca. 1 Stunde auf der Whitney Portal Road hin und zurück + die Zeit in den Alabama Hills

Übernachtung: Lone Pine, Dow Hotel (im Voraus gebucht)

Nach dem Frühstück im Saloon von Stovepipe Wells geht es auf dem Highway 190 weiter nach Westen und über Panamint Springs wieder heraus aus dem Death Valley, schließlich auf dem Highway 136 nach Lone Pine.

Kurz bevor der Highway 136 auf den Highway 395 trifft, befindet sich zur linken Hand das »Eastern Sierra Interagency Visitor Center«. Dort kannst du dich mit Informationsmaterial und Karten über Lone Pine und Umgebung eindecken. Ich empfehle dir unbedingt nach der »Movie Location Map« und der Karte für den »Picture Rocks Circle« zu fragen!

Vom Besucherzentrum (*visitor center*) aus betrachtet, bietet sich ein spektakuläres Farbspektrum: Im Vordergrund üppiger Baumbestand, dahinter die Ausläufer der kargen Alabama Hills, in der Ferne die grauen Felsen der Sierra Nevada (»High Sierra«) und der hoffentlich blaue Himmel als Hintergrund.

Danach sind es noch ungefähr 2 Meilen nach Norden auf dem Highway 395 bis zum gebuchten Dow Hotel. Das Hotel befindet sich auf der rechten Seite der Durchgangsstraße von Lone Pine und ist nicht zu übersehen.

Lone Pine kann gleich mit mehreren Vorteilen wuchern: Zum einen grenzen die wunderschönen Felsformationen der **Alabama Hills** an den Ort. Diese haben allerdings nichts mit dem Bundesstaat »Alabama« zu tun. Vielmehr

In Lone Pine sind die Gipfel der »High Sierra« zum Greifen nahe

Von Stovepipe Wells nach Lone Pine

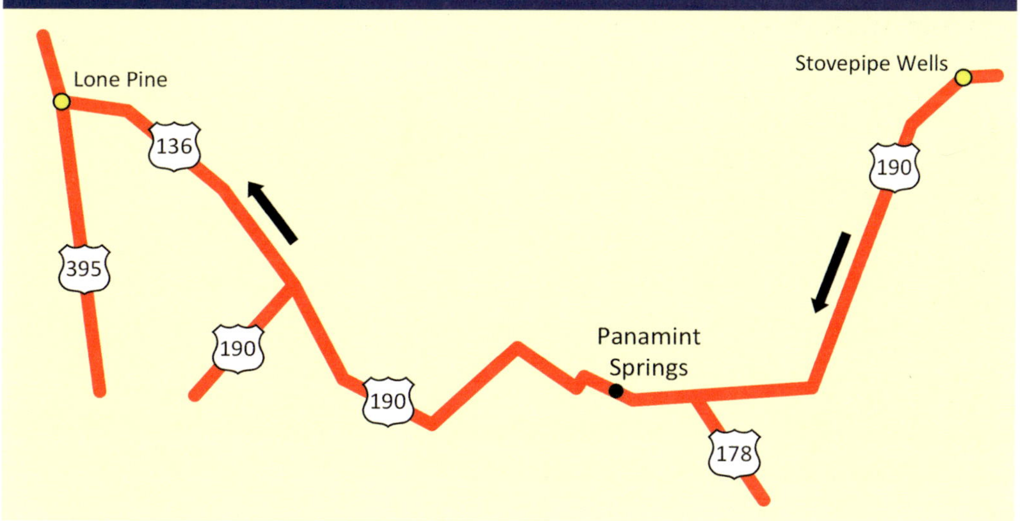

nannten so viele Goldsucher ihre beanspruchten Gebiete (*claims*) zu Ehren des Kaperschiffs »Alabama« der Konföderierten im amerikanischen Bürgerkrieg.

Weiterhin hat sich Lone Pine als Filmstadt einen Namen gemacht, denn in den Alabama Hills wurden zahlreiche Westernfilme gedreht. Ca. 300 m vor dem Dow Villa Motel wird dir das »Lone Pine Film History Museum« auffallen. Das Museum mit einem Wildwestkino (»Wild West Movie Theater«) ist aber wohl nur etwas für eingefleischte Fans.
www.lonepinefilmhistorymuseum.org

Und schließlich ist diese typisch amerikanische Kleinstadt Ausgangspunkt für Wanderungen am Mt. Whitney, dem mit 4421 m höchsten Berg der USA außerhalb von Alaska. Ja, der höchste Berg außerhalb von Alaska liegt nicht in den Rocky Mountains! Interessant ist dabei auch der Aspekt, dass trotz der Größe des nordamerikanischen Kontinents zwischen diesem höchsten Gipfel und dem tiefsten Punkt im Death Valley, Badwater, die Luftlinienentfernung weniger als 100 Meilen beträgt.

Beim Check-in im Dow Hotel fällt gleich auf, dass die Wände des Hotels

Die Alabama Hills bei Lone Pine

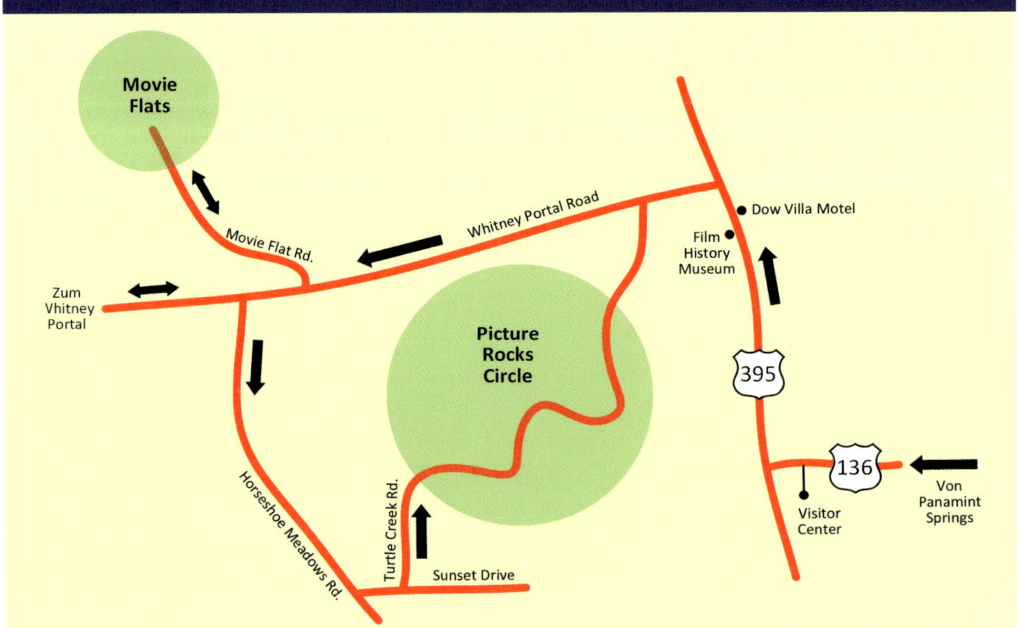

Granitfelsen prägen das Landschaftsbild der »Alabama Hills«

von zahlreichen Portraits bekannter Schauspieler aus Westernfilmen gesäumt sind. Und der grüne Tisch in der Lobby soll noch das Original sein, an dem sich John Wayne im August 1978 während eines Filmdrehs beim Pokerspiel entspannt hat.

Nur 100 m nach dem Dow Villa Motel geht es an der Ampel links auf die Whitney Portal Road. Diese führt dich zunächst in die Alabama Hills, wo Western-Feeling pur auf dich wartet. 2,7 Meilen nach der Ampel zweigt rechts die **Movie Flat Road** durch die orangebraunen Granitfelsformationen ab. Man hat den Eindruck, als müsste jeden Augenblick Clint Eastwood oder irgendein anderer Westernheld »um die Ecke« reiten.

Anhand der Informationsmaterialien wie der »Movie Location Map« kannst du die Orte diverser Filmdrehs aufsuchen. Das ist jedoch relativ zeitaufwendig und nur wirkliche Filmfreaks werden sich hiermit länger aufhalten. Aber es ist schon interessant zu wissen, dass sie »alle« hier waren: Humphrey Bogart, John Wayne, Gene Autry, Gregory Peck, Gary Cooper, James Garner, Mel Gibson und viele mehr.

Besonders empfehlenswert und kaum anstrengend ist der nur wenige

Blick durch den »Mobius Arch« auf die Gipfel der Sierra Nevada

Hundert Meter lange Fußweg zum **Mobius Arch**. Den Parkplatz erreichst du, wenn du nach etwa 1,5 Meilen auf der Movie Flat Road an einer Straßengabelung nach rechts abbiegst. Der Wanderweg (*trail*) beginnt auf der linken Seite des Parkplatzes und beansprucht ca. 20 Minuten Zeit. Wenn beim Blick durch den »Mobius Arch« in der Ferne die Gipfel des Mount Whitney und des Lone Pine Peak erscheinen, erhältst du ein besonders schönes Fotomotiv.

Weitere eindrucksvolle Felsenbögen tragen Namen wie »Heart Arch«, »Eye of Alabama«, »Cyclop's Skull Arch« und »Whitney Portal Arch«. Es wäre bei dieser Rundreise aber zu aufwendig und vielleicht auch zu eintönig, alle genannten Felsenbögen zu suchen bzw. »abzuklappern«. Aus meiner Sicht ist das nicht erforderlich, um sich ein Bild von dieser beeindruckenden Gegend machen zu können, da du im Laufe dieser Reise noch genug Felsenbögen (*arches*) zu sehen bekommen wirst.

Wenn du wieder zurück auf der **Whitney Portal Road** angekommen bist, fährst du diese am besten bis zu ihrem Ende weiter. Die Bergstraße führt dich in eine andere Vegetationszone. Plötzlich wird es grün und Wasserläufe sowie Felswände erinnern an die bayerischen Alpen. Und das nach nur neun Meilen! Das Ende der Strecke mit Rastplatz (*picnic area*), Park- und Campingplatz ist Ausgangspunkt für

Tag 4

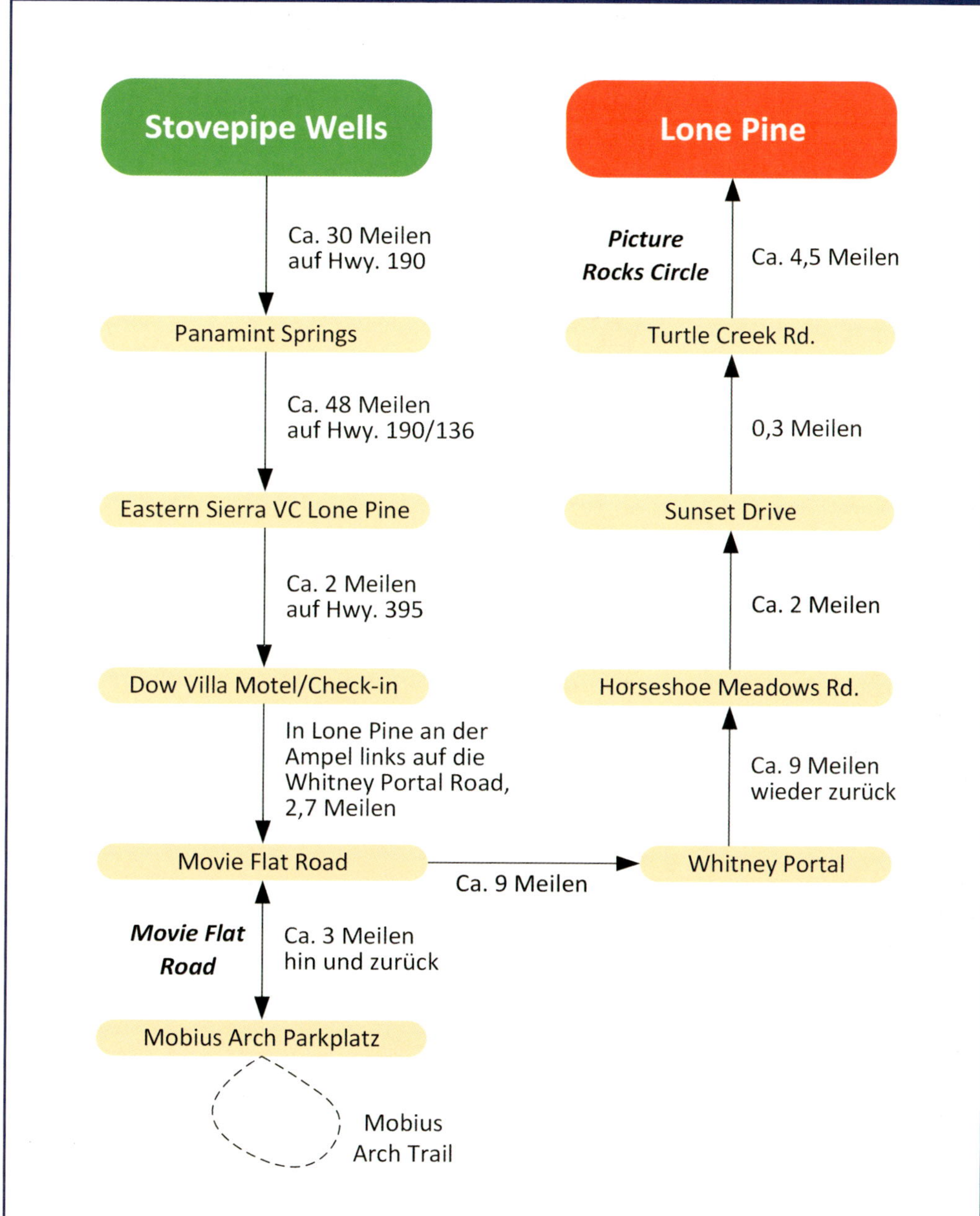
Stovepipe Wells
Ca. 30 Meilen auf Hwy. 190
Panamint Springs
Ca. 48 Meilen auf Hwy. 190/136
Eastern Sierra VC Lone Pine
Ca. 2 Meilen auf Hwy. 395
Dow Villa Motel/Check-in
In Lone Pine an der Ampel links auf die Whitney Portal Road, 2,7 Meilen
Movie Flat Road
Movie Flat Road
Ca. 3 Meilen hin und zurück
Mobius Arch Parkplatz
Mobius Arch Trail
Ca. 9 Meilen
Whitney Portal
Ca. 9 Meilen wieder zurück
Horseshoe Meadows Rd.
Ca. 2 Meilen
Sunset Drive
0,3 Meilen
Turtle Creek Rd.
Picture Rocks Circle
Ca. 4,5 Meilen
Lone Pine

ausgedehnte Wanderungen. Allerdings liegt der Gipfel des Mt. Whitney 18 km entfernt, was an einem Tag kaum zu schaffen ist und entsprechende Ausrüstung und Vorbereitung erfordert. Für unsere Rundreise würde diese Tour den Zeitrahmen ohnehin sprengen.

Auf dem Rückweg nach Lone Pine kannst du den **Picture Rocks Circle** abfahren, einen Parcours zwischen Felsformationen, welche an Bären, Adler, Pumas und vieles mehr erinnern, was aber nicht immer ganz einfach zu erkennen ist. Die Zufahrt zu diesem »Rundkurs« befindet sich 600 m vor der Movie Flat Road auf der rechten Seite (Horseshoe Meadows Road). Nach 2 Meilen gelangst du über den Sunset Drive zur Turtle Creek Road, welcher du zurück nach Lone Pine folgst.

Den Tag kannst du mit einem Bummel durch die Main Street von Lone Pine ausklingen lassen. Dort gibt es verschiedene Möglichkeiten, den Hunger zu stillen. Auf keinen Fall versäumen solltest du einen Besuch im »Lone Star Bistro« (107 North Main Street neben dem Restaurant »Subway«) und die riesigen Portionen Eiscreme von »Dreyer's«. Selten habe ich so große Eiskugeln mit einem derart phänomenalen Aroma für so wenig Geld genossen. Bisher kannte ich nur die auch in Deutschland beliebte Eiscreme von »Ben & Jerry's«.

Wenn du dich am Abend dann ins Dow Hotel zurückziehst und den Tag Revue passieren lässt, wirst du wie ich vermutlich den Eindruck gewonnen haben, dass Lone Pine ein echter Geheimtipp ist und den Besuch wert war. Auch ich hatte bis dahin weder von Lone Pine noch von den Alabama Hills gehört. Nur der Mt. Whitney war mir ein Begriff. Aber gerade diese Überraschungen machen das Flair einer Rundreise aus und es werden nicht die Letzten sein!

Nur zu deiner Information: Ungefähr 130 Meilen oder zweieinhalb Autostunden nördlich von Lone Pine liegt der bekannte »Yosemite National Park«. Bei dieser Rundreise fährst du morgen jedoch eine südliche Schleife bis Palm Springs zu nicht minder reizvollen Zielen in Südkalifornien. Ein sinnvoller Abstecher in den »Yosemite National Park« würde mindestens zwei Tage in Anspruch nehmen. Diesen Nationalpark kannst du dir für deinen nächsten Amerikaurlaub aufheben, vielleicht in Verbindung mit San Francisco. Ein weiterer Nationalpark, welcher oftmals in einem Atemzug mit den anderen bekannten Parks genannt wird, ist der »Yellowstone National Park«. Dieser befindet sich jedoch 1200 Meilen nördlich von Las Vegas im Bundesstaat Wyoming. Bei dieser Rundreise kommst du nicht einmal in die Nähe dieses Nationalparks.

Notizen

zu Lone Pine, zu den Alabama Hills
und zur Mt. Whitney-Area

Tag 5

LONE PINE → CALICO → PALM SPRINGS → YUCCA VALLEY

Wochentag:

Datum:

Fahrstrecke:
Von Lone Pine nach Yucca Valley am »Joshua Tree National Park«

Entfernung: 166 Meilen bis Calico + 135 Meilen bis Palm Springs + 27 Meilen nach Yucca Valley, insgesamt also mindestens 328 Meilen

Fahrzeit ohne Pausen: 2¾ Stunden bis Calico + 2¼ Stunden bis Palm Springs + ¾ Stunde bis Yucca Valley, insgesamt also ca. 6 Stunden

Übernachtung: Yucca Valley (Motel suchen)

Heute steht zunächst eine etwas längere eintönige Fahrstrecke an. Obwohl, gerade das macht auch den Reiz des Highways 395 von Lone Pine nach Süden aus. So bekommt man eine Ahnung davon, welche Qualen die Siedler durchlitten haben müssen, als sie seinerzeit mit Ihren Planwagen diese Wüstengegend überwinden mussten. Diese Feststellung habe ich zum Leidwesen meiner Mitreisenden halbstündlich wiederholt, da die Eintönigkeit der Landschaft nur wenige Anreize für andere Gesprächsthemen schaffen konnte. ☺

Die **Mojave Wüste** (*mojave desert*) liegt im Regenschatten der Sierra Nevada. Unsere Fahrtroute führt dabei Richtung San Bernardino und nicht Richtung Los Angeles! Hier muss man nach ungefähr 65 Meilen »etwas aufpassen«. Wenn du einfach auf dem Highway 395 bleibst und der Beschilderung »SOUTH San Bernardino« folgst, kann aber nichts schiefgehen.

Der rechts abzweigende Highway 14 Richtung Los Angeles heißt übrigens »Aerospace Highway« in Anlehnung an die »Edwards Air Force Base« südöstlich des Orts »Mojave«, wo sich die Landebahn für die »Space Shuttles« befand, wenn diese aufgrund der Wetterverhältnisse nicht beim »Kennedy Space Center« in Florida

Von Lone Pine nach Calico

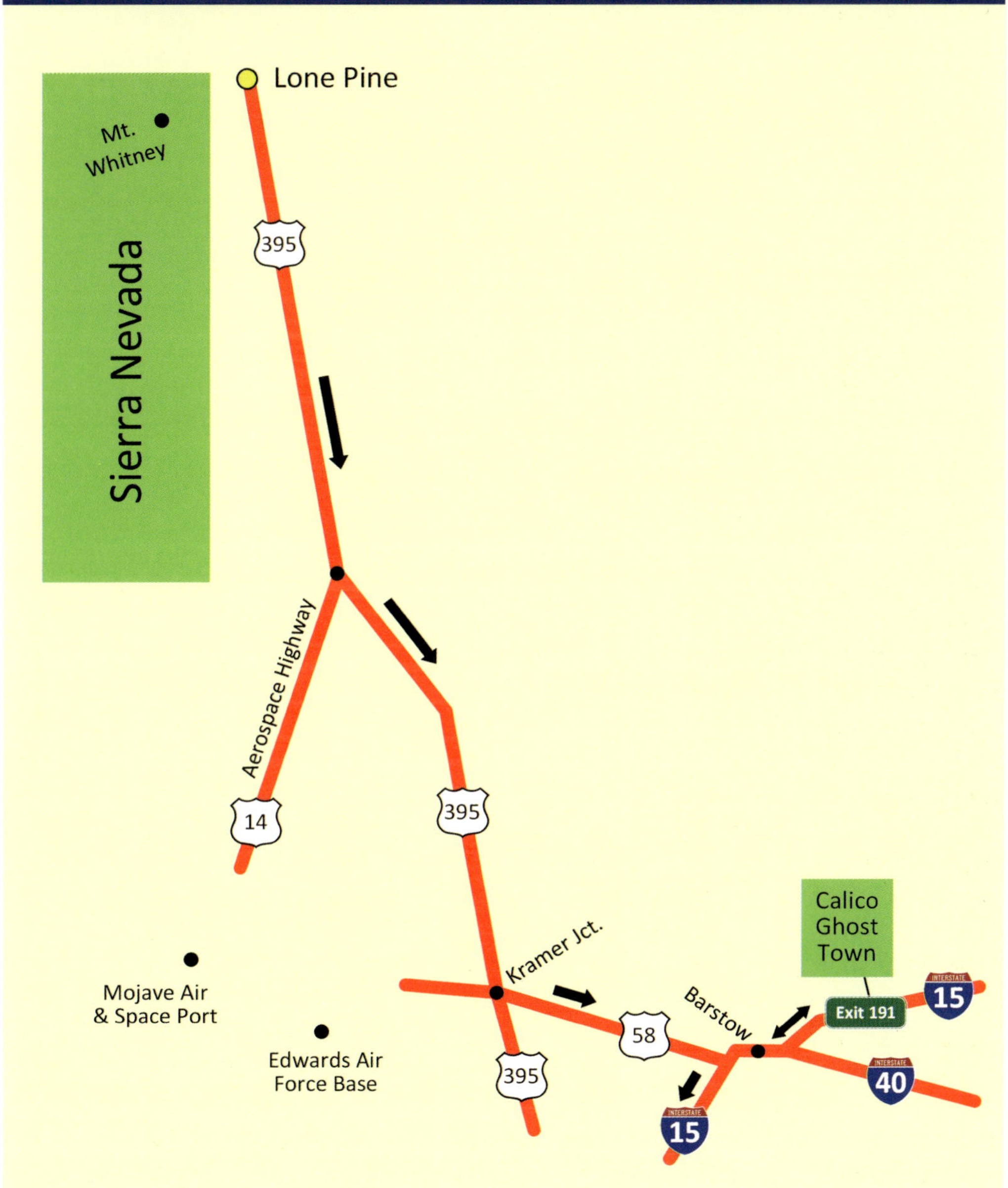

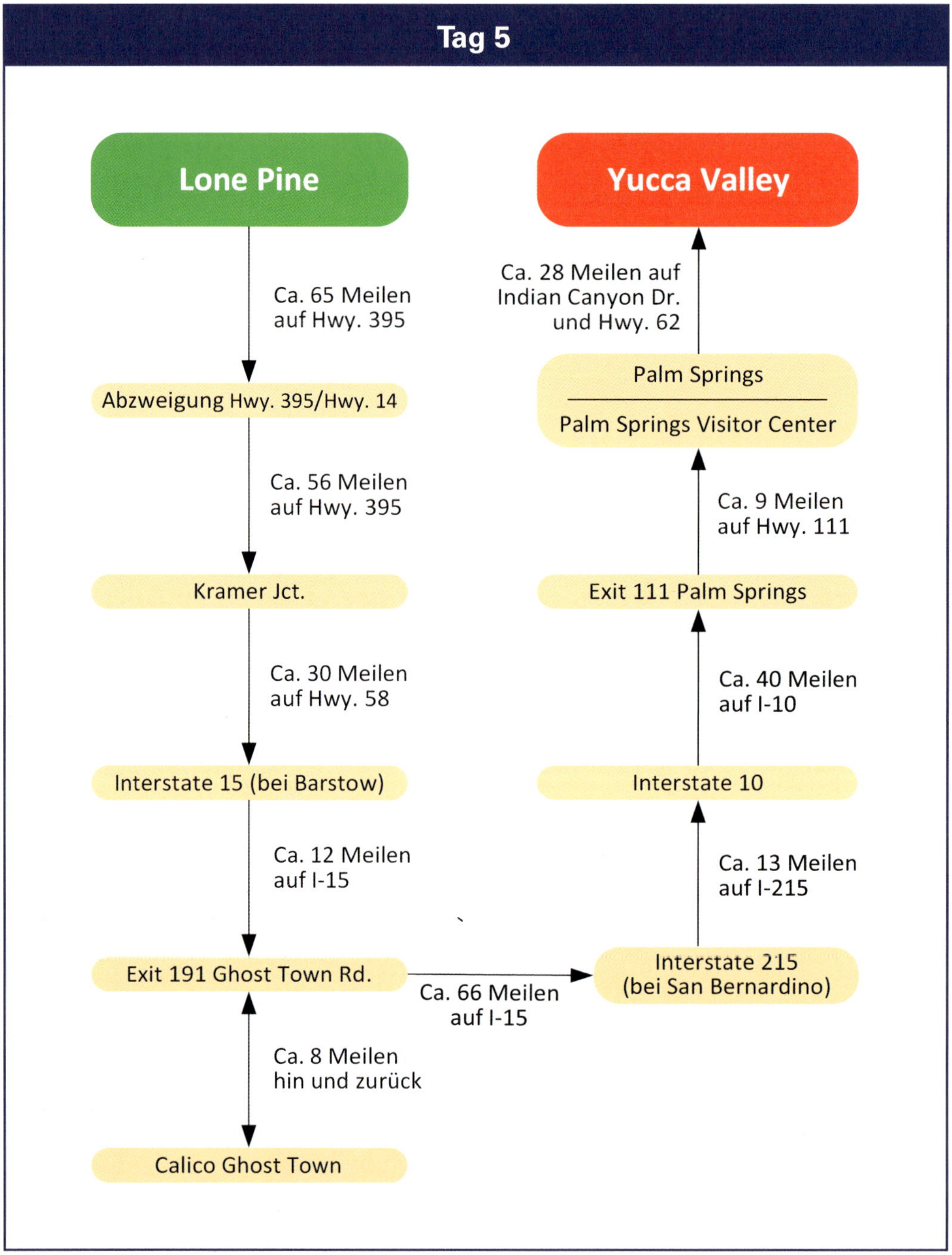
Tag 5
Lone Pine
Yucca Valley
Ca. 65 Meilen auf Hwy. 395
Abzweigung Hwy. 395/Hwy. 14
Ca. 56 Meilen auf Hwy. 395
Kramer Jct.
Ca. 30 Meilen auf Hwy. 58
Interstate 15 (bei Barstow)
Ca. 12 Meilen auf I-15
Exit 191 Ghost Town Rd.
Ca. 8 Meilen hin und zurück
Calico Ghost Town
Ca. 66 Meilen auf I-15
Interstate 215 (bei San Bernardino)
Ca. 13 Meilen auf I-215
Interstate 10
Ca. 40 Meilen auf I-10
Exit 111 Palm Springs
Ca. 9 Meilen auf Hwy. 111
Palm Springs
Palm Springs Visitor Center
Ca. 28 Meilen auf Indian Canyon Dr. und Hwy. 62

Fahrt durch die Mojave Wüste – bitte dem Highway 395 weiter folgen

landen konnten. Außerdem liegt eine Meile östlich von Mojave der »Mojave Air & Space Port«, der verschiedene private Raumfahrtunternehmen beherbergt. 2004 startete von dort das »SpaceShipOne«, der erste privat finanzierte Raumflug. Gerne hätte ich noch den »Sequoia National Park« mit seinen Mammutbäumen besucht. Diesen Park erreicht man jedoch nur über die westlich der Sierra Nevada gelegenen Zufahrten – der Umweg wäre einfach zu groß gewesen.

Etwa 56 Meilen weiter, an der Ampel bei »Kramer Junction«, biegst du links ab auf den Highway 58 und fährst 30 Meilen nach Osten Richtung Barstow. Dort wechselst du noch für ca. 12 Meilen auf die Interstate 15 nach Norden Richtung Las Vegas. Jetzt solltest du also noch nicht in Richtung San Bernardino abfahren! Nur 4 Meilen später zweigt rechts die Interstate 40 ab, welche östlich zum Grand Canyon und nach Phoenix in Arizona führt. Du hältst dich jedoch links und bleibst auf der Interstate 15.

Ohne es bemerken zu können, überquerst du in Barstow die historische Route 66 und drei Ausfahrten vor Calico entdeckst du am Straßenrand erstmals ein Hinweisschild auf die »Historic Route 66«. Doch hier ist die Route 66 nichts Besonderes. Im Verlauf dieser Rundreise wirst du aber noch wirklich sehenswerte Abschnitte der Route 66 kennenlernen.

Bei Exit 191 »Ghost Town Road« verlässt du die Interstate 15. Nachdem du

Von Calico nach Palm Springs

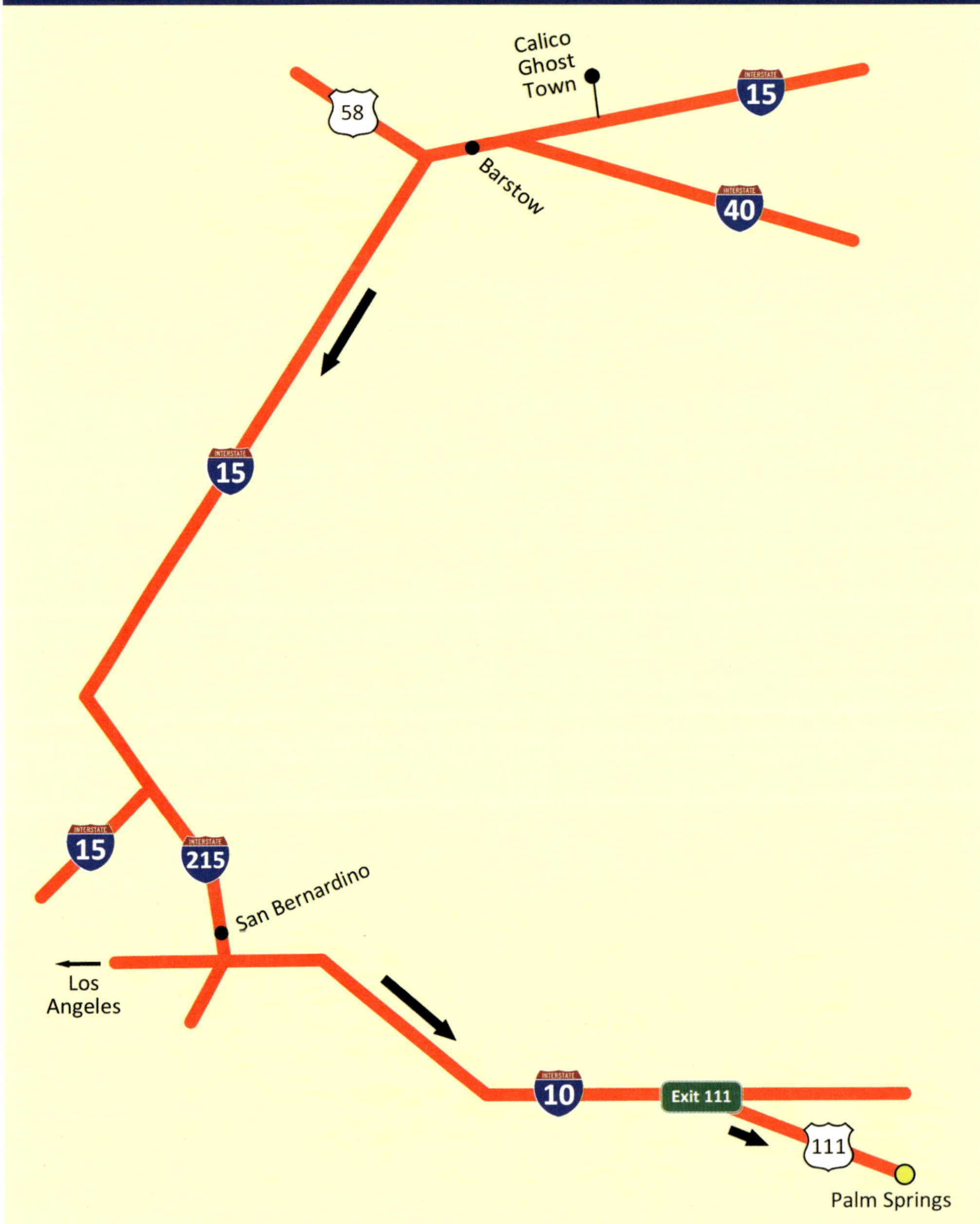

In der Ghost Town »Calico« werden Wildwest-Träume wahr

abgefahren bist, musst du links unter der Interstate hindurchfahren. Bis zur Ghost Town »Calico« sind es dann noch 4 Meilen.

Wer in den »Wilden Westen« reist, der möchte sehr wahrscheinlich auch eine Ghost Town besuchen und spüren, wie die Menschen seinerzeit dort gelebt haben. Wobei du dabei wahrscheinlich auch in erster Linie die Städte aus den Wildwest-Filmen vor Augen hast. Zwar trifft man bei dieser Rundreise immer wieder auf diverse Ghost Towns. Allerdings ist häufig nicht mehr viel übrig und die Besichtigung eher eine Enttäuschung. Da lobe ich mir doch die Ghost Town »Calico«, welche zwar für touristische Zwecke rekonstruiert wurde, dafür aber das erhoffte Flair ausstrahlt.

Der Eintritt in die »Calico Ghost Town« (bis 17 Uhr geöffnet) kostet 8 Dollar bzw. 5 Dollar für Kinder. Man bummelt durch die historische Hauptstraße (*main street*) mit Rathaus (*town hall*), Poststelle (*post office*), Sattelgeschäft (*saddle shop*) und altem Schulhaus, welches eher einer Kirche ähnelt. Eine kleine Dampfeisenbahn kreist um die ehemalige Silbermine, die Benutzungsgebühr ist nicht im Eintritt enthalten. In der Enge der Mine erhält man einen Eindruck von den harten Arbeitsbedingungen des 19. Jahrhunderts.
www.calicotown.com

Außerhalb des Geländes liegt neben dem Parkplatz der trostlose Friedhof (»Calico Cemetery«). Allerdings sind die Inschriften der alten Grabsteine

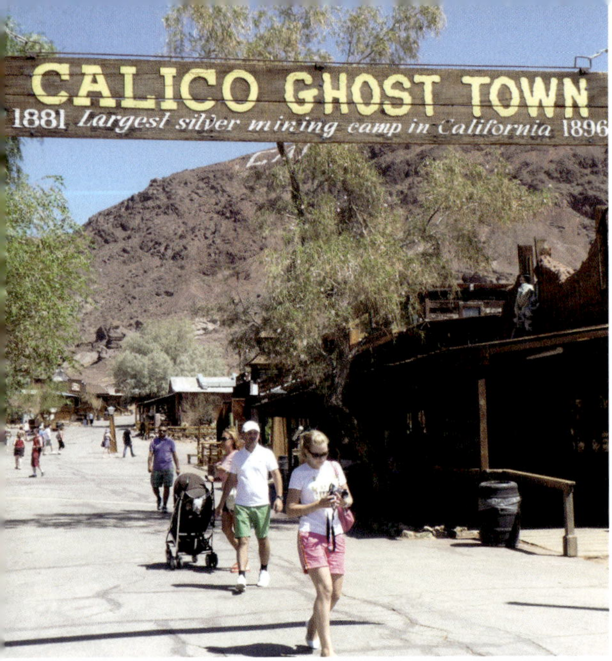

größtenteils unleserlich. Bei den Gräbern handelt es sich u. a. um Soldaten aus dem Zweiten Weltkrieg, die Frau eines Sheriffs, einen Marschall (*marshal*) und einen Lehrer von Calico.

Von Calico geht es weiter nach Palm Springs. Hierzu fährst du auf der Interstate 15 in *die* Richtung zurück, aus der du gekommen bist und dann immer weiter nach Süden. Vor San Bernardino bitte die Interstate 15 verlassen und geradeaus fahren auf die Interstate 215 (links halten; ca. 66 Meilen bis hierhin). Nach etwa 13 Meilen und der Fahrt durch San Bernardino wechselst du schließlich auf die Interstate 10 (Fahrspur »EAST Redlands Indio«). Bis zur Ausfahrt nach Palm Springs sind es jetzt noch ungefähr 40 Meilen. Die Interstate 10 zieht sich übrigens über mehrere Staaten bis zur Ostküste nach Jacksonville in Florida. Also solltest du die Ausfahrt »Palm Springs« nicht verpassen! ☺

Im »Coachella Valley«, so der Name des Tals bei Palm Springs, beeindrucken Hunderte, wenn nicht gar Tausende Windräder. Die Region ist für Windkraft geradezu prädestiniert, denn es weht ein starker Wind vom Pazifik her. Parallel zur Interstate 10 verläuft hier die »berühmt-berüchtigte« Verwerfung, der **San Andreas Graben**. Diesen wirst du morgen im »Joshua Tree National Park« noch mit einem Blick von oben deutlich erkennen können.

Vielleicht hast du schon einmal etwas vom **Pacific Crest Trail** (PCT) gehört, welcher sich von der mexikanischen Grenze durch die Staaten Kalifornien, Oregon und Washington über 4265 km bis an die Grenze von Kanada zieht. Dieser Fernwanderweg, dessen Bewältigung mindestens ein halbes Jahr beansprucht, unterquert bei Exit 110, direkt unterhalb des Ausfahrtsschildes »Haugen-Lehmann«, die Interstate 10. Im weiteren Verlauf durchquert der PCT die Sierra Nevada auf ihrer gesamten Länge und führt auch über das Mt. Whitney-Massiv. Vielleicht hast du sogar den Film »Der große Trip – Wild« mit Reese Witherspoon in der Hauptrolle gesehen, der 2015 in den Kinos lief. Dieser Film erzählt die Erlebnisse einer jungen Frau auf

Im luxuriösen Palm Springs treffen sich die Reichen und die Schönen

dem PCT und spiegelt die Faszination »Pacific Crest Trail« wider.
www.pcta.org

Du verlässt die Interstate 10 jedoch erst eine Meile später bei Exit 111. Der Highway 111 führt dich nach der Autobahnausfahrt direkt nach Palm Springs und der Ort begrüßt dich mit palmengesäumten Straßen. Gleich am Ortseingang befindet sich das Besucherzentrum.

Palm Springs ist eine herausgeputzte Luxusstadt und der erste von insgesamt neun zusammenhängenden Orten im über 70 km langen Coachella Valley.
www.visitpalmsprings.com

Fast 100 Golfplätze stehen in der Region Palm Springs zur Auswahl. Hier treffen sich die Reichen und Schönen, Filmstars, Musikgrößen und Gutbetuchte, vor allem Senioren, welche es sich leisten können, im Winter dem kalten Norden zu entfliehen, so waren das früher berühmte Personen wie Clark Gable, Kirk Douglas und Frank Sinatra. Auch Elvis reiste hierher, als er mit Priscilla seine Flitterwochen verbrachte. Für Elvisfans oder Architekturinteressierte werden deshalb regelmäßige Touren angeboten.
www.elvishoneymoon.com

Heute sind es VIPs wie Leonardo Dicaprio, die sich in Palm Springs ein

Im »Outdoor Resort« verbringt so mancher »Nordstaatler« die Wintermonate

Häuschen gönnen. Nicht umsonst ist der Ort »Indian Wells« auch der Schauplatz für eines der bekanntesten Tennisturniere der Welt (BNP Paribas Open).
www.bnpparibasopen.com

Palm Springs verfügt meiner Meinung nach nicht über *die* herausragenden Attraktionen. Aber vielleicht entdeckst du ja im Informationsmaterial etwas, das dich besonders interessiert.
www.visitpalmsprings.com/visitorsguide

Ich finde es beispielsweise interessant, einfach einen Golf Club oder Campingplatz der gehobenen Klasse auszuwählen, in das Areal hineinzuschnuppern und den Luxus und die Schönheit der Anlage zu bestaunen. Wenn man fragt, hat man gute Chancen, hereingelassen zu werden. Ansonsten bietet es sich an, den Palm Canyon Drive ein paar Meilen bis zum Ort »Cathedral City« zu fahren, sich einen Gesamteindruck von Palm Springs zu verschaffen und sich nach der langen Fahrt in Downtown Palm Springs die Beine zu vertreten. Beim »Palm Canyon Theater« beginnend in südlicher Richtung verläuft der »Palm Springs Walk of Stars«. Wie in Hollywood sind dort Berühmtheiten aus der Film- und Musikbranche verewigt, aber auch ehemalige Präsidenten.
www.visitpalmsprings.com/overview/play/palm-springs-walk-of-stars/10784
www.palmspringswalkofstars.com

Als größte »Attraktion« von Palm Springs ist die **Aerial Tramway** zu

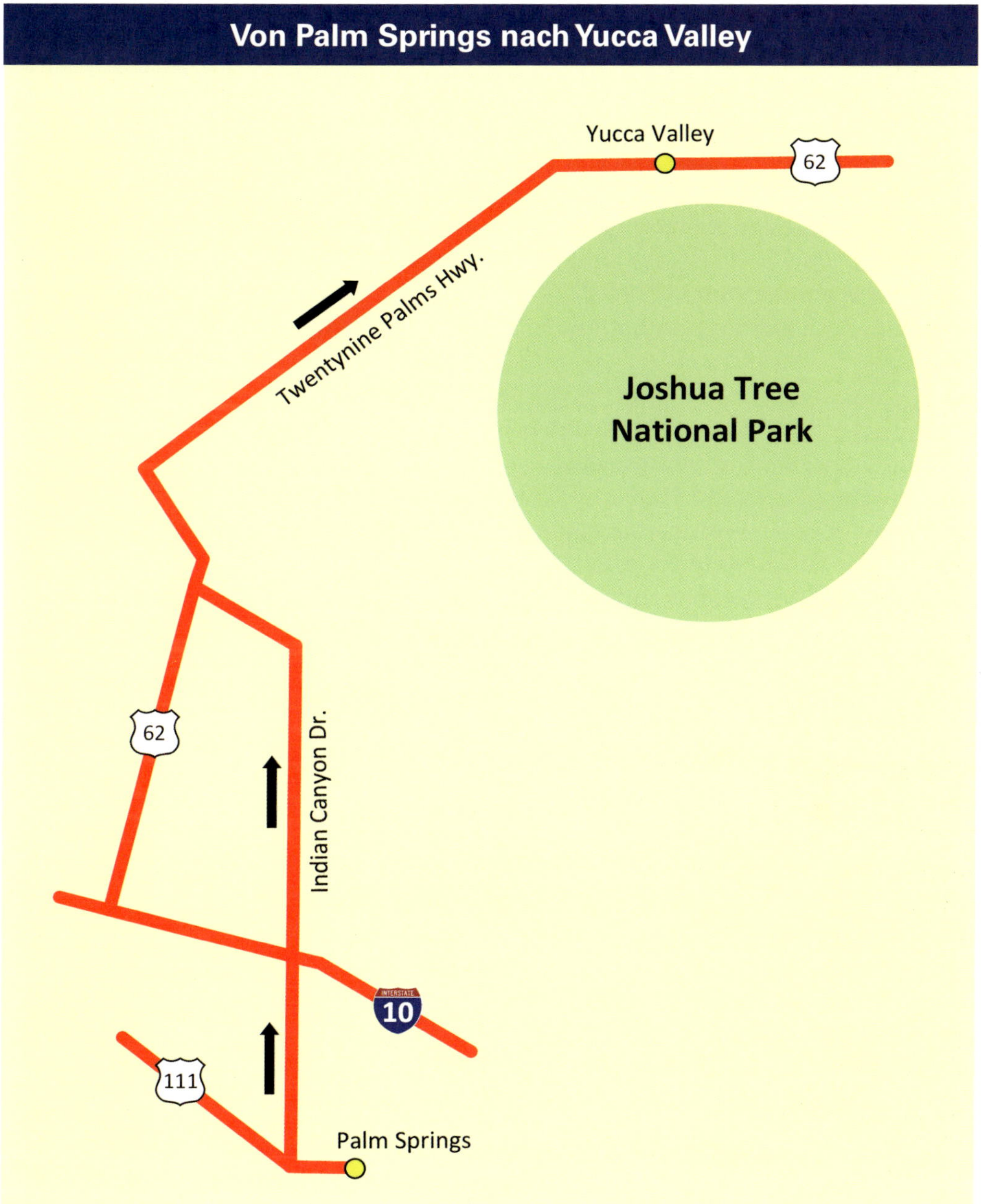
Von Palm Springs nach Yucca Valley
Yucca Valley
62
Twentynine Palms Hwy.
Joshua Tree
National Park
62
Indian Canyon Dr.
INTERSTATE
10
111
Palm Springs

erwähnen. Die Zufahrt zur Seilbahn beginnt direkt am Besucherzentrum. Die Fahrt mit der Seilbahn auf den fast 2500 m über dem Ort liegenden Mt. San Jacinto wäre jedoch zu zeitaufwendig. Du wirst aber morgen im »Joshua Tree National Park« einen ähnlichen Bergblick genießen können. Die rotierenden Gondeln sind jedoch etwas Besonderes – eben typisch Amerika. Ich halte die Bergbahnen in den Alpen für attraktiver.

Zum Vergleich: Die »Aerial Tramway« in Palm Springs überwindet einen Höhenunterschied von 1791 m. Über fünf Stützen werden bis zur Bergstation 3895 m zurückgelegt. Die Eibsee-Seilbahn, welche auf Deutschlands höchsten Berg, die Zugspitze, führt, überwindet dagegen 1950 Höhenmeter und hat eine Länge von knapp 4500 m. Bei der neuen Eibsee-Seilbahn, welche voraussichtlich im Jahr 2017 Ihren Betrieb aufnehmen wird, beträgt der Abstand von der einzigen 127 m hohen Stütze zur Bergstation 3207 m!
Das sind Superlative. Wenn du also »irgendwo« liest, die »Aerial Tramway« sei die Nummer Eins unter den Seilbahnen, dann ist das nicht ganz richtig. Denn *die* befindet sich in Grainau bei Garmisch-Partenkirchen. Aber zumindest ist die »Aerial Tramway« die größte rotierende Seilbahn der Welt.
🌐 www.pstramway.com

Von Palm Springs aus geht es dann noch auf eine letzte kurze Etappe nach Yucca Valley. Denn morgen steht der Besuch des »Joshua Tree National Parks« auf dem Programm.

Da für heute Abend keine Übernachtung gebucht ist, suchst du dir unterwegs ein Motel. Hierzu verlässt du Palm Springs in nördlicher Richtung auf dem Indian Canyon Drive, überquerst die Interstate 10 und folgst dann rechts dem Twentynine Palms Highway 62 nach Yucca Valley. Von Downtown Palm Springs bis zur Abzweigung auf den Twentynine Palms Highway sind es etwa 14 Meilen.

In **Yucca Valley** und Umgebung gibt es mehrere Übernachtungsmöglichkeiten. Eine gute Wahl ist das »Best Western Hotel« zur rechten Hand mitten in Yucca Valley, welches du nach weiteren 14 Meilen erreichst.
Best Western Joshua Tree Hotel & Suites
56525 Twentynine Palms Highway
☎ +1-760-365-3555

Wenn du heute aber nicht mehr weiterfahren möchtest, kannst du auch in Palm Springs nach einer Übernachtungsmöglichkeit suchen. Besser ist es jedoch, noch heute die Fahrt nach Yucca Valley zu absolvieren, um dann morgen früh nur eine kurze Anfahrt zum »Joshua Tree National Park« zu haben.

Notizen

zu Calico und Palm Springs

JOSHUA TREE NATIONAL PARK → OATMAN → KINGMAN (ROUTE 66)

Wochentag:

Datum:

Fahrstrecke: Von Yucca Valley durch den »Joshua Tree National Park« nach Kingman/AZ

Fahrzeit ohne Pausen: Ca. 5 1/2 Stunden (incl. der Fahrzeit im »Joshua Tree National Park«)

Entfernung: Ca. 270 Meilen (incl. der Meilen im »Joshua Tree National Park«)

Übernachtung: Kingman (Motel suchen)

Den »Joshua Tree National Park« erreichst du etwa 7 Meilen nach Yucca Valley weiter östlich auf dem Twentynine Palms Highway 62. Wenn du gestern in Palm Springs übernachtet hast, dann sind es ca. 28 Meilen mehr.

Der »Joshua Tree National Park« ist ein Juwel. Gut befahrbare Straßen führen mitten hindurch. Zwischen faszinierenden Felsformationen können kurze Wanderwege (*trails*) abgelaufen werden. Die Felsformationen sind das Ergebnis von Erosion am Tiefengestein »Granit«.
www.nps.gov/jotr
www.nps.gov/jotr/planyourvisit/upload/jotrmap.pdf

Im Besucherzentrum »Joshua Tree Visitor Center« bei der westlichen Zufahrt solltest du zunächst nicht vergessen, eine kostenlose Übersichtskarte des Nationalparks mitzunehmen. Genau 5 Meilen nach dem Besucherzentrum erreichst du den Westeingang (»West Entrance Station«).

Besonders schön und gut zu begehen sind die Rundwege **Barker Dam**, mit seinem Wasserreservoir, und vor allem der Wanderweg **Hidden Valley Trail**. Die beiden *trails* sind jeweils ca. eine Meile lang und befinden sich etwa 9 Meilen nach der »West Entrance Station«. Selbst bei hochsommerlicher Hitze überwog bei mir die Begeisterung angesichts der überwältigenden Natur. Das Zusammenspiel von Felsen und *Joshua Trees* verleiht diesem Nationalpark

Der »Joshua Tree National Park«

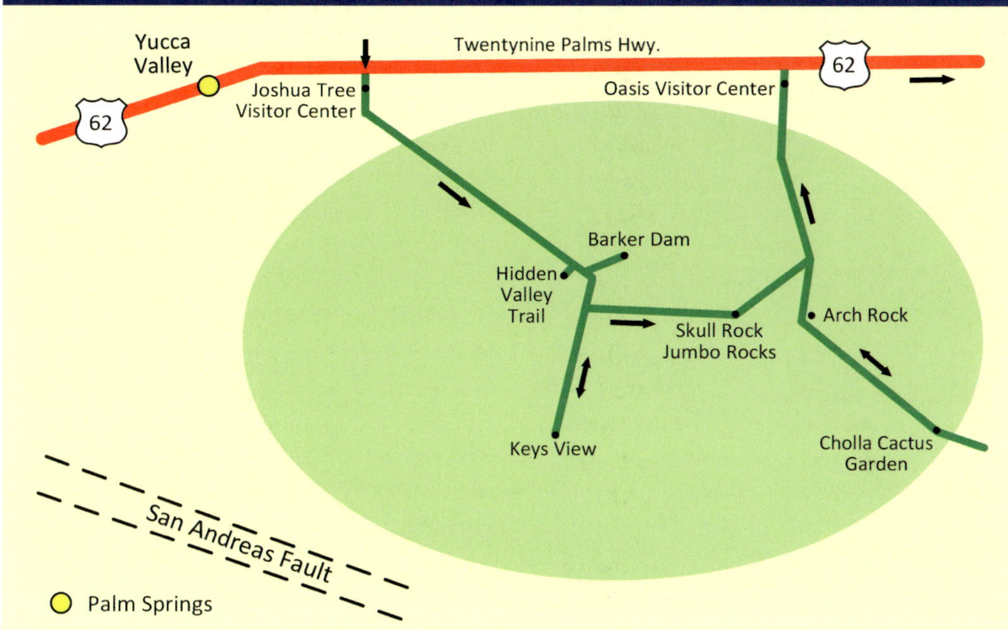

sein besonderes Flair. Die namensgebende Joshua-Palmlilie (*Joshua Tree*) wiederum verdankt ihren Namen einigen Mormonen, die in der Form der Äste die erhobenen Arme »Joshuas« zu erkennen glaubten. Mehr Informationen zu der Religion der Mormonen findest du im Abschnitt über den »Capitol Reef National Park« in Utah (Tag 17).

Ein absolutes Muss (*must-do*) ist **Keys View** im Süden des Nationalparks auf 1581 m Höhe (nicht zu verwechseln mit »Keys Ranch«!). Vom dortigen Parkplatz, wo ein Schild vor angriffslustigen Bienen warnt, hast du eine tolle Aussicht nach Süden auf das Coachella Valley mit Palm Springs und weiter bis zum Saltonsee (*Salton Sea*), dem größten See Kaliforniens im Süden von Palm Springs, nicht mehr weit von der mexikanischen Grenze entfernt. Dieser See ist – wie der Name schon vermuten lässt – sehr salzhaltig und liegt 66 m unter dem Meeresspiegel, nur zwanzig Meter höher als Badwater im Death Valley.

An absolut klaren Tagen reicht der Blick vom »Keys View« bis zum Mount Signal in Mexiko. Deutlich zeichnet sich jedoch die tiefreichende Verwerfung des **San Andreas Grabens** (»San

Tausende »Joshua Trees« säumen die Wege durch den Nationalpark

Andreas Fault«) ab. Diese Transformstörung, an der die Pazifische Platte auf die Nordamerikanische Platte stößt, erstreckt sich vom Golf von Kalifornien weiter bis über die Halbinsel von San Francisco. Bleibt zu hoffen, dass das nächste Erdbeben erst in ferner Zukunft liegt.

Du fährst die gleiche Strecke wieder 5,5 Meilen zur Kreuzung zurück und erreichst weitere 7,5 Meilen später den **Skull Rock** im Bereich der »Jumbo Rocks«. Dieser erinnert an einen Totenkopf.

Auf dem Weg zum Cholla Cactus Garden kommst du nach 5,5 Meilen nahe am **Arch Rock** vorbei. Dieser Wanderweg ist nur eine halbe Meile lang. Aber, wie gesagt, Felsenbögen wirst du im Laufe dieser Reise noch im Überfluss sehen.

Ungefähr 7 Meilen weiter südlich ist der **Cholla Cactus Garden** absolut sehenswert. Dieser ist zwar möglicherweise nicht auf natürlichem Weg entstanden, aber deshalb keineswegs uninteressant. Vor den Stacheln dieser besonderen Kakteenart »Jumping Cholla Cactus« sollte man sich jedoch in Acht nehmen. Denn so harmlos, wie es deren Zweitname »Teddy Bear Cholla« zum Ausdruck bringt, sind diese Kakteen nicht. Der Kontakt mit dieser Art kann sehr unangenehm werden, du solltest unbedingt Abstand halten und dich auf dem Weg durch den Kaktusgarten vorsichtig bewegen. Auch hier wird vor angriffslustigen Bienen gewarnt.

Vor den Stacheln des Cholla Cactus muss man sich in Acht nehmen

Weiter nach Süden zu fahren macht wenig Sinn. Beim »Cactus Garden« fährst du also bitte wieder zurück nach

Tag 6

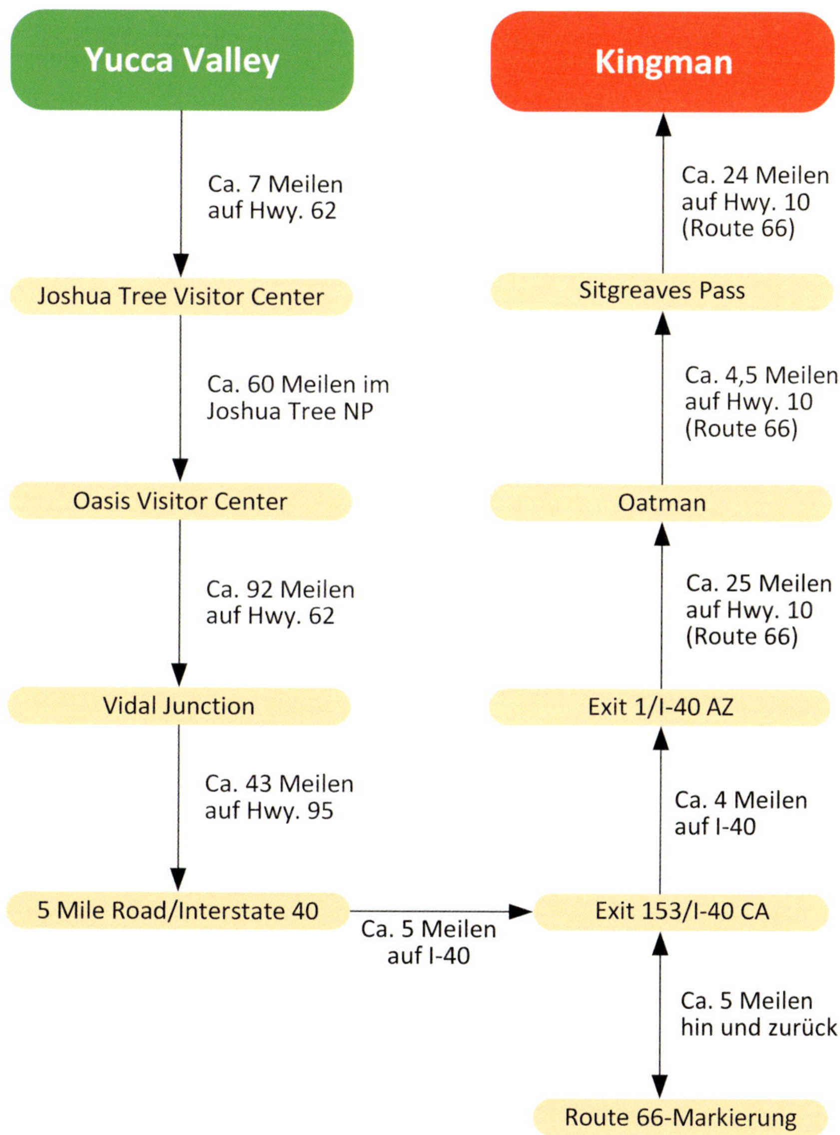
Yucca Valley
Ca. 7 Meilen auf Hwy. 62
Joshua Tree Visitor Center
Ca. 60 Meilen im Joshua Tree NP
Oasis Visitor Center
Ca. 92 Meilen auf Hwy. 62
Vidal Junction
Ca. 43 Meilen auf Hwy. 95
5 Mile Road/Interstate 40
Ca. 5 Meilen auf I-40
Exit 153/I-40 CA
Ca. 5 Meilen hin und zurück
Route 66-Markierung
Ca. 4 Meilen auf I-40
Exit 1/I-40 AZ
Ca. 25 Meilen auf Hwy. 10 (Route 66)
Oatman
Ca. 4,5 Meilen auf Hwy. 10 (Route 66)
Sitgreaves Pass
Ca. 24 Meilen auf Hwy. 10 (Route 66)
Kingman

Norden. Es ist jetzt auch nicht erforderlich, wieder zurück zum westlichen Parkeingang zu fahren. Du kannst den Park an der nordöstlichen Zufahrt (»North Entrance«) beim Besucherzentrum »Oasis Visitor Center« (18 Meilen ab »Cholla Cactus Garden«) verlassen, denn die weitere Reise führt dich ohnehin nach Osten.

Neben dem Besucherzentrum befindet sich die »Oasis of Mara«, eine kleine palmengesäumte Oase. Hier kannst du noch einmal kurz entspannen, bevor die »Mutter aller Straßen« (*Mother Road*) auf dich wartet: Die Route 66. Diese ursprünglich von Chicago nach Santa Monica bei Los Angeles verlaufende Kontinentalverbindung hat ihre Bedeutung durch den Ausbau des Interstate-Netzes in den 70er-Jahren zwar verloren, aber nach wie vor ziehen die verbliebenen Teilstücke der Route 66 unzählige Nostalgiker magisch an.

Zunächst musst du jedoch 92 Meilen auf dem Highway 62 nach Osten bis »Vidal Junction« fahren. Dort biegst du auf den Highway 95 nach Norden ab. Nach 43 Meilen bei »Parker Junction« biegst du rechts auf die »5 Mile

Vom »Joshua Tree National Park« nach Kingman

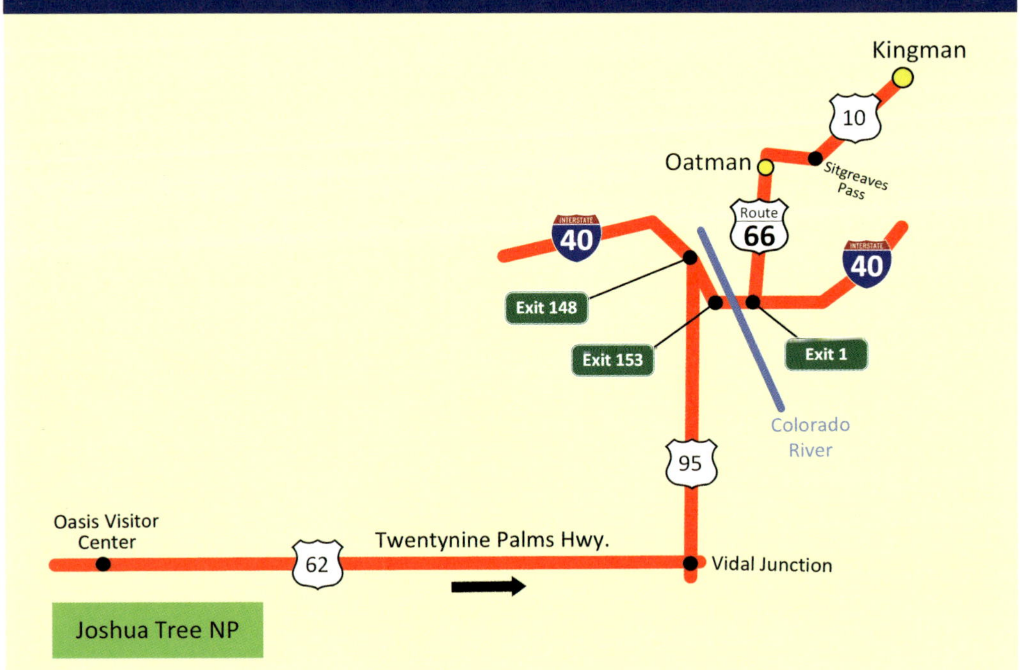

Hier endet die Route 66 in einer Sackgasse – ein beliebtes Fotomotiv

Road« Richtung »Topock/Kingman« ab. Wenn du dann auf die Interstate 40 triffst (Auffahrt 148), folgst du der Interstate für einige Meilen in östlicher Richtung.

Ich empfehle dir, dass du dich durch den Hinweis auf die Route 66 »verleiten lässt«, die Interstate 40 bereits bei Exit 153 (Beschilderung »Park Moabi Road«), der letzten Ausfahrt in Kalifornien, zu verlassen. Dort befindet sich nämlich der Beginn der Route 66 in Kalifornien aus Richtung Chicago betrachtet. Zwar handelt es sich um eine Sackgasse, weil die Route 66 vom Flussverlauf des Colorados unterbrochen wird. Wenn du jedoch an der Ausfahrt 153 die Autobahn überquerst, nach rechts abbiegst und dem »National Trails Highway« entlang des »Pirate Cove Resort & Marina« nur einige Hundert Meter weit folgst, gelangst du zu einer historischen Route-66-Markierung – ein willkommenes Fotomotiv. *Du* weißt jetzt wenigstens, dass die Route 66 hier endet. Ich hatte mich dagegen verfahren und musste überlegen, wie es weitergeht. ☺

Dann fährst du wieder zurück zur Interstate 40, folgst dieser weiter nach Osten, überquerst sogleich den Colorado, welcher hier die Grenze zwischen Kalifornien und Arizona bildet, und verlässt die Interstate 40 gleich wieder nach der Brücke bei Exit 1 in Arizona (Beschilderung »Golden Shores/Oatman«).

Hier beginnt nun ein durchgehendes Stück der Route 66, heute offiziell Highway 10. Diesem folgst du zunächst 25 Meilen bis Oatman und dann weitere 29 Meilen nach Kingman.

Das ehemalige Goldgräberstädtchen **Oatman** ist heute ein ziemlich her-

In Oatman gehören verwilderte Esel zum Straßenbild

untergekommenes Bergdorf. Füchse streifen um die Häuser auf der Suche nach etwas Fressbarem und auf der Durchgangsstraße können sich die wild lebenden Esel (*burros*) frei bewegen. Früher waren es Arbeitstiere. Nachdem man für sie jedoch keine Verwendung mehr hatte, überließ man die Tiere ihrem Schicksal und sie verwilderten.

Man hat das Gefühl, dass die Einwohner verzweifelt versuchen, sich mit dem Klischee der Route 66 über Wasser zu halten. Die bunten Andenkenläden machen auf mich den Eindruck als würden sie nach dem Motto verfahren: »Irgendwer wird in Urlaubsstimmung schon etwas kaufen, ob er es braucht oder nicht.«

Das Oatman Hotel, wo zu besten Zeiten Clark Gable seine Flitterwochen verbrachte, hat den Hotelbetrieb eingestellt. Es beherbergt heute eine Bar, deren Besonderheit ist, dass die Wände über und über mit 1-Dollar-Banknoten zugepflastert sind. Aber für einen Anstrich der Außenfassade ist offenbar kein Geld vorhanden. Einen netten Eindruck von Oatman und dem »Oatman Hotel« habe ich auf »Arizona Highways TV« bei »YouTube« gefunden.
youtu.be/iBSB4Onj5oc

Ich vermute aber, dass die Gebäude aus dem 19. Jahrhundert aus touristischen Gründen absichtlich in diesem heruntergekommenen Zustand belassen werden und zugegeben, neu renovierte Gebäude würden auch den Mythos »Route 66« zerstören. Und so kommen jährlich nach wie vor über 500.000 Besucher nach Oatman – das Marketing funktioniert also. ☺
www.oatmangoldroad.org

Ich muss aber zugeben, ich hatte mir die Route 66 bis dato anders vorgestellt, nämlich so: *Diners* mit Ledersofas und Jukebox, alte amerikanische Straßenkreuzer mit Heckflossen in rosa und türkis sowie Tankstellen aus den ersten Boomjahren der Autoindustrie. Diese Erwartung wird dann erst in Seligman und Williams auf dem Weg zum Grand Canyon erfüllt, doch bis dorthin musst du dich noch drei Tage gedulden. Die Route 66 ist eben vielseitiger als erwartet.

Von Oatman geht es weiter über die Black Mountains und den verschlungenen »Sitgreaves Pass« nach Cool Springs. In einer alten Tankstelle befindet sich dort ein Souvenirladen. Die Szenerie wird umrahmt von Schrottautos und einem wirklich schönen Berggipfel. Ja, *so* habe ich mir die Route 66 auch vorgestellt.
www.azrt66.com/cool-springs

Vor Kingman orientierst du dich zwar an der Beschilderung zur Interstate 40,

Am »Sitgreaves Pass« führt die Route 66 über die Black Mountains

unterquerst dann aber die Interstate und folgst der Route 66 nach links, zunächst parallel zur Interstate, weiter bis Kingman.

Wenn du in Kingman auf eine Straßengabelung triffst, biegst du rechts ab. Nach nur Hundert Metern befinden sich das Besucherzentrum und das **Arizona Route 66 Museum** in der 120 West Andy Devine Avenue auf der rechten Seite. Es ist leicht zu finden, da auf der gegenüberliegenden Straßenseite in einer kleinen Parkanlage eine historische Santa-Fe-Dampflokomotive ausgestellt ist. Nicht zu übersehen ist auch der »Mr. D'z Route 66 Diner«, in den Farben Türkis und Pink, ebenfalls auf der gegenüberliegenden Straßenseite. Hier lohnt es sich, eine Kaffeepause einzulegen.
🌐 www.gokingman.com/attraction-Historic-Powerhouse
🌐 www.mrdzrt66diner.com

Für Route-66-Fans ist das Museum im ehemaligen Powerhouse (Elektrizitätswerk) ein absolutes Muss. Schließlich ist Kingman das Herz der historischen Route 66 (»Heart Of The Historic Route 66«), jedenfalls wird mit diesem Slogan geworben. Was aber auch gerechtfertigt ist. Nicht umsonst fand Kingman einst explizit Erwähnung in Nat King Coles Bluessong »Get Your Kicks On Route 66« aus dem Jahr 1946.
🌐 youtu.be/dCYApJtsyd0

Nach Museumsbesuch und Kaffeepause suchst du dir ein Motel für die Nacht. Im »El Trovatore Motel« in der East Andy Devine Avenue ist jedes Zimmer einem Hollywood-Star gewidmet. Über die volle Länge des Gebäudes ist der Verlauf der Route 66 aufgemalt und über der Lobby steht in großen Buchstaben: »Worlds longest Route 66 Map« (dt. »Weltgrößte Route-66-Landkarte«). Parken ist nur für Elvis-Fans erlaubt. ☺
Das Motel ist schon von Weitem an seinem schmalen beleuchteten Werbeturm zu erkennen. Um dorthin zu gelangen, fährst du nach dem Museum die Straße einfach 1,5 Meilen weiter.
El Trovatore Motel
1440 East Andy Devine Avenue, Kingman
🌐 www.eltrovatoremotel.com
☎ +1-928-753-6520

Auch das benachbarte »Quality Inn« ist im Stil der Route 66 dekoriert.
Quality Inn
1400 East Andy Devine Avenue, Kingman
🌐 www.choicehotels.com/arizona/kingman/quality-inn-hotels/az026
☎ +1-928-753-4747

Solltest du dich in Kingman verfahren, was durchaus passieren kann, frage einfach nach dem Route-66-Museum im Powerhouse in der Andy Devine Avenue.

Notizen

zum Joshua Tree National Park, zur Route 66, zu Oatman und Kingman

KINGMAN → HOOVER DAM → VALLEY OF FIRE → LAS VEGAS

Wochentag:

Datum:

Fahrstrecke: Von Kingman über den »Hoover Dam« zum Valley of Fire und zurück nach Las Vegas

Entfernung: Ca. 220 Meilen

Fahrzeit ohne Pausen: Ca. 4 Stunden

Übernachtung: Las Vegas (Motel suchen)

Heute besuchst du die berühmte Hoover-Talsperre (*Hoover Dam*) und den »Valley of Fire State Park«. Während der Hoover Dam vermutlich jedem ein Begriff ist, gehört das Valley of Fire zu den weniger bekannten Parks des amerikanischen Südwestens. Allerdings spricht sich dieser »Geheimtipp« immer mehr herum. Denn das Valley of Fire hat ein ganz außergewöhnliches Flair und wird bei dieser Rundreise deshalb sogar zweimal besucht – heute mit dem Pkw und am Ende der Reise mit Übernachtung auf dem Campingplatz.

Zunächst verlässt du Kingman auf dem Highway 93 nördlich in Richtung Las Vegas. Bitte kontrolliere vor der Abfahrt in Kingman die Tankfüllung. Du solltest zur Sicherheit Kraftstoff für mindestens 200 Meilen im Tank haben, damit der Sprit auch für die einsame Strecke auf der Lakeshore Road entlang des Lake Mead, für das Valley of Fire und danach bis zur Interstate 15 sicher reicht. Dort gibt es keine Tankstelle! Viel mehr Benzin muss aber *auch* nicht in den Tank, denn morgen gibst du den Mietwagen schließlich wieder zurück und die Mietverträge sehen grundsätzlich nicht vor, dass die Fahrzeuge mit vollem Tank zurückgegeben werden müssen. Du kannst dann vor der Rückgabe des Fahrzeugs gerade so viel nachtanken, um die Mietstation sicher zu erreichen.

Nach 30 Meilen auf dem Highway 93 passierst du bei Dolan Springs die Abzweigung »Pierce Ferry Road« zum »Grand Canyon Skywalk«. Beim »Grand Canyon Skywalk« handelt es

Von Kingman zum Valley of Fire

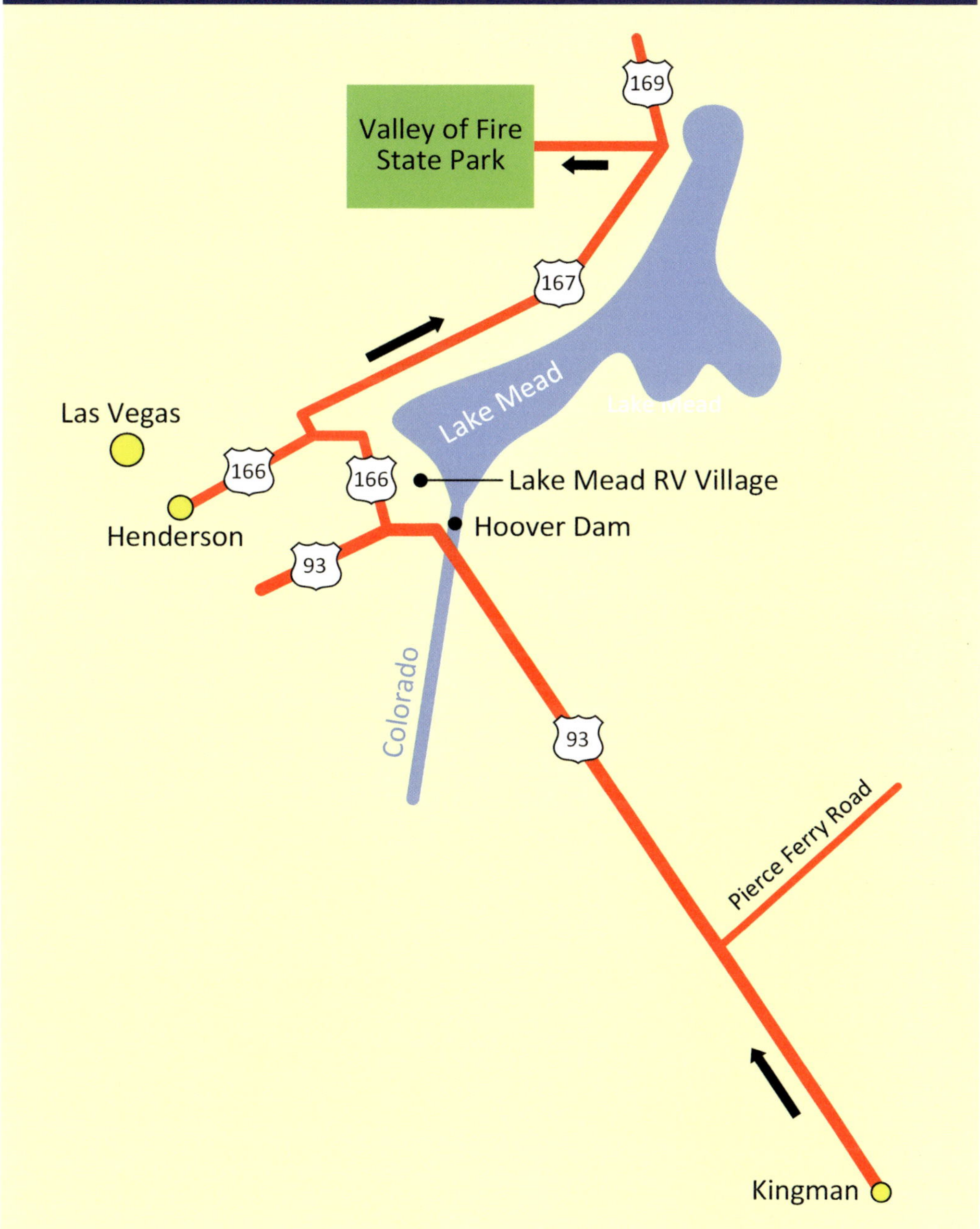

sich um eine über den Rand des Grand Canyon hinausragende Plattform mit Glasboden. Die Fahrzeit dorthin würde einfach etwa eine Stunde betragen. Der Besuch des »Grand Canyon Skywalk« ist auf dieser Rundreise jedoch nicht vorgesehen. Für das Erlebnis Grand Canyon ist es meines Erachtens auch nicht erforderlich, ca. 100 Dollar je Person für die Genehmigung (*permit*), das Parken und den Eintritt zur Glasbodenplattform auszugeben. Der *Skywalk* ist eine Einnahmequelle des Volksstammes der »Hualapai« (auch »Walapai«). In erster Linie eignet sich der *Skywalk* für Kurzbesucher von Las Vegas, die nicht viel Zeit haben, aber dennoch den Grand Canyon sehen möchten. Hierfür werden ab Las Vegas auch Hubschrauberflüge angeboten. Der »Grand Canyon South Rim«, den du übermorgen erreichen kannst, ist aus meiner Sicht die schönere, vielfältigere und auch preiswertere Wahl, zumal sich der *Skywalk* am »Grand Canyon West« auch außerhalb des Nationalparks »Grand Canyon« befindet.

Ungefähr 70 Meilen nach Kingman bzw. 40 Meilen von Dolan Springs aus gerechnet erreichst du die Hoover-Talsperre. Die Ausfahrt ist nicht zu verpassen (Exit 2). Kurz vorher fährst du über die »Mike O'Callaghan-Pat Tillman Memorial Bridge«, auch als »Hoover Dam Bypass Bridge« bekannt, eine im Jahr 2010 eröffnete Bogenbrücke über den Black Canyon mit dem Colorado River. Die 580 Meter lange Brücke bildet einen wesentlichen Teil der Umgehungsstraße der Hoover-Talsperre. Seit der Fertigstellung fließt der Hauptverkehr nicht mehr über die Dammkrone. Man kann sich kaum vorstellen, dass sich noch vor wenigen Jahren der gesamte Verkehr durch den Black Canyon und über die Dammkrone gewälzt hat.

Auf der Zufahrt zur Hoover-Talsperre, der »Hoover Dam Access Road«, gibt es links eine Abzweigung zum **Lakeview Overlook**, von wo du, wie der Name schon sagt, einen Ausblick über das »Boulder Basin« des Lake Mead genießen kannst. Zur linken Hand erkennst du von dort auch das »Lake Mead RV Village«, wo du morgen erstmals mit dem Wohnmobil übernachten kannst.

Nach der Sicherheitskontrolle (*security check*), denn die Hoover-Talsperre ist verständlicherweise eine Anlage, die höchste Sicherheitsanforderungen erfüllen muss, folgt auf der rechten Seite der Parkplatz für den Zugang zur Bogenbrücke, von wo aus du nach wenigen Gehminuten den besten Blick auf die Talsperre hast. Die Brücke trägt den offiziellen Namen **Mike O'Callaghan-Pat Tillman Memorial Bridge** in Erinnerung an einen früheren Gouverneur von Nevada und an Pat Tillman, einen ehemaligen American Football-Star. Pat Tillman spielte in der »National Football League« (NFL) und hatte bei den »Ari-

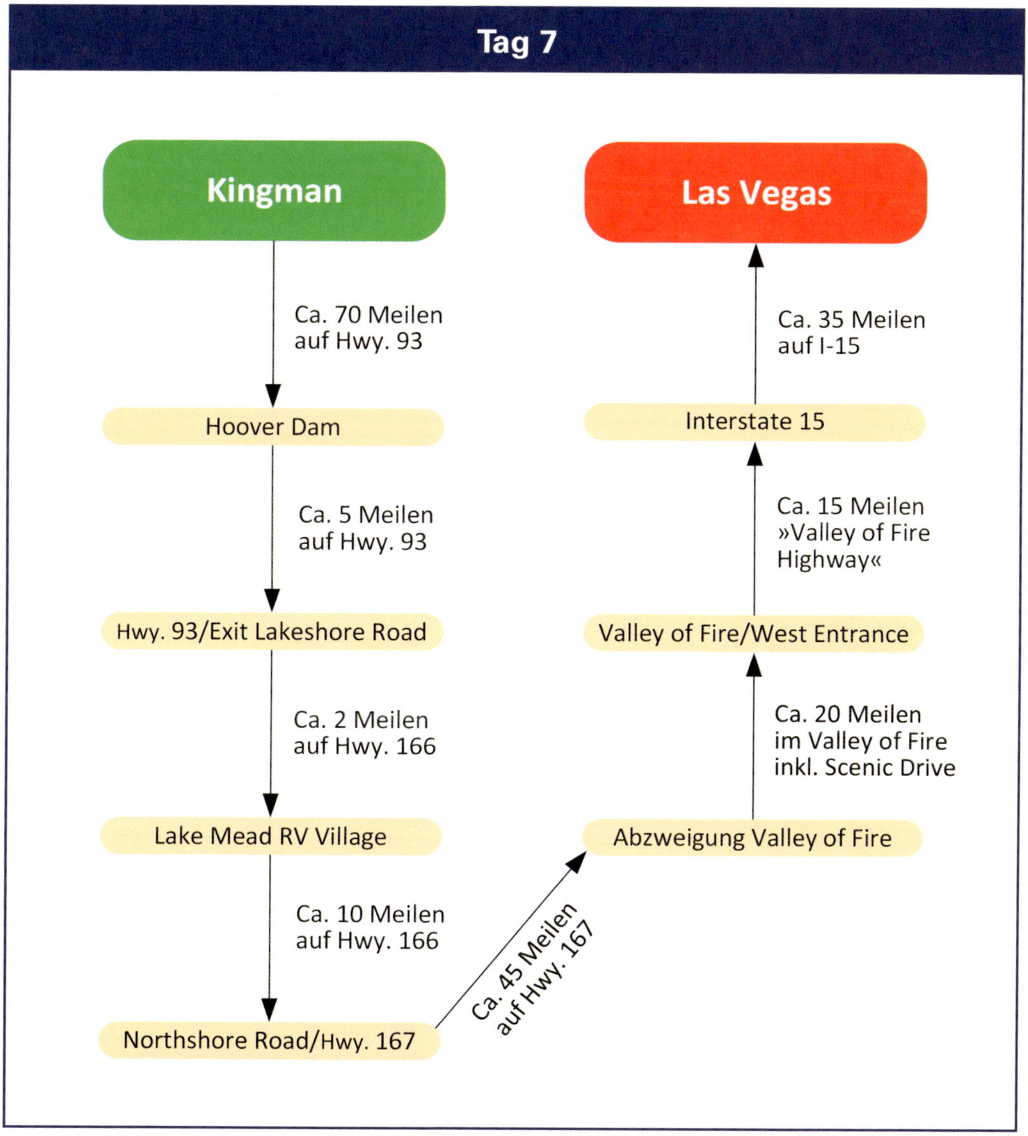

zona Cardinals« einen mit Millionen Dollar dotierten Vertrag. Nach den Anschlägen vom 11. September 2001 trat er jedoch in die US-Armee ein und starb dann beim Afghanistan-Einsatz.

Nach der Aussicht von der Brücke fährst du weiter zur Staumauer. Zum Parken steht dort auf der Seite des Bundesstaates Nevada ein Parkhaus zur Verfügung (10 Dollar). Auf der Staudammseite

Die Hoover-Talsperre staut den Colorado zum Lake Mead auf

im Bundesstaat Arizona gibt es neben kostenpflichtigen Parkplätzen (ebenfalls 10 Dollar) auch eine begrenzte Anzahl kostenfreier Parkplätze – wenige Fußminuten entfernt. Um dorthin zu gelangen, fährst du einfach über den Damm und den gegenüberliegenden Berg hinauf. Bei Sommerhitze ist aber auch diese kurze Entfernung anstrengend zu laufen, weshalb die zehn Dollar für den Parkplatz durchaus gut angelegt sein können. Die Fahrt den ganzen Berg hinauf bis zum **Hoover Dam Lookout** kannst du dir meiner Meinung nach sparen. Von dort oben ist die Aussicht auch nicht besser als zuvor von der Bogenbrücke.

Die 223 m hohe Staumauer der Hoover-Talsperre wurde in den 1930er-Jahren 30 Meilen östlich von Las Vegas bei Boulder City gebaut und staut den Colorado River zum 110 Meilen langen Lake Mead auf. Dieser See ist nach dem Lake Powell, den du im Verlauf dieser Reise auch noch besuchst, der zweitgrößte Stausee und somit auch das zweitgrößte Erholungsgebiet am Colorado.

In der Mitte des Stausees bzw. des Colorados verläuft nicht nur die Grenze zwischen Nevada und Arizona, sondern auch die Grenze zwischen den Zeitzonen »Pacific Standard Time« und »Mountain Standard Time«, abzulesen an den Uhren der vorderen Entnahmetürme der Staumauer. Wenn du dich wunderst, warum die beiden Uhren (im Sommer) die gleiche Zeit anzeigen, erfährst du die Auflösung im nächsten Abschnitt.

US-Zeitzonen

Die USA erstrecken sich von der Westküste bis zur Ostküste über vier Zeitzonen (ohne Alaska und Hawaii). Bei dieser Rundreise kommst du mit zwei Zeitzonen in Berührung, nämlich der »Pacific Standard Time« (PST) in Kalifornien und Nevada, sowie der »Mountain Standard Time« (MST) in Utah, Arizona und Colorado.
Bei der »Mountain Standard Time« beträgt der Zeitunterschied zur Mitteleuropäischen Zeit (MEZ) minus acht Stunden, bei der »Pacific Standard Time« sind es minus neun Stunden.

Aufpassen muss man jedoch durch Abweichungen bei der Sommerzeit (»Daylight Saving Time«, DST). Arizona – ausgenommen die Gebiete des Volksstammes der Navajo – beteiligt sich nicht an den Umstellungen auf Sommerzeit, weshalb die Arizona-Zeit im Sommer der »Pacific Standard Time« entspricht. Der Zeitunterschied zu Deutschland beträgt dann also auch in Arizona 9 Stunden. Deshalb zeigen die beiden Uhren an den vorderen Entnahmetürmen der Staumauer der Hoover-Talsperre im »Sommerhalbjahr« die gleiche Zeit an. In diesen Monaten gilt in Arizona also die gleiche Zeit wie in Nevada und in Kalifornien, wo die Uhren um eine Stunde vorgestellt werden. Im »Winterhalbjahr« aber ist Arizona zeitgleich mit Colorado und Utah.

Noch einmal mit beispielhaften Uhrzeiten zur Verdeutlichung: Wenn es in Deutschland 22:00 Uhr ist, so gilt nach der MST 14:00 Uhr und nach der PST 13:00 Uhr. Das ist auch während der Sommerzeit so, eben nur nicht in Arizona. In Arizona, wo die »Mountain Standard Time« gilt, wird die Uhr nicht um eine Stunde nach vorne gestellt. Deshalb ist es in Arizona dann auch 13:00 Uhr und der Zeitunterschied beträgt 9 Stunden wie bei der »Pazific Standard Time«. Beim Zeitunterschied muss zusätzlich beachtet werden, dass die Sommerzeit in den USA früher beginnt und später endet als in Europa.

Nur gelegentlich wird durch Straßenschilder auf den Wechsel der Zeitzone hingewiesen. Darum, welche Zeit gerade gilt, muss man sich also selbst kümmern, wobei dies im Urlaub nur in Ausnahmefällen wirkliche Relevanz erlangt, z. B. beim Besuch einer Veranstaltung oder dem Rückflugtermin. Dagegen ist es weniger bedeutsam, ob du um 18 Uhr oder um 19 Uhr den Campingplatz deiner Wahl erreichst.

Ich habe mir bei meiner Rundreise über Zeitumstellungen kaum Gedanken gemacht und keine negativen Auswirkungen verspürt, obwohl die Grenze zwischen der »Pacific Standard Time« und der »Mountain Standard Time« mehrmals überfahren wird. Während der Sommermonate muss man sich eigentlich nur merken, dass Utah und Colorado eine Stunde vor Kalifornien, Nevada und Arizona sind.

Einer Führung durch das Innere des Staudamms und des Kraftwerks mit der Turbinenhalle solltest du dich auf jeden Fall anschließen. Hoffentlich musst du an der Sicherheitskontrolle (*security check* wie am Flughafen) nicht zu lange anstehen. Allein der Spaziergang über die Staumauer ist aber schon ein Erlebnis. Es ist kaum fassbar, dass der beim Bau der Hoover-Talsperre verbaute Beton für eine zweispurige Autobahn von der Westküste der USA bis zur Ostküste ausreichen würde. Denn um die gewaltigen Wassermassen zu stauen, hat der Sockel des Damms eine Breite von unglaublichen 200 m. Unter dem nachfolgenden Link findest du ein ausführliches Informationsvideo über den »Hoover Dam«.
youtu.be/WW5oZ4ta0qU

Nach der Besichtigung der Talsperre fährst du zurück auf den Highway 93 in Richtung Las Vegas. Bereits 5 Meilen später verlässt du nach der »Hoover Dam Lodge« mit Casino den Highway schon wieder auf die Lakeshore Road (166) zum Lake Mead. Diese Ausfahrt hat keine Nummerierung. Gleich nach der Ausfahrt passierst du das Besucherzentrum. Die kurz danach folgende Zufahrtskontrolle zur »Lake Mead Recreation Area« passierst du mit deinem Nationalparkpass kostenlos.
www.nps.gov/lake
www.nps.gov/lake/planyourvisit/upload/Lake-Mead-Detailed-Small.pdf

Auf der Lakeshore Road erreichst du nach 2,1 Meilen das »Lake Mead RV Village«, wo du morgen deine erste Nacht mit dem Wohnmobil verbringen wirst. Es kann nicht schaden, dass du den Weg dorthin jetzt schon kennst. Wenn das Office besetzt ist, kannst du auch gleich einen Stellplatz für eine Nacht vorreservieren. Direkt neben dem »Lake Mead RV Village« befindet sich der ganz einfache, aber nicht minder schöne »Boulder Beach Campground«, welcher aber nicht über Stromanschlüsse verfügt.

Du fährst auf der Lakeshore Road (166) weiter bis zur Northshore Road (167), welcher du dann ungefähr eine Stunde weiter nach Norden bis zum Ostportal des Valley of Fire folgst.

Nur für den Fall, dass du das Gefühl hast, der Sprit könnte nicht für die nächsten mindestens 100 Meilen durch den »Valley of Fire State Park« und danach bis zur Interstate 15 reichen, besteht die Möglichkeit, zunächst an der Abzweigung zur Northshore Road (167) vorbeizufahren, die »Lake Mead Recreation Area« kurzzeitig zu verlassen und nach ca. 5 Meilen auf dem »East Lake Mead Parkway« in Henderson noch einmal zu tanken. **Henderson** ist die zweitgrößte Stadt des Bundesstaates Nevada und grenzt im Südosten unmittelbar an Las Vegas an, sodass man als Urlauber oftmals nicht weiß, ob man sich in

Feuerrote Felsen im Valley of Fire – der Mars lässt grüßen

Las Vegas oder in Henderson befindet. Als Urlaubsgast fühlte ich mich immer so, als ob ich in Las Vegas bin.

Danach fährst du wieder zurück und weiter auf der North Shore Road (167) zum Valley of Fire. Die nächste Tankstelle befindet sich dann erst an der Auffahrt 75 der Interstate 15! Wie bereits gesagt, sind das 100 Meilen ohne Tankstelle, was man sich erst einmal vor Augen halten muss. Dort mit Spritmangel liegenzubleiben, möglicherweise bei großer Hitze, ist keine angenehme Vorstellung. Zwar trifft man immer wieder auf andere Verkehrsteilnehmer und die Hilfsbereitschaft ist groß. Die Frage könnte dann noch sein: Wann kommt jemand, der über einen gefüllten Ersatzkanister verfügt?

Das **Valley of Fire** ist kein Nationalpark, sondern ein »State Park«, ist deshalb nicht durch den »Interagency Annual Pass« abgedeckt und kostet 10 Dollar Eintritt. Vielleicht ist die Eigenschaft als »State Park« der Grund, warum das Valley of Fire weniger bekannt ist. Oder es liegt einfach daran, dass das Valley of Fire im Vergleich zu anderen Parks größenmäßig überschaubar ist. Aber gerade *das* verleiht dem Tal seinen besonderen Charme.
www.parks.nv.gov/parks/valley-of-fire-state-park

Völlig unerwartet tauchen die roten Sandsteinformationen plötzlich in der kargen Wüstenlandschaft auf und es besteht kein Zweifel, dass es sich um das »Tal des Feuers« handeln muss.

Am Bezahlautomaten machst du halt. Wenn du keine 10 Dollar passend haben solltest, kannst du auch später am Besucherzentrum bezahlen, wo du dir ohnehin einen Parkplan besorgen solltest. Ich empfehle dir, den kurzen Weg von der »Self-Pay-Station« zum »Elephant Rock« zu laufen. Dieser Fels ist zwar von der Straße aus am besten zu sehen, allerdings darf an der unübersichtlichen Stelle bei einer Straßenkuppe nicht angehalten werden. Bitte achte im Valley of Fire sorgfältig auf die jeweiligen Geschwindigkeitsbeschränkungen. Im Valley of Fire legt die Parkverwaltung hierauf ein besonderes Augenmerk. Der »Ranger« im Besucherzentrum hat mir das explizit mitgeteilt.

Vom Besucherzentrum führt der Scenic Drive, eine Stichstraße, in das Herz des »State Parks« hinein. Außerdem gibt es nur noch eine einzige Seitenstraße, die Fire Canyon Road. Die Orientierung im Valley of Fire ist also sehr einfach.

Bevor du den Scenic Drive abfährst, empfehle ich jedoch zunächst 2 Meilen weiter zu fahren und dir einen Eindruck vom **Atlatl Rock Campground** zu machen, wohin du am Ende dieser Reise zurückkehren wirst. Der daneben befindliche »Arch Rock Campground«

Der »Valley of Fire State Park«

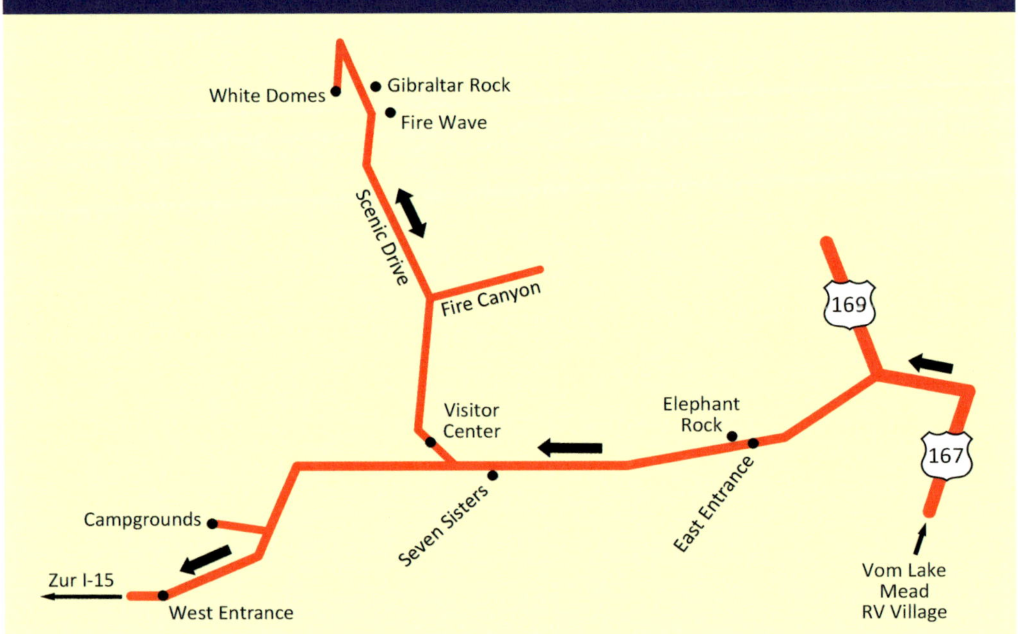

Das Highlight im »Valley of Fire« – die Wanderung zur »Fire Wave«

wird nur geöffnet, wenn der »Atlatl Rock Campground« überfüllt sein sollte. Bei der Atlatl Rock Road führt außerdem eine Treppe die Felsen hinauf zu in den Fels geritzten Zeichnungen der Ureinwohner, sogenannten **Petroglyphs**, die 4000 Jahre alt sind. Davon zu unterscheiden sind übrigens die auf Felsen gemalten »Pictographs«.

Erst jetzt fährst du zurück zum Besucherzentrum und zum dort beginnenden Scenic Drive. Die größte Sehenswürdigkeit des »Valley of Fire State Parks« ist die **Fire Wave**, eine Felsformation mit Gesteinsschichten von weiß über rosa bis rot. Zur »Fire Wave« gelangt man auf einer kurzen Wanderung von hin und zurück 1,2 Meilen. Startpunkt ist der vorletzte Parkplatz auf der Scenic Road (Parking Lot 3), direkt gegenüber des **Gibraltar Rock**, eines gigantischen »Monolithen«, der mich an den Ayers Rock in Australien erinnert.

In der mittäglichen Sommerhitze wird die Wanderung zur Fire Wave aber zu einer echten Tortur. Ohne ausreichend Wasser kann es richtig gefährlich sein. Aber auch mit ausreichend Flüssigkeit ist der Sonnenstich nicht weit und eine gewisse Fitness unabdingbar. Große Schilder warnen deshalb vor den Gefahren. Besser ist es, die Besichtigung der Fire Wave in die Dämmerung zu verlegen. Dabei ist zu beachten, dass der »Valley of Fire State Park« nur von Sonnenaufgang bis Sonnenuntergang »geöffnet« hat. Spätestens bei Sonnenuntergang

Vom Valley of Fire nach Las Vegas

sollltest du also erkennbar damit befasst sein, den Park zu verlassen. Die Parkverwaltung »freut« sich sonst über ein Bußgeld von derzeit 189 Dollar. Aber keine Angst, die Leute sind nett. Sie nehmen ihre Aufgabe als Hüter der Landschaft eben ernst und sorgen für Ordnung.

Aber auch wenn du nicht zur Fire Wave wanderst, empfiehlt es sich, den Sonnenuntergang im »Valley of Fire State Park« noch anzusehen, die rotglühenden Felsen zu genießen und dann den Park über den Westausgang, wieder vorbei an den Campingplätzen, zu verlassen.

Etwa 15 Meilen hinter der Westausfahrt des Parks erreichst du die Interstate 15, welche dich nach einer Woche wieder zurück nach Las Vegas führt (ca. 35 Meilen). Denn morgen gibst du den Pkw bei der Mietstation am Flughafen zurück und »tauschst« diesen gegen das Wohnmobil ein.

In Las Vegas suchst du dir ein letztes Mal ein Motel. Die Auswahl ist bekanntlich riesengroß. Den Abend kannst du dann am »Strip« oder in der »Fremont Street« verbringen. Eine gewisse Orientierung für Las Vegas konntest du dir ja durch den ersten Besuch aneignen.

Notizen

zum Hoover Dam und Valley of Fire

Tag 8

ÜBERNAHME WOHNMOBIL → LAKE MEAD

Wochentag:	**Datum:**
Fahrstrecke: Von Las Vegas zum Lake Mead	**Fahrzeit ohne Pausen:** Ca. 45 Minuten
Entfernung: Ca. 30 Meilen	**Übernachtung:** »Lake Mead RV Village« (Campingplatz)

Heute ist ein aufregender Tag. Du übernimmst das gemietete Wohnmobil, um damit dein Reiseabenteuer fortzusetzen. Sämtliche größeren Vermieter haben sich am oder in unmittelbarer Nähe des »Boulder Highways« niedergelassen, der als Verlängerung der Fremont Street über 15 Meilen in südöstlicher Richtung verläuft:

El Monte: 3800 Boulder Highway, Las Vegas
☎ +1-888-337-2214 oder ☎ +1-702-269-8000

Road Bear/Britz: 4730 Boulder Highway, Las Vegas
☎ +1-866-303-1057 oder ☎ +1-702-453-1109

Apollo/Star-RV: 5837 Boulder Highway, Las Vegas
☎ +1-800-370-1262

Jucy Rentals: 5895 Boulder Highway, Las Vegas
☎ +1-800-650-4180 oder ☎ +1-424-456-4830

Cruise America: 551 North Gibson Road, Henderson/NV
☎ +1-888-980-8282 oder ☎ +1-702-565-2224

Zwischen dem »Rent-A-Car-Center« am Flughafen und dem Boulder Highway liegen allerdings rund zehn Meilen quer durch die Stadt. Es empfiehlt sich deshalb, deine Mitreisenden zusammen mit dem Gepäck bei der Mietstation des Wohnmobils abzuliefern. *Du* bringst dann den Mietwagen zum »Rent-A-Car-Center« südlich des Flughafens zurück. Folge in der Nähe des Flughafens einfach der Beschilderung »Rental Car Return« (siehe auch die Karte im

Der Boulder Highway

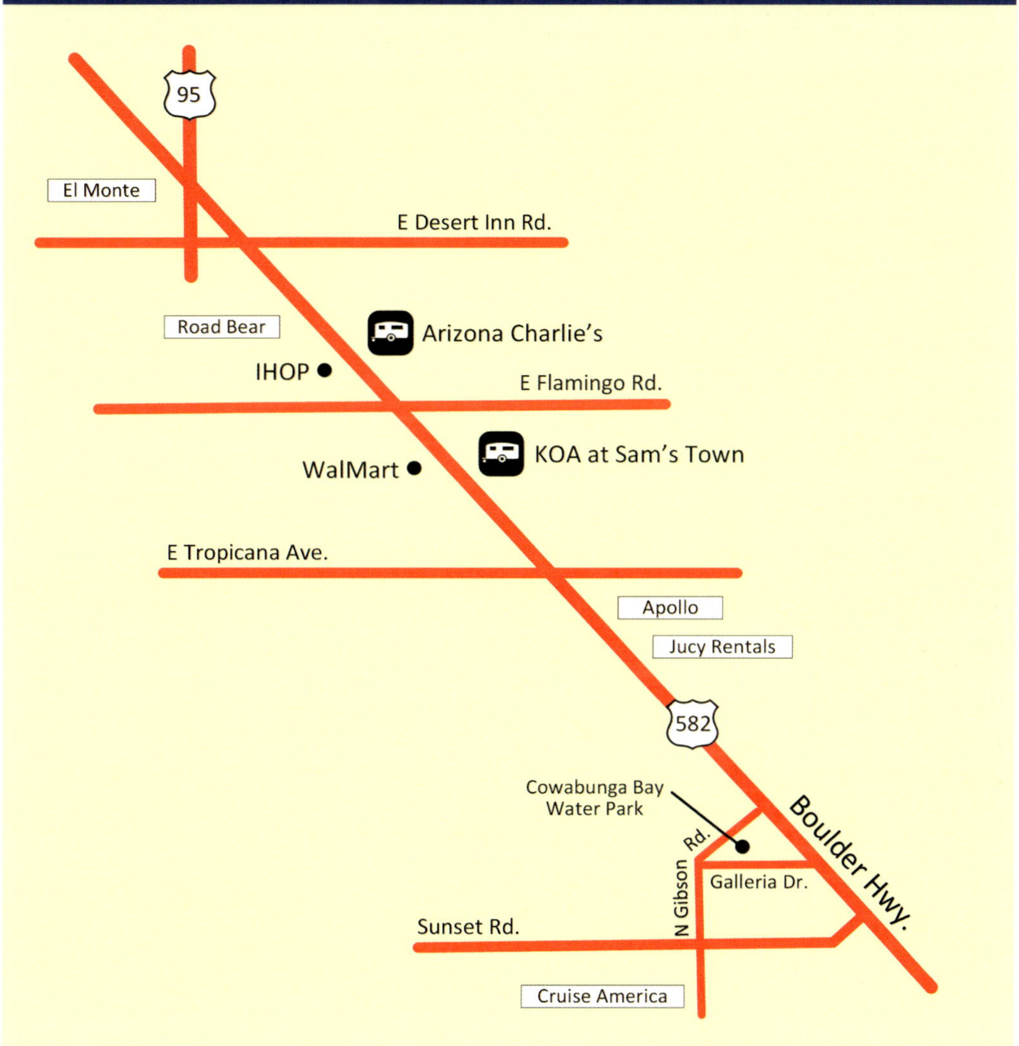

Abschnitt zu den Reisetagen 1 und 2). Nach der Rückgabe des Mietwagens fährst du von dort mit dem Taxi zurück zu deiner Gruppe bzw. Familie am Boulder Highway.

Für die Übernahme des Wohnmobils muss man etwas Zeit mitbringen. Neben den üblichen Formalitäten erhältst du eine Einweisung in die Technik des Wohnmobils. Ich fand

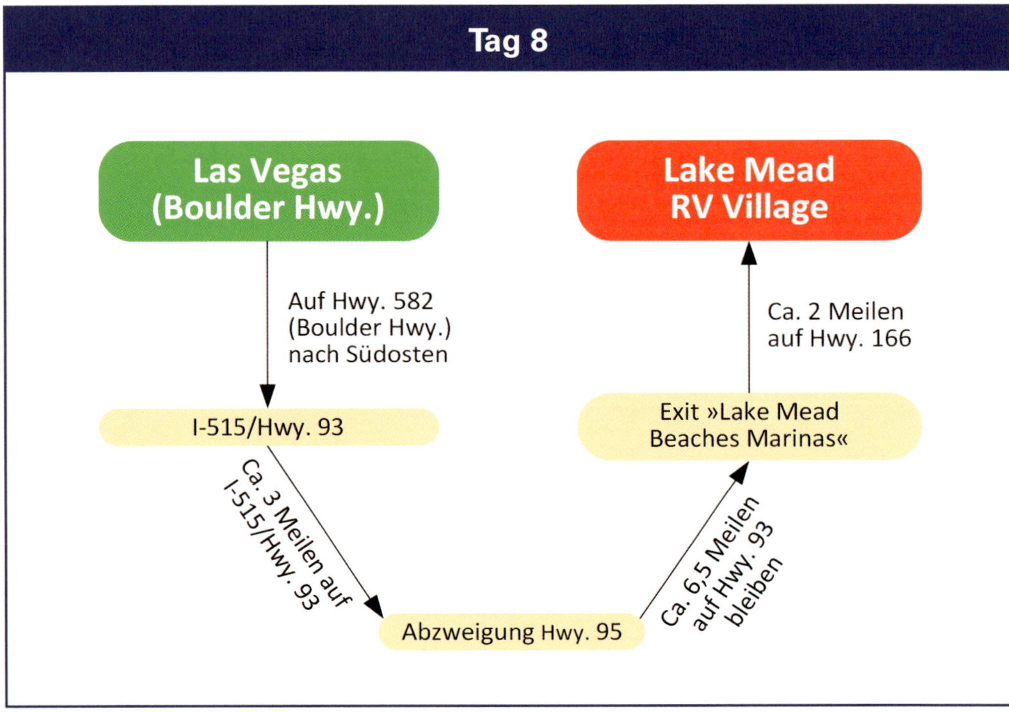

das alles beim ersten Mal unheimlich spannend, als ich noch keine Erfahrung mit amerikanischen Wohnmobilen hatte. Wenn es dann mit dem Wohnmobil endlich losgeht, ist es deshalb angebracht, sich erst einzugewöhnen und nicht gleich eine große Strecke zu fahren.

Zuerst solltest du einen Supermarkt anfahren und die Getränke- und Essensvorräte des Wohnmobils auffüllen. Am Boulder Highway befindet sich hierfür ein »WalMart Supercenter« zwischen Tropicana Avenue und Flamingo Road. Insbesondere möchte ich dir empfehlen, ein paar leckere Steaks für den ersten Abend auf dem Campingplatz einzukaufen sowie Eier und Speck für das erste Frühstück.

Es bietet sich dann an, zum bereits erwähnten »Lake Mead RV Village« zu fahren und dort den Tag ausklingen zu lassen, damit sich die ganze Aufregung erst einmal legen kann.

Du fährst zunächst ab der Mietstation auf dem Boulder Highway nach Südosten. Bei der Ausfahrt »South Boulder City« wechselst du auf den Highway 93 nach Osten bis zur Abzweigung »Lake Mead Beaches Marinas« auf der linken Seite.

Abendstimmung im »Lake Mead RV Village«

Von Las Vegas zum Lake Mead

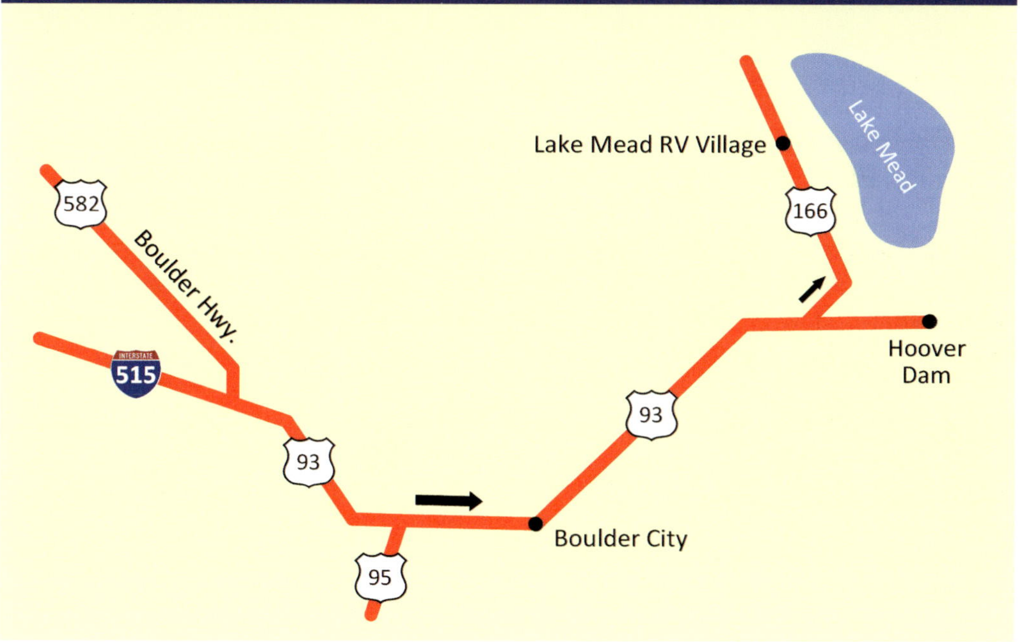

Sonnenuntergang am Lake Mead

Diese Ausfahrt kennst du ja schon von gestern.

Das »Lake Mead RV Village« befindet sich nach nur wenigen Minuten an der Lakeshore Road, welche du gestern auf dem Weg vom »Hoover Dam« zum Valley of Fire bereits abgefahren bist. Wenn du nicht vorreserviert hast und das Office bereits geschlossen haben sollte, nutzt du die »Self-Pay-Station« des Campingplatzes.

Lake Mead RV Village
www.lakemeadrvvillage.com
+1-702-293-2540

Die Stellplätze des »Lake Mead RV Village« sind großzügig angelegt und komfortabel. Genau richtig, um sich erst einmal an die neue Wohnumgebung zu gewöhnen, welche in den nächsten zwei Wochen dein Zuhause sein wird. Außerdem kannst du erste Erfahrungen mit den Anschlüssen deines Wohnmobils an Strom, Wasser, Abwasser und Toilette (*full hook-up*) sammeln. Ich hoffe, du kannst voller Vorfreude auf die nächsten zwei Wochen einen wunderschönen ersten Sonnenuntergang vom Wohnmobil aus genießen.

Notizen

zur Wohnmobil-Übernahme
und zum Lake Mead

LAKE MEAD → ROUTE 66 → GRAND CANYON

Wochentag:

Datum:

Fahrstrecke: Vom Lake Mead zum Grand Canyon

Fahrzeit ohne Pausen: Mindestens 4 Stunden

Entfernung: Ca. 260 Meilen

Übernachtung: »Grand Canyon Trailer Village RV Park« (1. Nacht)

Was kann es Besseres geben, als gleich am ersten Tag mit dem Wohnmobil über die Route 66 zu fahren und den gigantischen Grand Canyon zu erblicken? Also nichts wie los! Aber vorher genießt du dein erstes Frühstück im Freien vor dem Wohnmobil am Lake Mead!

Wenn du möchtest und auf Nummer sicher gehen willst, kannst du vor der Abfahrt noch telefonisch einen Platz auf dem »Trailer Village RV Park« am Grand Canyon für die nächsten zwei Nächte vorreservieren. Ich musste bei meinem Besuch Mitte August zwar feststellen, dass das »Trailer Village« ausreichend Platz bietet und die Vorreservierung nicht erforderlich gewesen wäre. Aber man weiß ja nie und im Juni und Juli ist etwas mehr los. Es wäre schade, wenn der Campingplatz bei deiner Ankunft ausgebucht wäre.

Trailer Village RV Park
www.nps.gov/grca/planyourvisit/cg-sr.htm
☎ +1-928-638-3047

Alternativ steht der einfache Mather Campground zur Verfügung.

Mather Campground
☎ +1-877-444-6777

Dann kann es losgehen. Du fährst zunächst zurück auf den Highway 93 und dann nach Süden bis Kingman. Diese Strecke bist du vorgestern ja bereits mit dem Pkw in umgekehrter Richtung gefahren.

In Kingman gibt es zwei Routenvarianten: Der schnellere Weg nach

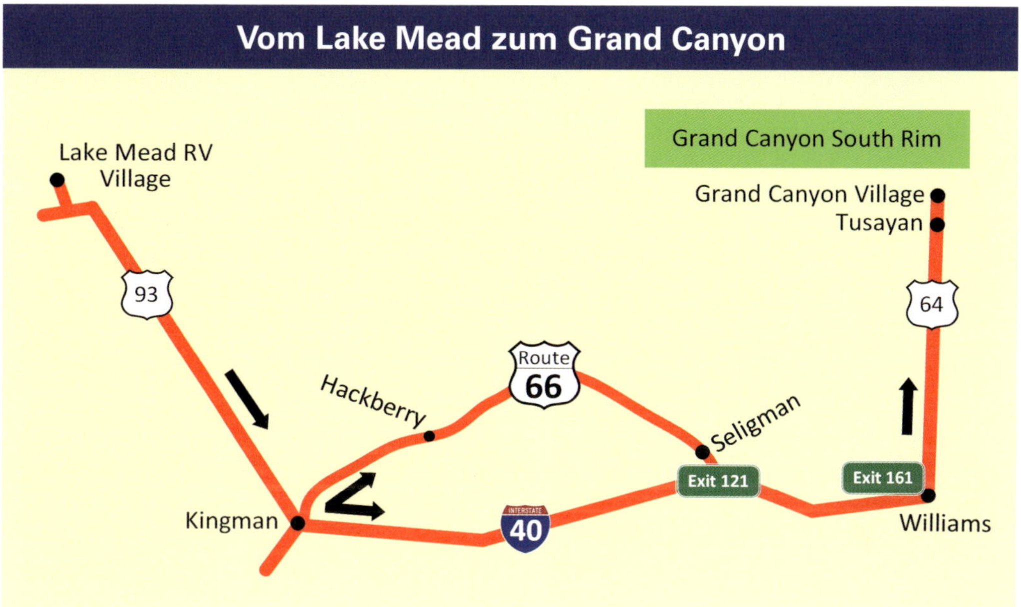

Hackberry an der Route 66 – ein lohnender Umweg

In Seligman findet jeder Besucher ein passendes Route-66-Souvenir

Seligman, wo die **Route 66** »optisch« ihren Höhepunkt erlebt, geht direkt über die Interstate 40. Du kannst aber auch dem Verlauf der historischen Route 66 parallel zur Eisenbahnlinie auf einem nördlichen Bogen von Kingman über **Hackberry** nach Seligman folgen, wofür du eine zusätzliche Fahrstunde einplanen musst. Zwar ist in Hackberry nur der ehemalige Gemischtwarenladen (*General Store)* erwähnenswert. Doch für echte Route-66-Fans auf der Suche nach alten Erinnerungsstücken lohnt der Besuch den Umweg in jedem Fall. Vor dem Eingang des museumsgleichen Souvenirladens steht unübersehbar eine leuchtendrote 1957er Corvette mit dem Hinweis: »Please do not get in car«. Ich habe unterstellt, dass es sich bei dem Wagen um ein Route-66-Ausstellungsstück handelt. Nach Feierabend hat der Ladenbesitzer das Schild jedoch vom Fahrzeug entfernt und ist zu meinem Erstaunen und dem der anwesenden Touristen wie einst James Dean davongefahren.

Seligman (I-40, Exit 121) erfüllt dann aber alle Klischees, die man von der Route 66 erwartet. Die bunt gestaltete Durchgangsstraße lädt zu einem Bummel durch die Souvenirläden ein.

Weiter geht es über die Interstate 40 ungefähr 43 Meilen bis Williams, dem

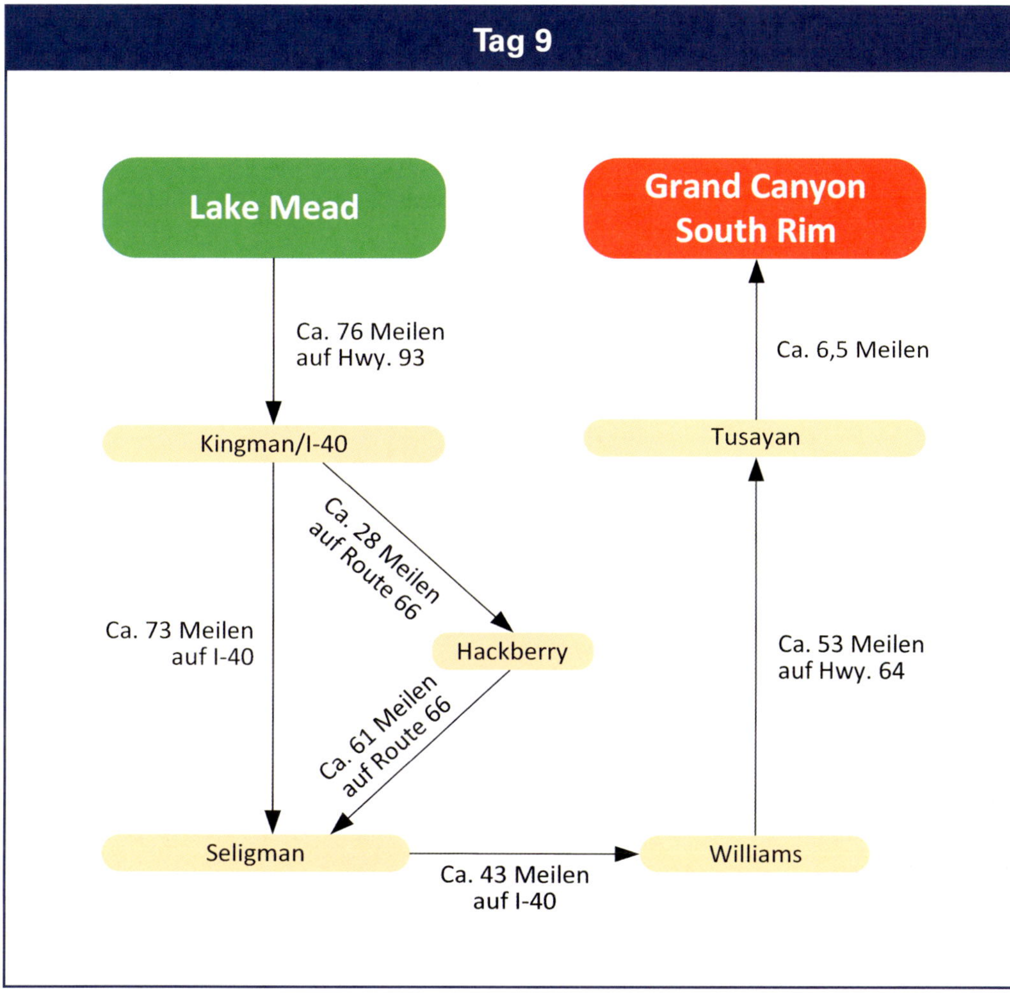

»Tor zum Grand Canyon« (»Gateway to the Grand Canyon«). Die Interstate verläuft dorthin zunehmend bergauf, denn das Niveau des Grand Canyon muss erreicht werden. Auch wird die Landschaft immer grüner und die Zahl der Bäume nimmt zu. Das ist wohltuend nach den vergangenen »Wüstentagen«. Bei Exit 161 (»Williams/Grand Canyon«) verlässt du die Interstate und fährst auf die Route 66 in den Ort. Bestimmt fällt dir sofort auf: Auch »Williams« lebt von der Route 66.

Von **Williams** aus verkehrt die »Grand Canyon Railway« zum Grand Canyon Village am Südrand des Grand Canyons (»South Rim«). Du solltest unbedingt anhalten und durch das historische Zentrum schlendern. Wenn du nicht gleich einen Parkplatz findest, fährst du einfach links um den Block.

Im Souvenirladen mit dem sperrigen Namen »Addicted to Route 66, Home of the worlds largest steel Route 66 shield« (»Der Route 66 verfallen, Heimat des weltgrößten Route-66-Schildes aus Stahl«) findest du eine riesige Auswahl Route-66-Andenken (*memorabilities*) – falls du dich nicht bereits in Seligman ausreichend eingedeckt hast.

Das »Twisters« ist ein wunderschönes Diner, eben genauso typisch, wie man es sich vorstellt – schwarz-weiße Bodenfließen, rote Ledersitze und Musik aus alten Zeiten. Es befindet sich ca. 500 m weiter etwas außerhalb des Ortszentrums auf der linken Seite und ist gut zu erkennen an einem »Ford Fairlane Victoria« aus den 50er-Jahren in den Farben Weiß und Rosa.

Dann geht es weiter zum Grand Canyon. Wahrscheinlich kannst du es kaum erwarten, diesen endlich zu sehen. Am Ortsausgang von Williams folgst du dem Highway 64 etwa 60 Meilen nach Norden bis zum »Grand Canyon South Rim«. Den schnurgeraden Weg durch den »Kaibab National Forest« säumen Pinienwälder. Nicht selten ist Rotwild am Straßenrand zu beobachten, so auch bis zu 450 Kilogramm schwere Wapiti-Hirsche. Man kann sich kaum vorstellen, dass sich nur wenige Meilen später eine 1500 m tiefe sowie durchschnittlich 16 km und bis zu 30 km breite Schlucht auftun wird.

Kurz vor dem »Grand Canyon National Park« erreichst du **Tusayan**. Der haupt-

Dieser wunderschöne Straßenkreuzer lädt ein ins »Twisters«

sächlich aus Unterkünften und Restaurants bestehende Ort ist voll und ganz auf den Grand Canyon Tourismus ausgerichtet. Ein IMAX-Kino zeigt eine gut halbstündige Dokumentation mit spektakulären Luftaufnahmen und Bootsfahrten durch den Canyon. Und am Flugplatz von Tusayan bieten meh-

Am Grand Canyon South Rim

Der Grand Canyon in Arizona – einfach nur beeindruckend

rere Fluggesellschaften Hubschrauberrundflüge über den Grand Canyon an.
🌐 www.explorethecanyon.com/imax-theater
🌐 www.grandcanyondeals.com/top-tour-companies

Wenn du am Grand Canyon ankommst, hältst du am besten zunächst auf dem großen Parkplatz »Mather Point« in der Nähe des Besucherzentrums und machst einen ganz kurzen Spaziergang zum Aussichtspunkt **Mather Point**, um einen ersten atemberaubenden Blick auf den berühmtesten Canyon der Welt zu werfen. Achte auf deine erste Reaktion! Egal, ob dir ein »Wow« oder ein »Hammermäßig« entweicht. Diesen Moment wirst du bestimmt nie vergessen.

Dem ersten Gefühlsausbruch, wenn man erstmals im Leben vor dieser gigantischen Schlucht steht, die 277 Meilen (445 km) lang ist, schließt sich eine gewisse Ehrfurcht an. Wie oft habe ich vom Grand Canyon gehört. Wie oft habe ich ihn im Fernsehen gesehen. Doch als ich erstmals vor ihm stand, wurde ich von einer Mischung aus Staunen und Erleichterung darüber überwältigt, dass ich es geschafft habe, hierher zu kommen. Ich kam mir klein und unbedeutend vor angesichts der zeitlosen Ausmaße dieses Naturwunders.
🌐 www.nps.gov/grca
🌐 www.nps.gov/grca/learn/news/upload/sr-pocket-map.pdf

Umweltfreundlicher Shuttlebus am Grand Canyon

Aber Achtung! Die Aussichtspunkte (*viewpoints*) am »Grand Canyon South Rim« sind zwar durch Zäune gut abgesichert, jedoch ist der Canyonrand außerhalb der offiziellen Aussichtspunkte nicht eingezäunt. Kinder sollten deshalb unbedingt an die Hand genommen werden! Die Parkverwaltung warnt eindringlich vor der Absturzgefahr. Angesichts der waghalsigen Kletterpartien einiger Touristen, die sich dadurch spektakuläre »Selfies« versprechen, vermute ich eine hohe Dunkelziffer schwerer bis tödlicher Unfälle.

Wahrscheinlich sind dir auch schon zahlreiche Erdhörnchen (*ground squirrels*) begegnet, die wenig Scheu zeigen und darauf hoffen, dass etwas Fressbares für sie abfällt. Doch das

Bitte nicht füttern

Füttern von Wildtieren ist verboten und die Bisse der kleinen Nager sind bestimmt auch nicht angenehm. Diese Erdhörnchenart lebt übrigens nur hier auf der Südseite des Grand Canyon. Die Verbreitung hinüber zum »North Rim«, also der anderen Seite des Grand Canyon, hat der tiefe Einschnitt in die Landschaft verhindert.

Wenn sich deine erste Faszination ein wenig gelegt hat, besorgst du dir im Besucherzentrum den obligatorischen Übersichtsplan sowie das umfangreiche Informationsheft »Trip Planner« in deutscher Sprache. Der »Trip Planner« wird regelmäßig aktualisiert und neu aufgelegt.
www.nps.gov/grca/learn/news/upload/grca_german.pdf

Dann fährst du auf der anderen Seite des großen Parkplatzes heraus zum komfortablen **Trailer Village RV Park** (36 Dollar), wo du für **zwei Nächte** stehenbleibst. Zum einen hast du dir nach den vielen Meilen in den letzten Tagen ein wenig Ruhe verdient, zum anderen bietet das die Möglichkeit, den nächsten Tag am Grand Canyon ausgiebig zu genießen und erst übermorgen die Fahrt zum Lake Powell fortzusetzen.

Das Wohnmobil musst du in dieser Zeit nicht bewegen. Am »Grand Canyon South Rim« muss niemand mit dem eigenen Fahrzeug umherfahren. Vielmehr gibt es ein kostenloses Shuttlebus-System, welches du von früh bis spät nutzen kannst, um zu den verschiedenen, durchschnittlich 2300 m hoch gelegenen Aussichtspunkten zu gelangen. Übersichtliche Parkpläne mit aktuellen Informationen und kostenlose Shuttlebusse – der Umwelt zuliebe! Ja, hier können die Deutschen von den Amerikanern wirklich etwas lernen.

Und auch wenn du nach dem langen Tag müde bist, solltest du dir den Sonnenuntergang an einem der Aussichtspunkte anschauen, z. B. am »Hopi Point«. Dieser befindet sich an der Hermit Road, welche von der roten Bus-Route bedient wird. Von dort reicht der Blick über mehrere formschöne Gipfel.

Notizen

zur Route 66, zu Seligman,
Williams und zum Grand Canyon

GRAND CANYON

Wochentag: | **Datum:**

Fahrstrecke: Keine (Ruhetag)

Übernachtung: »Grand Canyon Trailer Village RV Park« (2. Nacht)

Heute solltest du dir den Wecker unbedingt früh stellen, den ersten Shuttlebus nehmen und den Sonnenaufgang am Grand Canyon beobachten. Für den Sonnenaufgang bieten sich beispielsweise der »Mather Point« (Nähe Visitor Center) oder der »Yaki Point« an der orangefarbenen Route an. Im Prinzip ist jeder Aussichtspunkt geeignet, der einen guten Blick nach Osten und Westen ermöglicht.

Nach diesem grandiosen Morgen schmeckt das Frühstück vor dem Wohnmobil besonders gut. Und danach steht dir der gesamte Tag am Grand Canyon zur Verfügung.

Ich empfehle, mit der orangefarbenen Shuttlebuslinie zum **Yavapai Point and Geology Museum** zu fahren. Der Zugang zum Museum ist kostenlos und du erfährst, neben einem tollen Ausblick, interessante Details über den Grand Canyon.

Am Yavapai Point beginnt dann der 1,9 Meilen lange **Trail of Time** entlang des Canyonrands.
www.trailoftime.org

Neben geologischen Informationen verdeutlichen im Boden eingelassene Plaketten die Entwicklung des Grand Canyon über 2 Millionen (engl. *billion*!) Jahre. Zu Anfang des Weges wirst du aufgefordert, dein Lebensalter zu suchen. Wenn du danach feststellst, wie lange du auf dem »Trail of Time« unterwegs bist, wird dir die gigantische Zeitspanne der Entstehung des Grand Canyon im Verhältnis zu unserem kurzen Erdendasein bewusst. Und dabei ist das noch nicht einmal maßstabsgerecht!

Achte darauf, die Phantom Ranch und die Brücke über den Colorado River am Grunde des Grand Canyon zu entdecken. Auch dabei werden die

Sonnenaufgang am Grand Canyon – ein unvergessliches Erlebnis

riesigen Dimensionen des Canyons deutlich. »Colorado« kommt übrigens aus dem Spanischen und bedeutet »rot gefärbt«, wobei der Colorado oft ziemlich braun wirkt.

Gelegentlich kreisen über dem Canyon kalifornische Kondore, die – neben dem Anden-Kondor – die größten Vögel der Welt sind und eine Flügelspannweite von bis zu 2,70 m haben. Die nur ungefähr 100 Exemplare des Riesenvogels darf man jedoch nicht mit den Truthahngeiern verwechseln, die weiter verbreitet sind.

Der »Trail of Time« endet am **Verkamp's Visitor Center**, einem historischen Gebäude mit einer Ausstellung über die Pioniere am Grand Canyon.

Der Weg entlang des »South Rim« bleibt weiter interessant. Es folgt das **Hopi House** aus dem Jahre 1905, wo Kunsthandwerk der Ureinwohner angeboten wird. Es lohnt sich

Erster Aussichtspunkt nach dem Besucherzentrum ist der »Mather Point«

insbesondere, einmal in die Lobby des historischen **El Tovar Hotels** zu schauen, das ebenfalls aus dem Jahr 1905 stammt. Man spürt regelrecht die vergangenen Zeiten, als sich die ersten Touristen, die nicht mehr im Zelt übernachten wollten, am Grand Canyon vergnügten. Rote Teppiche, eine Rundumgalerie aus Holz, knarzende Treppen und ausgestopfte Elchköpfe versetzen dich in eine Welt über 100 Jahre zurück. Die **Bright Angel Lodge** wurde dagegen »erst« 1935 fertiggestellt.

Unmittelbar nach dem Besuch des 1904 erbauten **Kolb Studios**, eines einstigen Fotoateliers der Gebrüder Kolb, den Fotopionieren am Grand Canyon, hast du die Möglichkeit, den **Bright Angel Trail**, welcher hinunter zum Colorado River und zur Phantom Ranch führt, ein Stück zu gehen. So kannst du dir die Strapazen eines Abstiegs zum Canyongrund vorstellen. Doch für den Abstieg reicht die Zeit bei dieser Rundreise nicht aus. Eine Tour zum Canyongrund bedarf einer gewissen Vorbereitung, erst recht bei großer Hitze. Denn schon der Abstieg mit den Mulis dauert mindestens fünf Stunden und eine Übernachtung bei der Phantom Ranch ist obligatorisch. Die große Gefahr wird mit den Hinweisen der Parkverwaltung deutlich, sie schreibt auf ihren Aushängen: »*Never hike to the bottom and back in one day. It is dangerous. Rescue is not guaranteed.*« (Wandere

Wandmalerei im »Desert View Watchtower«

niemals an einem Tag zum Talboden und zurück. Es ist gefährlich. Eine Rettung kann nicht garantiert werden).

Auf der anderen Seite des Wegs kommst du beim eigentlichen »Bright Angel Trailhead« wieder heraus. Vielleicht hast du Glück und kannst beobachten, wie eine Gruppe mit schwerbepackten Mulis den Weg in den Canyon antritt oder gerade vom Canyongrund am Colorado River zurückkehrt.

Schließlich erreichst du entlang der Canyonkante (*rim*) die erste Shuttlebushaltestelle der roten Route, von wo du die Aussichtspunkte bis zum Endpunkt »Hermits Rest« abfahren kannst.

Hitzewarnung

Im Grand Canyon Village, zuletzt in der »Bright Angel Lodge«, bin ich auf einen Aushang gestoßen, der auf beeindruckende Weise die Gefahren durch die große Hitze im Grand Canyon bewusst macht und bei mir einen nachhaltigen Eindruck hinterlassen hat. Es wird auf das Schicksal von Margaret Bradley aufmerksam gemacht, die im Alter von nur 24 Jahren im Grand Canyon ihr Leben durch Dehydration verlor. Sie war körperlich topfit und lief den Boston-Marathon in knapp über drei Stunden. Aber für ihre Tour in den Grand Canyon war sie mehr als schlecht vorbereitet. Sie und ihr Begleiter hatten jeweils nur eineinhalb Liter Wasser und keine Landkarte eingepackt. Der wesentliche Fehler war jedoch, dass die beiden in ihrer Notsituation nicht zusammengeblieben sind.

Die Geschichte von Margaret Bradley hätte aber auch an vielen anderen einsamen und heißen Orten dieser Rundreise passieren können und sollte Warnung genug sein, die Sicherheitshinweise, insbesondere ausreichende Mengen Wasser mit sich zu führen, ernst zu nehmen. Die Naturparks des amerikanischen Südwestens sind eben keine harmlosen Freizeitparks und die Entfernungen mit deutschen Maßstäben nicht vergleichbar.

Am Grand Canyon kommt noch der Aspekt hinzu, dass der anstrengende Teil einer Tour am Ende folgt. Während man in den Bergen zuerst bergauf geht und nach dem »Gipfelsturm« der Weg zurück ins Tal den gewöhnlich einfacheren Part darstellt, ist es am Grand Canyon umgekehrt. Deshalb spricht man auch von einem »inversen Berg«. Wenn man den Colorado River erreicht hat, geht es schließlich 1500 m wieder nach oben. Und 1500 Höhenmeter sind kein Pappenstiel. Da kann man sich leicht verschätzen und überfordert sein, zumal die Canyon-Kante am »South Rim« mehr als 2000 m über dem Meeresspiegel liegt, die Luft auf dem Rückweg also zunehmend dünner wird. Während die Temperaturen oben auf der Hochebene moderat sind, kann es im Canyoninneren trotzdem »glühend heiß« sein.

www.gbtc.org/bradley-award

Notizen

zum Grand Canyon

GRAND CANYON → PAGE (LAKE POWELL)

Wochentag:

Datum:

Fahrstrecke: Vom Grand Canyon nach Page am Lake Powell

Fahrzeit ohne Pausen: Mindestens 2,5 Stunden

Entfernung: Ca. 140 Meilen

Übernachtung: »Wahweap Campground & RV Park«, Lake Powell. Alternativ: »Page Lake Powell Campground«

Heute verlässt du den »Grand Canyon National Park« über die Ostausfahrt. Auf dem Highway 64 entlang des Desert View Drive, welcher von den Shuttlebussen nicht angefahren wird, kannst du dich an den dortigen Aussichtspunkten, insbesondere dem »Grandview Point«, vom Grand Canyon verabschieden. Ich habe das gebührend und voller Dankbarkeit getan, dass ich das erleben durfte. Es fiel mir irgendwie schwer, die Weiterfahrt anzutreten, und ein wenig kam in meinen Gedanken die Frage hoch, ob ich den Grand Canyon jemals wiedersehen werde oder ob das ein Abschied für immer ist.

Zwischen den Aussichtspunkten »Moran Point« und »Lipan Point« befindet sich die Sehenswürdigkeit »Tusayan Ruin and Museum«. Ich finde, dass das nicht sonderlich aufregende Reste eines Pueblos (spanisch »Dorf«) sind, die noch vor etwa 800 Jahren bewohnt waren. Aber das ist nur mein Eindruck. Bei einem kurzen Spaziergang erhältst du auf Tafeln Informationen zu den Ureinwohnern und zur Pflanzenwelt. In 50 Meilen Entfernung sind die »San Francisco Peaks« mit dem Skigebiet »Arizona Snowbowl« zu erkennen. Der höchste Berg ist dort 3851 m hoch. Hinter diesen Bergen von Arizona liegt die Stadt Flagstaff.

Der letzte Aussichtspunkt befindet sich beim empfehlenswerten **Desert View Watchtower** mit seinen schönen Wandmalereien. Der Turm wurde im Jahr 1932 errichtet.

Die Ostausfahrt am Grand Canyon South Rim

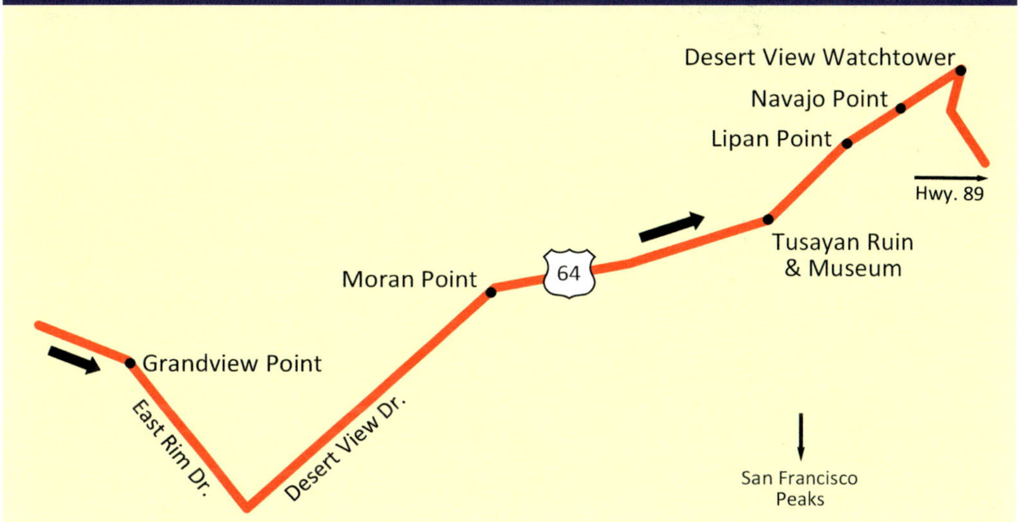

Das waren die Hauptattraktionen des »Grand Canyon National Park«. Auf den folgenden Meilen außerhalb des Nationalparks bieten die Navajos an diversen Aussichtspunkten (*scenic views*) immer wieder ihre Kunstwerke feil. Nach 31 Meilen biegst du bei Cameron links nach Norden auf den Highway 89 Richtung Page/Lake Powell ab.

Auf dem Highway 89 erreichst du kurz vor Page den **Horseshoe Bend** (*horseshoe* = Hufeisen), eine tief eingeschnittene Schleife des Colorados, nur ca. 800 m vom Highway entfernt. Dieser Ausblick wird sich als einer der Bilder dieser Rundreise in dein Gedächtnis einbrennen, der am meisten beeindruckt. Bitte riskiere nichts für ein »Selfie«! Wenn ich sehe, wie sich einige Besucher direkt vor dem Abgrund fotografieren, bekomme ich Gänsehaut. Ein Stolperer oder ein versehentliches Stoßen eines anderen Touristen – dann ist alles vorbei. Ich habe mich »für das perfekte Foto« – und das ist auch meine Empfehlung – auf den Boden gelegt und zwei Meter an die Abbruchkante herangerobbt. Wichtig ist: »Abstand halten!«, dabei sind Kinder besonders festzuhalten, da es dort keine Sicherungen gibt!

Aufgrund des »Glen-Canyon-Staudamms« fließt der Colorado an dieser Stelle nur wenige Meilen hinter der Staumauer sehr gemächlich. Vereinzelt treiben Ausflugsboote vorbei. Rafting-Touren über die ganze Länge des

Vom Grand Canyon nach Page am Lake Powell

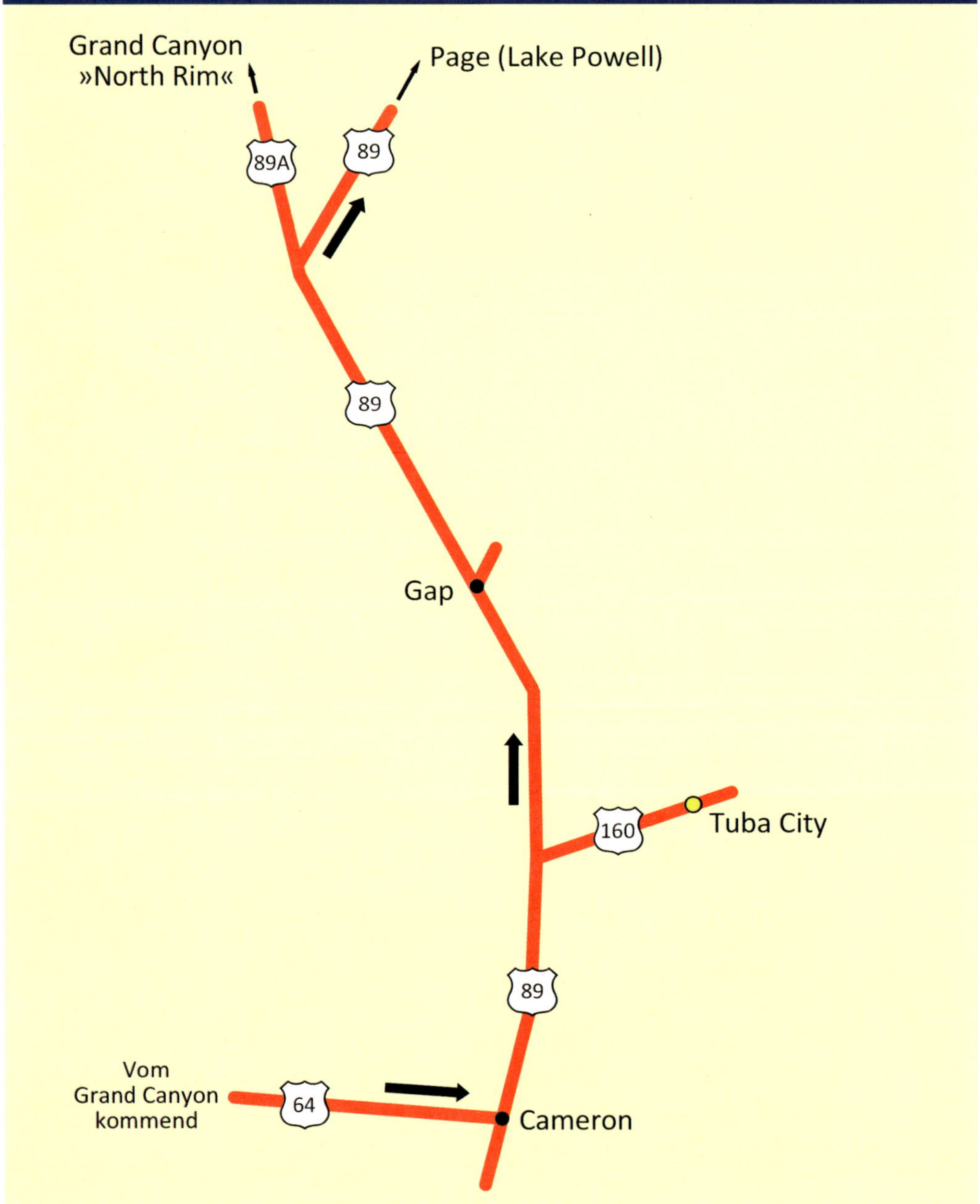

Die berühmteste Schleife des Colorado – der »Horseshoe Bend«

Grand Canyon dauern übrigens rund zwei Wochen, kosten mehrere Tausend Dollar und sind angeblich auf Jahre ausgebucht. Zum Teil werden die freien Plätze ausgelost! Auch das spiegelt die Faszination »Grand Canyon« wider. Wenn du nach der Besichtigung des »Horseshoe Bend« auf dem Highway 89 einfach geradeaus an Page vorbei weiter fährst, kommst du zum **Glen Canyon Dam**. Auf dem Weg dorthin wird dir die Ausschilderung der »Scenic View Road« auffallen. Hier rate ich jedoch eher dazu, sie auszulassen. Die Aussicht am Damm selbst ist genauso gut, wenn nicht sogar besser. So sparst du Zeit ein.

Denn auch wenn die »Glen Canyon-Talsperre« nicht die Größe des »Hoover Dam« aufweist, ist es lohnenswert, beim Besucherzentrum anzuhalten und die Staumauer sowie den Lake Powell nach einem kurzen Fußweg von der Mitte der Brücke über den Colorado zu betrachten.

Wenn du bereits am größeren »Hoover Dam« eine Besichtigungstour gemacht hast, kannst du jetzt meiner Meinung nach am »Glen Canyon Dam« darauf verzichten. Im Unterschied zum »Hoover Dam«, bei dem die Straße über die Dammkrone führt, ist ein Begehen der Staumauer am »Glen Canyon Dam« aber nur im Rahmen einer 45-minütigen Führung möglich. Das Besucherzentrum »Carl Hayden Visitor Center« bietet jedoch eine interessante Ausstellung an. Die

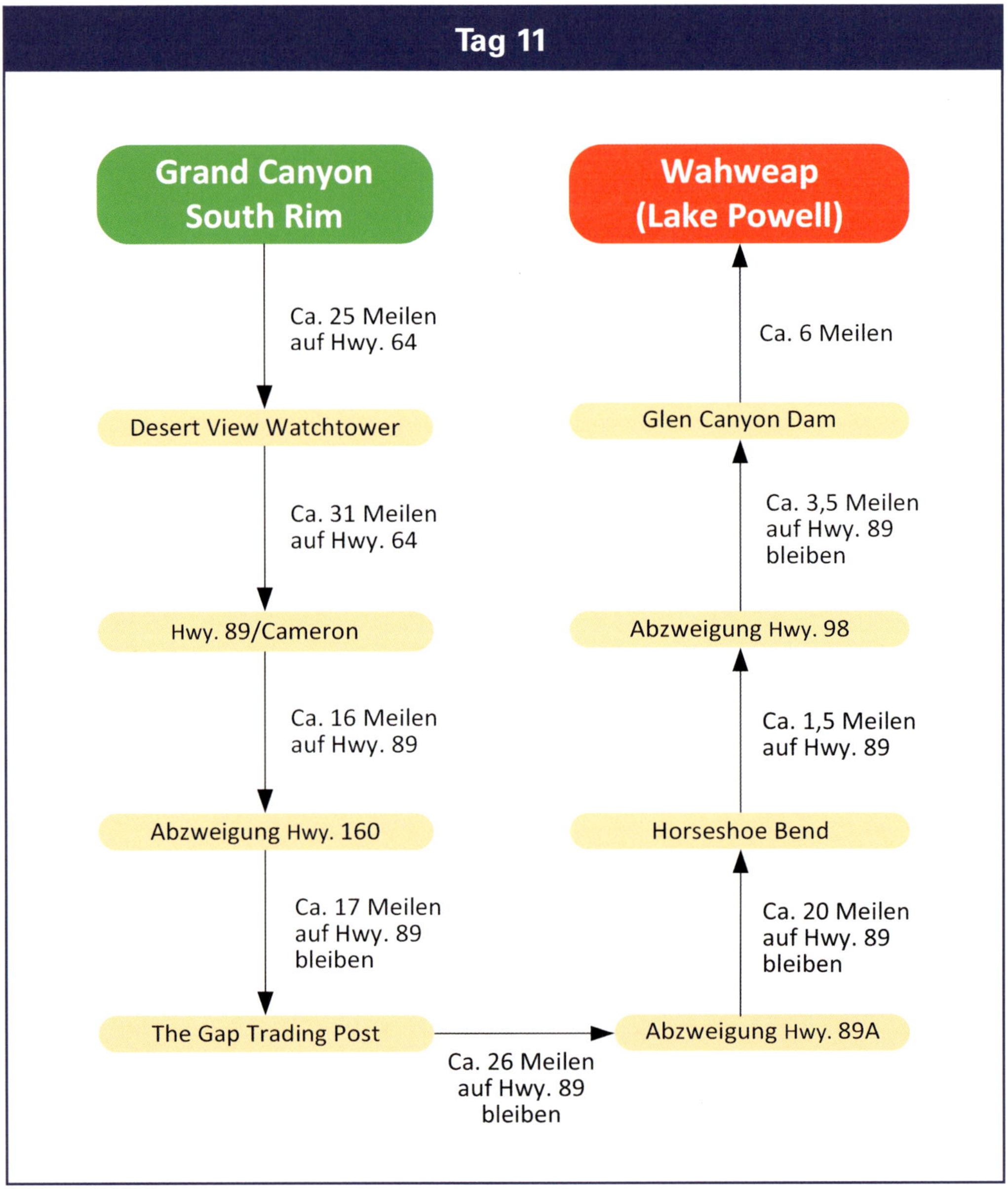

Größe dieses Staudammprojekts wird einem auf traurige Weise bewusst, wenn man liest, dass beim Bau 18 Arbeiter ums Leben gekommen sind.

Mit Fertigstellung des »Glen Canyon Dam« entstand ab dem Jahr 1963 der je nach Stauhöhe bis zu 300 km lange Lake Powell. Im Laufe der Jahre bildete sich ein gigantisches Wasserreservoir zur Versorgung von weit entfernten Städten wie Phoenix, Los Angeles und San Diego sowie ein riesiges Erholungsgebiet. Die Stadt **Page** entstand überhaupt erst durch den Bau des »Glen Canyon Dam« und wurde zum Zentrum des Tourismus am Lake Powell.
www.nps.gov/glca
www.nps.gov/glca/planyourvisit/upload/mapglencanyonnra.pdf

Die Umgebung von Page am Lake Powell

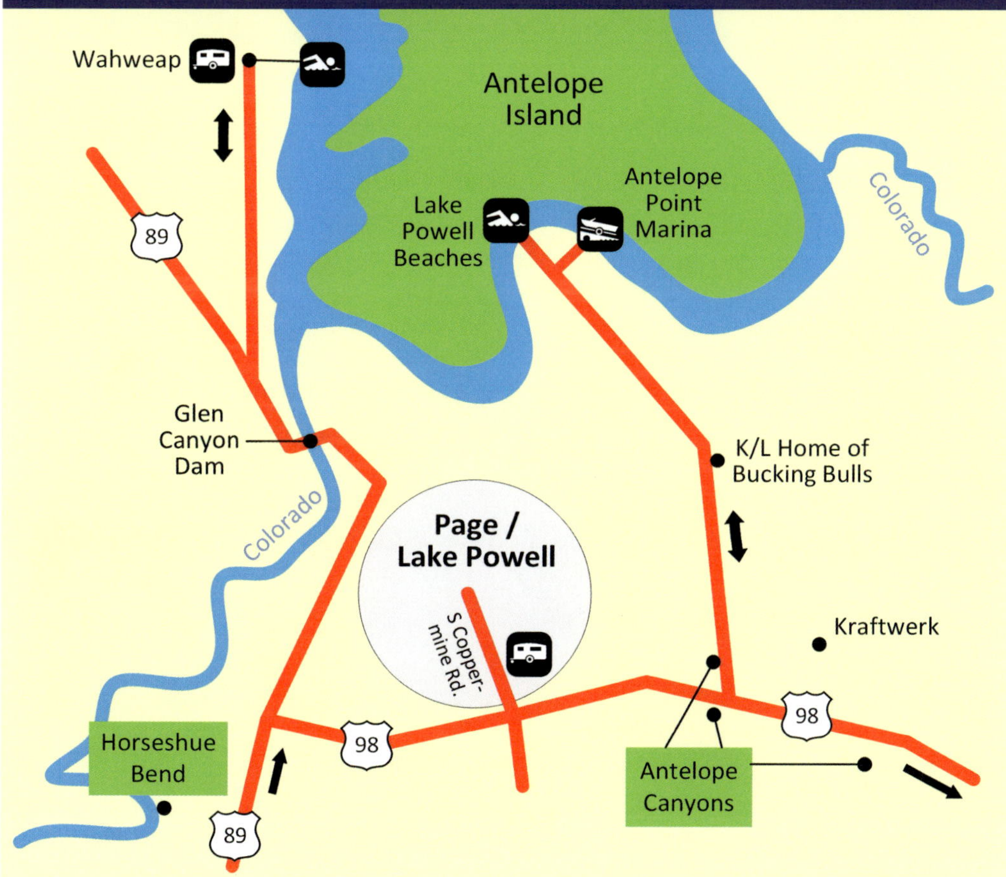

Von der Glen-Canyon-Bridge hat man die beste Aussicht auf die Staumauer

Der »Glen Canyon Dam« hat aber auch Nachteile für die Natur gebracht. Nicht nur, dass dem Colorado Wasser entzogen wird. Weil der Staudamm nachfließendes Wasser vom Grund des Lake Powell weiterleitet, ist das Wasser auch kälter als vor dem Bau des Staudamms. Für den Fischbestand des Colorados war das nicht gerade förderlich.

Schließlich bietet sich noch ein Badeaufenthalt am Lake Powell an. Hierfür empfehle ich die **Wahweap Beach** am dortigen Campingplatz. Dorthin gelangst du, wenn du nicht einmal eine Meile nach dem »Glen Canyon Dam« rechts die südliche Einfahrt der »Wahweap Recreation Area« wählst (Zufahrt mit »Interagency Annual Pass«) und dann 5 Meilen bis zum Campingplatz entlang des Lake Powell dem »Lakeshore Drive« folgst. Dann bietet es sich natürlich an, auf dem »Wahweap Campground & RV Park« auch gleich die Nacht zu verbringen.

Wahweap Campground & RV Park
🌐 www.lakepowell.com/stay/rv-parks--campgrounds/wahweap-.aspx
☎ +1-800-528-6154

Sollte der Campingplatz ausgebucht sein, empfehle ich nach dem Baden zurück nach Page zum »Page Lake Powell Campground« in der South Coppermine Road zu fahren. Hierzu biegst du an der Kreuzung der Highways 89 und 98 nach links ab. Nach 2,5 Meilen geht es nochmals nach links in die Coppermine Road.

Page Lake Powell Campground
🌐 www.pagecampground.com
☎ +1-928-645-3374

Notizen

zu Page und zum Lake Powell

PAGE → ANTELOPE CANYONS → NAVAJO NATIONAL MONUMENT

Wochentag:

Datum:

Fahrstrecke: Von Wahweap/Page via »Antelope Canyons« und »Antelope Point« zum »Navajo National Monument«

Entfernung: Ca. 110 Meilen

Fahrzeit ohne Pausen: Ca. 2 Stunden

Übernachtung: »Sunset View Campground« (»Navajo National Monument«)

Heute wartet ein absolutes Highlight auf dich, obwohl ich so langsam das Gefühl habe, dass mir bei der Reisebeschreibung die Superlative ausgehen und ich mich wiederhole. Möglicherweise gehört das zu einer Amerikareise dazu?

Wenige Meilen östlich von Page besuchst du zunächst die **Antelope Canyons**. Die durch Wasserfluten entstandenen »Slot Canyons« sind in ihren Farben und Formen wahre Wunderwerke der Natur.

Die Parkplätze für die Besichtigung der Canyons befinden sich kurz vor dem **Kohlekraftwerk** am Highway 98. Das ist dir bestimmt bereits aufgefallen, da das Kraftwerk optisch leider sehr dominant ist. Noch hat die Kohle in den USA einen sehr hohen Anteil an der Energieproduktion. Der Nachholbedarf für den Klimaschutz durch die Verwendung von alternativen Energiequellen und weniger Kohlestrom oder fossilen Rohstoffen ist somit riesig.

Du hast die Wahl zwischen dem »Lower Antelope Canyon« (links Richtung »Antelope Point«) und dem »Upper Antelope Canyon« (rechts der Fahrtrichtung auf dem Highway 98). Der Eingang zum »Lower Antelope Canyon« befindet sich direkt neben dem Parkplatz. Zum »Upper Antelope Canyon« fahren vom Parkplatz Pickups. Einen weiteren Anbieter, der den »Upper Antelope Canyon« mit kleineren Geländefahrzeugen und somit kleineren Gruppen anfährt,

Überwältigende Farbenpracht im »Upper Antelope Canyon«

findest du 2 Meilen weiter bergauf, vorbei am Kraftwerk, zur rechten Hand (*Mile Marker 302*).

Auf eigene Faust können die Antelope Canyons nicht besichtigt werden. Vielmehr stellen die Canyons eine einträgliche Einnahmequelle für den Volksstamm der Navajos dar, da sie sich auf dem Reservat der Navajos befinden, und das kannst du wörtlich nehmen. Der Besuch der Canyons ist aber jeden Dollar wert und unser Navajo-Guide war sehr engagiert, uns die besten Stellen für die schönsten Fotos zu zeigen. Je nach Tageszeit dominieren unterschiedliche Farben. Im Upper Antelope Canyon fällt das Sonnenlicht zur Mittagszeit zudem kegelförmig in den Canyon und bildet sogenannte »Beams«. Der Eintrittspreis ist des-

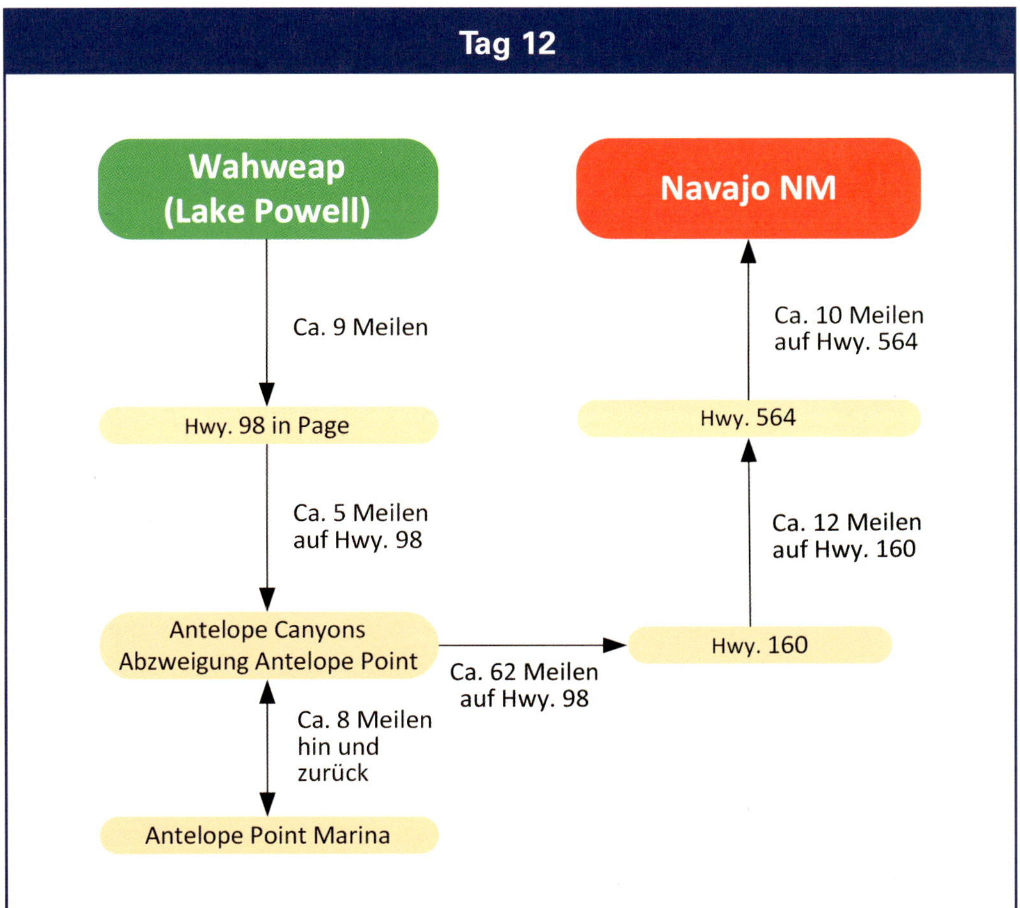

Geländetaugliches Fahrzeug für den Transport zum »Upper Antelope Canyon«

halb zu dieser Zeit auch am höchsten, bis zu 58 Dollar für die »Prime Time Tour«.

www.navajoantelopecanyon.com

Doch auch diese Naturwunder haben eine traurige Geschichte zu erzählen: 1997 verloren im Lower Antelope Canyon elf Touristen ihr Leben, als dieser durch ein entferntes Gewitter unerwartet überflutet wurde. Deshalb warnen nicht nur hier, sondern immer wieder im Verlauf dieser Rundreise, Schilder vor sogenannten »Flash Floods«, also plötzlich und unerwartet auftretenden Flutwellen. Eine Flash Flood von 2013 im Lower Antelope Canyon kannst du dir auf YouTube ansehen. Beängstigend! Aber nur aufgrund dieser Fluten sind die farbenprächtigen Canyons überhaupt erst entstanden. Alles hat eben zwei Seiten.

youtu.be/m44gkjMukP0

Nach der Besichtigung eines der Antelope Canyons kannst du dir nur 4 Meilen weiter bei der **Antelope Point Marina** ein »Plattformboot« mit Sonnendach oder ein »normales« **Motor-**

Warnung vor plötzlich auftretenden Flutwellen

boot ausleihen und selbstständig die Canyons des Lake Powell befahren. In der Marina erhältst du hierfür zur besseren Orientierung eine einfache »Seekarte«. Ein Motorbootführerschein ist nicht erforderlich. Den Checkpoint auf dem Weg zur Marina passierst du mit deinem »Interagency Annual Pass«.

Aufgrund der zahlreichen Canyons ist die Küstenlinie des Lake Powell mit über 3000 km übrigens länger als die gesamte Westküste der Vereinigten Staaten. Bis zur **Rainbow Bridge**, der über 70 m breiten und fast 90 m hohen Felsenbrücke, die auch ein »National Monument« ist, schaffst du es aber nicht. Über 30 Meilen Bootsfahrt sind im Zeitbudget dieser Rundreise leider nicht verfügbar. Doch selbst wenn du dorthin gelangen würdest, wären es je nach Wasserstand noch mehr als eine Meile Landweg vom Ufer aus.

www.nps.gov/rabr

Aber auch ohne Bootsfahrt ist es interessant zu sehen, wie die Amerikaner ihre Hausboote beladen, um dann eine oder zwei Wochen auf dem Lake Powell zu verbringen. Ein bei Hitze schier endloser Steg führt hierfür vom Parkplatz hinunter zur Marina. Zumindest auf dem Rückweg wirst du wahrscheinlich das Angebot der kostenlosen Elektroshuttles deshalb gerne annehmen.

www.antelopepointlakepowell.com

Von Page zum »Navajo National Monument«

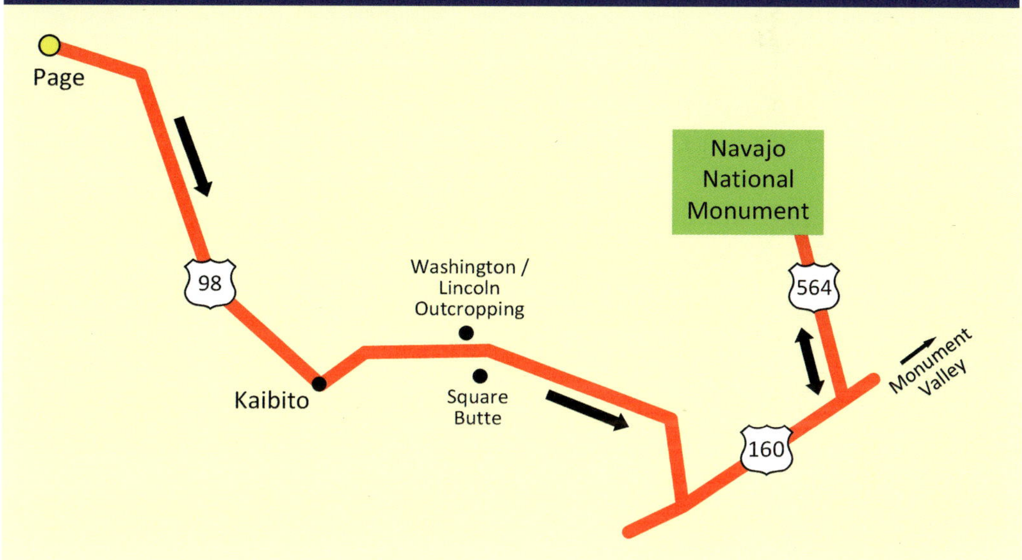

Die »Swim Beach« in der »Antelope Point Marina« ist jedoch weniger idyllisch und bietet sich nur für eine kurze Erfrischung an. Wenn du noch einmal schwimmen gehen möchtest, sind die attraktiven **Lake Powell Beaches** am »Antelope Point« gleich in der Nähe. Hierzu fährst du den »Marina Parkway« zurück und dann nach rechts zur »Public Ramp«. Du parkst dort, wo die Amerikaner während ihres Hausbootaufenthalts ihre Fahrzeuge und Bootsanhänger abstellen (»14 Day Parking«). Zur Badestelle musst du über ein paar Felsen klettern. Es handelt sich übrigens um das alte Flussbett des Colorados, heute ein Nebenarm des Lake Powell.

Einen Besuch wert ist auf jeden Fall die Farm **K/L Home of Bucking Bulls** auf halbem Weg zwischen »Lower Antelope Canyon« und »Antelope Point Marina«. Dort werden Rodeo-Bullen aufgezogen und trainiert. Die Tiere sind hinter kräftigen Gitterzäunen eingesperrt und machen nicht gerade einen freundlichen Eindruck.

Wie auch immer du den heutigen Tag verbracht hast, irgendwann solltest du dich auf den Weg zum »Navajo National Monument« machen, deinem Zwischenstopp vor dem berühmten »Monument Valley«.

Hierfür fährst du den Highway 98 nach Südosten Richtung Kaibito.

Sicher eingesperrt – Rodeo-Bulle von »K/L Home of Bucking Bulls«

Nach etwa einer Dreiviertelstunde passierst du zwei interessante Felsformationen. Beim **Washington/ Lincoln Outcropping** hat man den Eindruck, als würden sich George Washington und Abraham Lincoln gegenübersitzen und unterhalten. Kurz danach sticht der **Square Butte** ins Auge.

Wenn du den Highway 160 erreichst, biegst du nach links ab. Nach wenigen Minuten geht es in nördlicher Richtung auf dem Highway 564 circa 10 Meilen zum **Navajo National Monument**.
www.nps.gov/nava
www.nps.gov/nava/planyourvisit/maps.htm

Der kostenlose (!) **Sunset View Campground** liegt in unmittelbarer Nähe des kleinen Besucherzentrums und gefällt durch idyllische Stellplätze zwischen Pinien und Wacholdersträuchern. Es geht allerdings ein wenig eng zu. Deshalb besteht auch eine Beschränkung auf Wohnmobile mit einer Maximallänge von ca. 8,5 m (*28 feet*) und es erleichtert die Stellplatzauswahl, wenn du dort noch vor Einbruch der Dunkelheit ankommst. Offenbar empfiehlt es sich, den Wohnmobilstellplatz und die Wege nicht zu verlassen, denn es wird vor Klapperschlangen gewarnt (»caution rattlesnakes in area«).
www.nps.gov/nava/planyourvisit/placestogo.htm

Notizen

zum Lake Powell und
zu den Antelope Canyons

Tag 13

NAVAJO NATIONAL MONUMENT → MONUMENT VALLEY → MOAB

Wochentag:		**Datum:**	

Fahrstrecke: Vom »Navajo National Monument« nach Moab/UT

Entfernung: Ca. 200 Meilen

Fahrzeit ohne Pausen: Ca. 4 Stunden

Übernachtung: »Canyonlands RV Resort & Campground«, Moab

Nach dem Frühstück verlässt du den »Sunset View Campground« und fährst zum Parkplatz des Besucherzentrums.

Mit dem »Navajo National Monument« werden die in die Felswände gebauten Klippendörfer aus der **Anasazi-Kultur** geschützt und gepflegt. Diese dürfen deshalb auch nur aus gebührendem Abstand betrachtet, jedoch nicht betreten werden. Direkt hinter dem Besucherzentrum ist ein sogenannter »Hogan« aufgebaut, eine traditionelle Wohnstätte der Navajo.

Der einfach begehbare **Sandal Trail** ist hin und zurück (*roundtrip*) nur eine Meile lang und bietet an seinem Ende einen guten Ausblick auf die über 700 Jahre alten Felsenwohnungen »Betatakin Cliff Dwelling«. Kiefern und Wacholder säumen den Weg. Die 135 Räume des Betatakins (= navajo für »Felsenhaus«) wurden im 13. Jahrhundert errichtet und nur etwa 50 Jahre lang bewohnt. Und weil es für uns heute ein Leichtes ist, den Aussichtspunkt über den Wanderweg zu erreichen, erstaunt es doch sehr, dass diese Felsenbehausung einige Monate nach der Begründung des »Navajo National Monuments« im Jahre 1909 überhaupt erst entdeckt wurde.

Die Besichtigung des »Navajo National Monuments« beansprucht normalerweise nicht so viel Zeit, es sei denn, du willst tief in die Anasazi-Kultur einsteigen und weitere *Trails* ablaufen. Um dir einen Eindruck zu verschaffen, ist aber der kleine Spaziergang zum **Betatakin Overlook** ausreichend, sodass du deine Fahrt bereits am Vormittag fortsetzen kannst.

Über das Monument Valley nach Moab

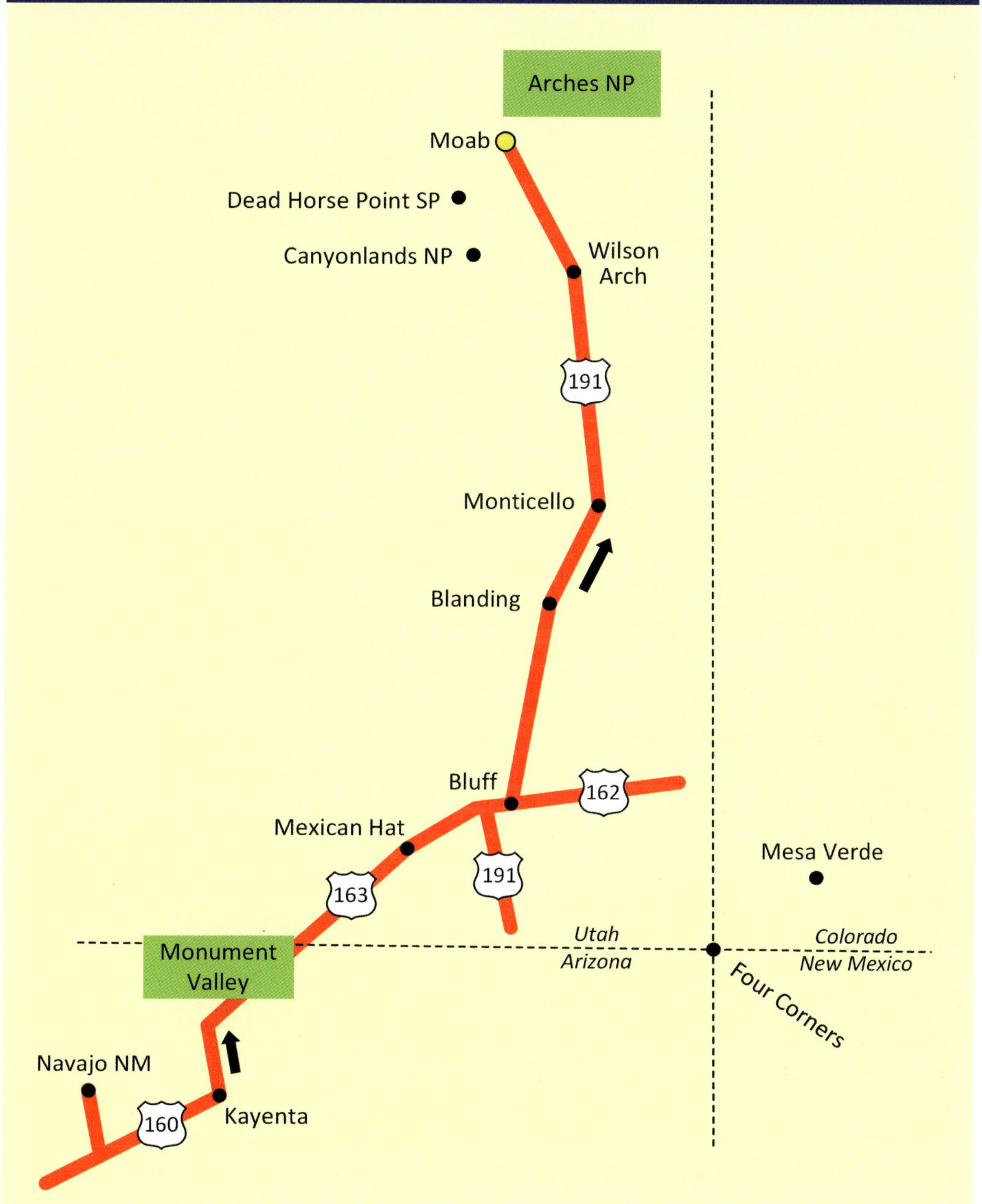

Tag 13

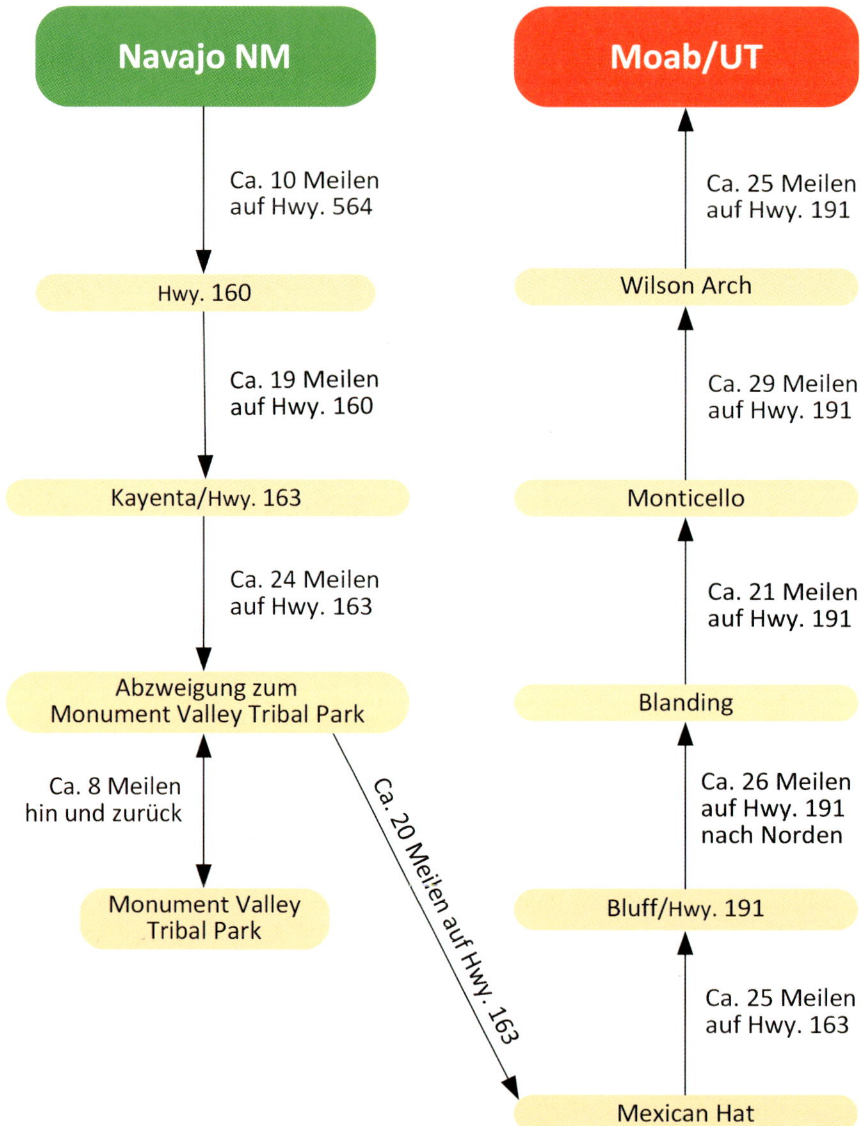

Navajo NM
Ca. 10 Meilen auf Hwy. 564
Hwy. 160
Ca. 19 Meilen auf Hwy. 160
Kayenta/Hwy. 163
Ca. 24 Meilen auf Hwy. 163
Abzweigung zum Monument Valley Tribal Park
Ca. 8 Meilen hin und zurück
Monument Valley Tribal Park
Ca. 20 Meilen auf Hwy. 163
Mexican Hat
Ca. 25 Meilen auf Hwy. 163
Bluff/Hwy. 191
Ca. 26 Meilen auf Hwy. 191 nach Norden
Blanding
Ca. 21 Meilen auf Hwy. 191
Monticello
Ca. 29 Meilen auf Hwy. 191
Wilson Arch
Ca. 25 Meilen auf Hwy. 191
Moab/UT

Die Felsenwohnungen »Betatakin Cliff Dwelling« dürfen nicht betreten werden

Jetzt geht es weiter zum Monument Valley und danach noch bis Moab »vor die Tore« des »Arches National Parks«. Vom »Navajo National Monument« fährst du zum Highway 160 zurück und biegst dort nach links ab. Bei Kayenta geht es nach 19 Meilen nochmals nach links auf den Highway 163 nach Norden zum Monument Valley.

Bei der Fahrt ins **Monument Valley** bietet sich dir das berühmte Panorama, wie man es aus zahlreichen Westernfilmen und Reklamespots kennt. Die Monolithe tragen Namen wie »East Mitten«, »Three Sisters« oder »Elephant Butte«. Interessant ist, dass es sich dabei um die übrig gebliebenen Reste einer früheren Hochebene handelt und die Landschaft das Ergebnis langjähriger Verwitterungsprozesse ist. So ist der Name »Monument Valley« für diese Landschaft aus Tafelbergen deshalb irreführend.

An der Grenze nach Utah stößt du nach 24 Meilen auf die 4 Meilen lange Zufahrt zum »Monument Valley Tribal Park« mit Besucherzentrum (*tribal* = »stammeszugehörig«). Und wie schon die »Antelope Canyons« bei Page wird auch dieses Areal im Norden der »Navajo Indian Reservation« von den Nachfahren der Ureinwohner verwaltet. Deshalb gilt der »Interagency Annual Pass« nicht und es werden derzeit 20 Dollar pro Fahrzeug für bis zu vier Personen für den Parkeintritt

Das Monument Valley – der Inbegriff des Wilden Westens

fällig. Apropos Eintrittsgelder: Ich sehe die Eintrittsgelder inzwischen nicht mehr als notwendiges Übel an, sondern als Gebühr, die für den Erhalt von Landschaft und Natur, von Kultur und Traditionen sowie von Infrastruktur und Informationsangebot notwendig ist. Und wenn ich ehrlich bin, sind Eintrittsgelder vor dem Hintergrund des Gebotenen doch im Großen und Ganzen zu vernachlässigen.
www.navajonationparks.org/htm/monumentvalley.htm

Natürlich sieht man die eindrucksvollen Monolithe auch bei der einfachen Durchreise recht gut. Von dem kleinen Hügel innerhalb des Parks aus hast du jedoch den besten Ausblick auf die gewaltigen Monolithe »West Mitten«, »East Mitten« und »Merrick Butte«.

Unterhalb des Parkplatzes ist ein kleines Dorf aus »Hogans« aufgebaut. Und in der »Navajo Shopping Mall« findest du vielleicht eine passende Erinnerung in Form indianischer Handarbeit.

Es besteht auch die Möglichkeit, sich einer Geländewagentour anzuschließen. Meines Erachtens sieht man dabei aber auch nicht viel mehr, außerdem geht es sehr staubig zu. Die Aussicht auf eine Mischung aus »Staub« und »Hitze« hat mich veranlasst, darauf zu verzichten.

Deshalb empfiehlt es sich, das obligatorische »Monument Valley-Selfie« mit den Monolithen im Hintergrund für die Nachwelt festzuhalten und die Fahrt nach Norden fortzusetzen, getreu dem Motto: Der Weg ist das Ziel.

Vorbei an dem Ort **Mexican Hat** (ca. 20 Meilen), der seinen Namen einer in der Nähe befindlichen Gesteinsformation verdankt, die an einen mexikanischen Sombrero erinnert, folgst du weitere 25 Meilen später bei Bluff dem Highway 191 nach Norden.

Der Ort **Bluff** wurde 1880 von mormonischen Siedlern gegründet, die auf abenteuerliche Weise den Weg dorthin fanden. Hierüber erfährst du jedoch mehr, wenn du in fünf Tagen bei Escalante die »Hole-In-The-Rock-Road« passierst und dem »Hole-In-The-Rock Escalante Heritage Center« einen Besuch abstattest. Unübersehbar passierst du in Bluff die »Navajo Twins«, zwei riesige Sandsteintürme.

Den Abstecher zum einzigen 4-Staaten-Eck der USA (Arizona, Utah, Colorado, New Mexico), der hin und zurück fast 100 Meilen lang ist, kannst du dir ersparen. Das »Four-Corners-Monument« ist zwar interessant, lohnt meines Erachtens aber keine zweistündige Fahrt. Hier ist vielleicht der Blick auf die Internetseite mit Fotos ausreichend.
www.navajonationparks.org/htm/fourcorners.htm

Die »Navajo-Twins« bei Bluff

Auch der »Mesa Verde National Park« mit seinen beeindruckenden »Cliff Dwellings« der Anasazi-Kultur liegt mit über 100 Meilen (*one way*) zu weit abseits unserer Route. Von derartigen Felsenbehausungen konntest du dir ja bereits beim »Navajo National Monument« einen Eindruck verschaffen, wenngleich die Felsenwohnungen in »Mesa Verde« zweifellos noch eindrucksvoller sind.
www.nps.gov/meve

Kurze Rast am »Wilson Arch«

Auch der »Dead Horse Point State Park« und der riesige, aus mehreren Teilen (»Needles«, »Maze«, »Islands in the Sky« sowie Zusammenfluss von Green River und Colorado) bestehende »Canyonlands National Park« bei Moab passen zeitlich nicht ins Programm dieser Rundreise.

stateparks.utah.gov/parks/dead-horse

www.nps.gov/cany/planyourvisit/upload/canymap.pdf

Die Fahrstrecke zieht sich etwas vom Monument Valley »hinauf« nach Moab. Von Bluff sind es über Blanding und Monticello noch circa 100 Meilen. Aber unterwegs gibt es ja immer das eine oder andere zu entdecken, spätestens den **Wilson Arch** zur rechten Hand direkt am Straßenrand, ungefähr 29 Meilen nach Monticello und 25 Meilen vor Moab. Eine gute Gelegenheit, sich die Beine zu vertreten. Der riesige »Wilson Arch« gibt einen

Alternative Strecke

Solltest du allerdings zu einer Jahreszeit unterwegs sein, welche die Rocky Mountains witterungsbedingt ausschließen, oder die Entscheidung treffen, den Abstecher in die Rocky Mountains (Tag 15 bis 16) nicht machen zu wollen, bieten sich »Four-Corners-Monument«, »Mesa Verde National Park«, »Dead Horse Point State Park« und die »Canyonlands« als hervorragende Alternative an, um ab Tag 17 (d. h. Interstate 70 nach Westen und dann Highway 24 nach Süden zum »Capitol Reef National Park«) wieder auf die vorgegebene Route zurückzukehren.

»kleinen« Vorgeschmack auf deinen morgigen Besuch im »Arches National Park«.

In **Moab** mangelt es nicht an Campingplätzen für die kommende Nacht. Der »Canyonlands Campground« an der Durchgangsstraße 191 kurz nach dem Ortsschild rechts ist nicht zu verfehlen. Die Stellplätze sind sehr schön und es steht ein Pool zur Verfügung. Hier bietet sich die Möglichkeit, eine Wäscherei (*laundry*) zu nutzen. Münzen und Waschmittel (*detergent*) gibt es im Büro des Campingplatzes. Denn amerikanische Waschmaschinen (*washing machine* oder *washer*) sind mit den europäischen Modellen nicht vergleichbar und funktionieren völlig

Der »Canyonlands Campground« in Moab

Eine alte Rostlaube ziert den Eingang der »Cow Canyon Trading Post« in Bluff

anders. Die Wäsche wird gequirlt und nicht in einer rotierenden Trommel bewegt. Die Maschinen werden außerdem meistens von oben befüllt und haben kein eigenes Heizsystem. Sie beziehen das heiße Wasser vielmehr aus der Wasserleitung. Deshalb steht »hot« auch nicht für Kochwäsche, sondern für die höchste Temperatur des zulaufenden Wassers. Die fehlende Hitze wird durch ein umweltschädliches Reinigungsmittel nicht ausgeglichen. Das war es dann auch schon mit meinen hauswirtschaftlichen Ratschlägen ☺.

Canyonlands RV Resort & Campground
555 South Main Street
🌍 www.canyonlandsrv.com
☎ +1-800-522-6848 oder ☎ +1-435-259-6848

Neben dem benachbarten »Arches National Park« bietet Moab mit seinen gut 5000 Einwohnern ein vielfältiges touristisches Aktivitätsprogramm, zum Beispiel Jeep-Touren in den »Canyonlands National Park«, »River Rafting« oder Schlauchbootfahrten auf dem Colorado sowie Ballonfahrten. Hier könnte man sich je nach Interesse und Jahreszeit auch länger aufhalten. Die vor allem dem Tourismus geschuldete Infrastruktur ist für die kleine Stadt beachtlich. Entlang der Durchgangsstraße machen zahlreiche Freizeitveranstalter auf sich aufmerksam. Gerne hätte ich eine Mountainbiketour in diesem »Mekka des Mountainbiking« unternommen. Aber wir machen ja eine Rundreise und dafür fehlt die Zeit. Bei brütender Hitze im Sommer fällt der Verzicht zudem nicht besonders schwer.

🌍 bike-magazin.de/touren/usa/kultstaetten-des-bikesports-moab-utah/a5774.html

Notizen

zum Navajo National Monument,
Monument Valley und zu Moab

MOAB → ARCHES NATIONAL PARK → GLENWOOD SPRINGS

Wochentag:

Datum:

Fahrstrecke: Von Moab durch den »Arches National Park« und in die Rocky Mountains bis Glenwood Springs

Entfernung: Ca. 200 Meilen, zuzüglich der Strecke im »Arches National Park«

Fahrzeit ohne Pausen: Ca. 3,5 Stunden, zuzüglich der Fahrzeit im »Arches National Park«

Übernachtung: WalMart-Parkplatz, Glenwood Springs/CO

Der »Arches National Park« gehört zu den Highlights dieser Rundreise, wenngleich dieser Begriff in diesem Reiseführer bereits inflationär verwendet wurde. Aber so ist es eben – ein Highlight jagt das andere und man kommt aus dem Staunen nicht heraus.
www.nps.gov/arch
www.nps.gov/arch/planyourvisit/upload/ARCHmap.pdf

Die Parkeinfahrt befindet sich 3 Meilen nördlich von Moab. Auf dem Weg dorthin überquerst du den Colorado. Im Besucherzentrum solltest du dir einen Parkplan besorgen. Es heißt, dass sich über 2000 Felsenbögen über den Nationalpark verteilen. Deren Entstehung ist gleichermaßen interessant wie komplex, wobei drei Voraussetzungen für die Bildung dieser Landschaftsformen erforderlich waren: Sandschichten mit verschiedenen Stärken, instabiler Untergrund (unterirdische Salzstöcke) und das Wüstenklima. Nach dem Austrocknen eines Meeres lagerten sich die Schwebstoffe ab und verhärteten sich zu Sandstein mit einer Salzkruste. Der Gewichtsdruck der auflagernden Schichten führte dazu, dass sich die Salzstöcke ausdehnten und sich die Oberfläche darüber wölbte. Es entstanden parallele Rippen im Sandstein. Frost und Regen ließen diese weiter verwittern. Das Resultat sind die bizarren Formen der Felsenbögen in ihren heutigen Stadien.

Zwei Dinge solltest du im »Arches National Park« unbedingt unterneh-

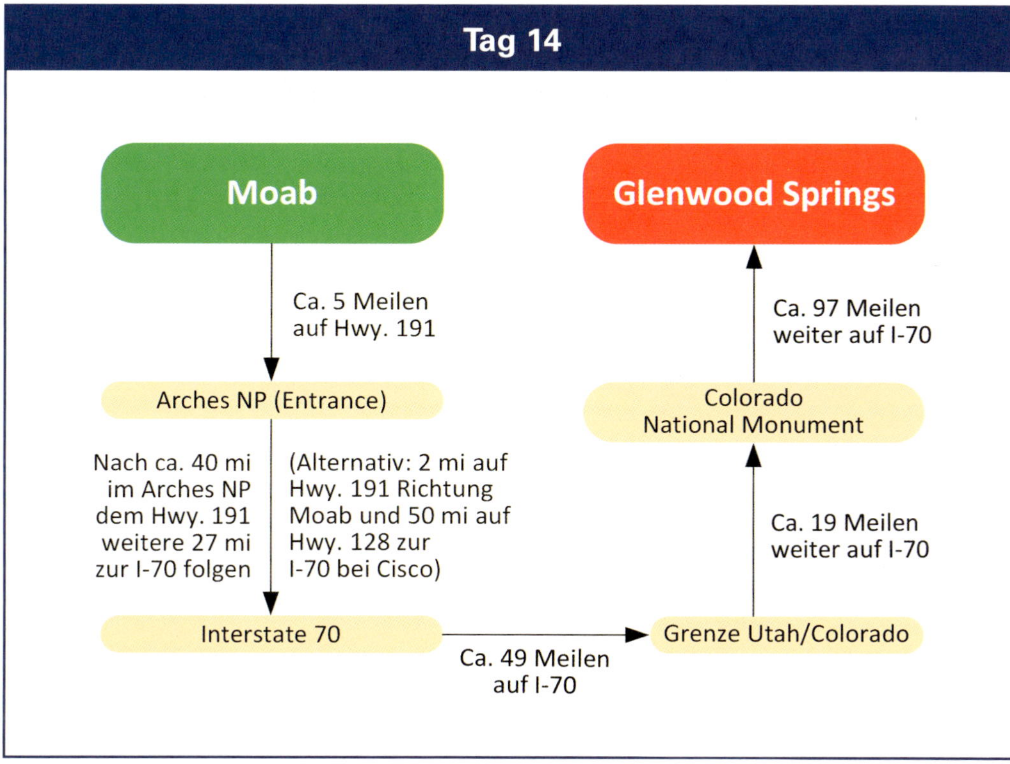

men. Zum einen den **Delicate Arch Trail**, der zum Wahrzeichen von Utah führt, eben den »Delicate Arch«, den du bestimmt schon auf zahlreichen Autokennzeichen entdeckt hast. Bei dieser Wanderung ab »Wolfe Ranch«, die hin und zurück ca. 3 Meilen lang ist, bleibt die Mitnahme von ausreichendem Trinkwasser obligatorisch. Am Ziel wirst du mit einem wunderbaren Blick auf den riesigen Felsenbogen mit den »La Sal Mountains« in der Ferne belohnt und kannst dich für ein Foto sogar unter den eindrucksvollen *Arch* (Bogen) stellen.

Der *Trail* darf aber nicht verwechselt werden mit dem »Delicate Arch Viewpoint«. Dorthin muss man vom Parkplatz zwar nicht so weit laufen, aber der Blick auf den »Delicate Arch« aus Süden ist weit weniger attraktiv, zumal die Entfernung vom Aussichtspunkt nicht unerheblich ist.

Der »Delicate Arch« ist das Wahrzeichen des Bundesstaates Utah

Weiterhin solltest du bis ans Ende des Parks fahren und dort eine Wanderung in den **Devil's Garden** unternehmen. In diesem Areal reihen sich Felsenbögen unterschiedlicher Größe und Formen aneinander. Es lohnt sich, knapp eine Meile (*one way*) bis zum **Landscape Arch** zu gehen, dem mit fast 90 m Spannweite größten Felsenbogen des »Arches National Park«. Vor einigen Jahren sind Teile des Bogens herabgestürzt. Seitdem ist es untersagt, unter dem »Landscape Arch« hindurchzugehen. Im Verhältnis zu seiner Spannweite ist die Statik des »Landscape Arch« definitiv als grenzwertig anzusehen. Seine Tage sind deshalb zweifellos gezählt. Aber niemand weiß, wann er endgültig in sich zusammenfallen wird.

Nett ist auch der kleine Weg rund um den **Balanced Rock**, bei welchem – wie der Name schon sagt – ein Felsblock auf einer Felsnadel »balanciert«.

Im »Arches National Park« kann man schon einige Zeit verbringen. Zu vielfältig sind die sehenswerten Fels- und Landschaftsformen. Nicht zu spät am Nachmittag solltest du aber den Park wieder verlassen und die Fahrt in die Rocky Mountains antreten, denn bis zum nächsten Ziel »Glenwood Springs/CO« sind es etwa 200 Meilen.

Hierzu fährst du zunächst den Highway 191 weiter nach Norden. Wenn du nach 27 Meilen die Interstate 70 erreichst, folgst du dieser in östlicher Richtung nach Colorado. Alternativ könntest du 2 Meilen auf dem Highway 191 zurück Richtung Moab und nach der Überquerung des Colorado links über den »Scenic Byway« 128 zur Interstate 70 fahren.

Die Strecke entlang des Colorado ist zweifellos schöner, erfordert jedoch 20 Minuten mehr Zeit. Auf diesem Weg erreichst du nach knapp 50 Meilen und gut einer Stunde die Interstate 70 bei Cisco.

Die Interstate 70 verläuft in Utah zunächst durch eine eher karge und eintönige Wüstenlandschaft. Nicht umsonst beträgt die zulässige Höchstgeschwindigkeit dort 80 Meilen pro Stunde. So hat man es schneller hinter sich, benötigt aber auch mehr Benzin. ☺

Bis zur Bundesstaatengrenze von Utah nach Colorado sind es knapp 50 Meilen (bzw. 26 Meilen ab Cisco). 19 Meilen später fährst du an der Ausfahrt

Vom »Arches National Park« nach Aspen

Am Eingang von »Devil's Garden« können die Parkplätze knapp werden

zum Colorado National Monument (Exit 19) *vorbei*. Die Betonung liegt auf »vorbei«. Denn nach dem Besuch des »Arches National Parks« solltest du zunächst die Strecke in die Rocky Mountains absolvieren. Das »Colorado National Monument« wäre dann allenfalls etwas für den Rückweg, was dann aber von der zeitlichen Situation abhängt.

Beim **Colorado National Monument** handelt es sich um einen Nationalpark auf dem Colorado Plateau mit wunderschönen Canyons in verschiedenen Farbgebungen und Gesteinsschichten. Im Vergleich zu anderen Nationalparks besteht die Besonderheit darin, dass der »Rim Rock Drive«, wie der Name schon sagt, immer an der Canyonkante entlang führt. Aber, wie gesagt, das ist eine Option für übermorgen. Jetzt liegen immer noch fast 100 Autobahnmeilen bis Glenwood Springs vor dir.

Nach Grand Junction, welches keine erwähnenswerten Highlights bietet – jedenfalls nicht im Vergleich zu den sonstigen Höhepunkten dieser Rundreise – wird die Landschaft wieder abwechslungsreicher. Du passierst sogar Weinanbaugebiete, die mit 1400 bis 2100 m zu den höchstgelegenen der Welt gehören.

Der Colorado River verläuft dabei entlang der Interstate und kreuzt diese

Unterwegs im »Arches National Park«

»Go East« – die Rocky Mountains warten

mehrfach. Schließlich strebt die Interstate 70 stetig bergauf in die Rocky Mountains und zwängt sich zwischen steil aufragenden Felswänden hindurch.

In **Glenwood Springs** verlässt du die Interstate bei Exit 116 und folgst dem Highway 82 in Richtung Aspen. Nach der Ausfahrt geht es zunächst nach links unter der Interstate hindurch, um diese sowie den Colorado danach wieder in umgekehrter Richtung zu überqueren.

Kurz vor der Brücke kannst du linker Hand einen Blick auf die Bäderlandschaft **Glenwood Hot Springs** werfen. Denn Glenwood Springs verfügt über das mit 123 mal 30 m größte natürliche Heißwasserbecken der Welt (32 Grad Celsius). Der »Small Pool« ist immer noch 30 m lang und hat 40 Grad Celsius.

Auf dem historischen Linwood-Friedhof von Glenwood Springs liegt **Doc Holliday**, ein berüchtigter Revolverheld, begraben. Wenn es die Zeit zulässt, lohnt sich der halbstündige Fußmarsch auf eine Anhöhe oberhalb von Glenwood Springs durchaus. Bei Dunkelheit und mit Taschenlampe hat das einen gewissen Reiz und bekommt eine unheimliche Note. Den Beginn des Wanderweges erreichst du, wenn du bei einer Tankstelle auf die 13. Straße links abbiegst. Am Ende der 13. Straße folgst du nochmals links der Beschilderung »Pioneer Cemetery Trailhead – 1 Block North«. Vor der 12. Straße geht der *Trail* rechts den Berg hinauf. Von der Anhöhe hast du auch einen sehr schönen Blick auf Glenwood Springs.

Für die Übernachtung bietet sich im weiteren Verlauf der WalMart-Parkplatz an der südlichen Ortsausfahrt in Richtung Aspen an. Dieser ist vom Highway 82 jedoch nicht gut zu sehen. Wenn du bei »McDonalds« links abbiegst, kannst du den »WalMart« nicht verfehlen.

Notizen

zum Arches NP, zur Fahrt
in die Rocky Mountains
und zu Glenwood Springs

Tag 15

GLENWOOD SPRINGS → ASPEN

Wochentag:

Datum:

Fahrstrecke: Von Glenwood Springs nach Aspen

Entfernung: Ca. 60 Meilen incl. Abstecher zum »Maroon Lake«

Fahrzeit ohne Pausen: Ca. 1,5 Stunden

Übernachtung: Zum Beispiel vor der ehemaligen Rangerstation in Aspen.

Nachdem du gestern ziemlich viele Kilometer fahren musstest, ist heute relative Erholung angesagt. Du fährst den Highway 82 etwa 40 Meilen nach Aspen, dem weltberühmten Wintersportort in den Rocky Mountains auf 2400 m Höhe.

Aspen ist eine der wohlhabendsten Städte der Vereinigten Staaten. Viele Berühmtheiten und Hollywoodstars verbringen in der 6700-Einwohner-Stadt ihren Winterurlaub oder besitzen gar eine Villa. Außerdem ist Aspen die Partnerstadt von Garmisch-Partenkirchen in den bayerischen Alpen. Deshalb gibt es in Aspen auch eine Garmisch Street – eine ruhige Seitenstraße. »Garmisch-Partenkirchen Street«, wie es richtig heißen müsste, war dem Stadtrat von Aspen wohl zu lang. ☺

Wenn du möchtest, biegst du kurz vor Aspen zunächst auf den Highway 12 nach **Snowmass Village** ab (ca. 5 Meilen). Dort kannst du dir einen Eindruck von einem amerikanischen Skiort mit seinen typischen Chalets verschaffen.

Dann geht es auf der gleichen Strecke zurück zum Highway 82 und weiter nach Aspen. Dabei passierst du den Flughafen »Aspen/Pitkin County Airport«, von wo aus regionale Verbindungen bestehen, z. B. nach Denver.

Am Verkehrskreisel vor dem Ortseingang von Aspen empfiehlt sich unbedingt ein Abstecher über die »Maroon Creek Road« 13 (1. Ausfahrt rechts) zum **Maroon Lake** auf 2880 m Höhe, wo sich die rund 4300 m hohen »Maroon Bells« im glasklaren Wasser

Die »Maroon Bells« spiegeln sich im glasklaren »Maroon Lake«

spiegeln. Die Zufahrt ist bis 17 Uhr jedoch nur mit Shuttlebussen ab »Aspen Highlands« möglich. Deshalb parkst du das Wohnmobil im Außenbereich des »Highlands-Centers« und begibst dich durch die Pkw-Stellplätze und das Gebäude hindurch zum Ticket-Schalter für die Shuttlebusse (6 Dollar).

Mit den »Maroon Bells« werden die Rocky Mountains ihrem Namen als Felsengebirge wirklich gerecht. Die »Rockies« sind in diesem Bereich sonst eher »hügelig« und man bekommt nicht das Gefühl für die Höhe, auf der man sich befindet. Laut der Homepage von Aspen handelt es sich bei den »Maroon Bells« um die meistfotografierten Gipfel Nordamerikas. Ob das stimmt, weiß ich nicht, denn in den USA wird von Vielem behauptet, das Beste, Größte oder Schönste zu sein ☺. Die USA sind nun mal ein Land der Superlative. Aber die »Maroon Bells« sind wirklich schön und erinnern ein wenig an die Alpspitze von Garmisch-Partenkirchen.

Wenn du viel Glück hast, triffst du vielleicht auf einen Schwarzbären. Ich hatte das Erlebnis, dass ein mittelgroßes Exemplar höchstens 200 m vor dem Wohnmobil über die Straße lief. Doch es war ein sehr kurzes Vergnügen von nur wenigen Sekunden. Ein Schwarzbär muss übrigens nicht unbedingt schwarz sein. Der Name steht nur für die Art. Schwarzbären können gleichwohl blond, zimtfarben oder braun sein. Das »Aspen Police Department« hat einen Flyer mit Fakten über Bären (»*Bear Facts*«) und Anweisungen herausgegeben, wie man sich zu verhalten hat, wenn man auf einen Bären trifft.

City of Aspen Bear Management
🌐 www.aspenbears.com
☎ +1-970-429-1768 (Bären-Hotline) ☺
Kein Scherz!

Aspen ist ein sehr gepflegter Ort – man kann es sich eben leisten. Erstaunlicherweise ist dieser, trotz seiner Lage in den Bergen, reißbrettartig angelegt – wie viele amerikanische Großstädte. Am besten, du

Aspen in den Rocky Mountains

Typisch Aspen – Backstein-Architektur aus der Zeit des Silberbergbaus

folgst zuerst der Beschilderung zum Besucherzentrum (*visitor information*) in der North Mill Street/Ecke Rio Grande Place (auf der East Main Street links abbiegen) und besorgst dir einen Ortsplan.

Das Parken ist in Aspen leider problematisch. Für einen Wohnmobilstellplatz hat man bisher aus Platzgründen keine Lösung gefunden. Deshalb musst du etwas aus dem Zentrum herausfahren, das Wohnmobil in einer Seitenstraße abstellen und dann zurücklaufen.

Größere Sehenswürdigkeiten finden sich in Aspen aber nicht. Der Ort ist in erster Linie ein Eldorado für Bergwanderer und Wintersportler. Im Jahr 1950 fand hier die erste alpine Ski-Weltmeisterschaft außerhalb Europas statt. Ansonsten setzt man in Aspen auf Kulturveranstaltungen.

Die »Garmisch Street« – eine ruhige Seitenstraße

In einer Parkanlage nördlich der erwähnten *visitor information* befindet sich am Fluss Roaring Fork, welcher bei Glenwood Springs in den Colorado mündet, das **John Denver Sanctuary**. Denn der 1997 bei einem Flugzeugabsturz verunglückte Sänger, dessen Asche in den Bergen um Aspen verstreut wurde, wohnte lange Zeit in der Stadt. Einige seiner Liedertexte sind in »John's Song Garden« in Stein gemeißelt. Ich finde, dass kaum ein Musiktitel besser zu deiner Rundreise passen dürfte als »Take Me Home, Country Roads« von 1971. Der Text *dieses* Lieds ist dort allerdings nicht verewigt.

Weiter kannst du durch die verkehrsberuhigte Innenstadt mit ihren roten Backsteinhäusern sowie durch die Fußgängerzone östlich des »Wagner Parks« flanieren und den Nachmittag genießen. Dort findest du zwei weitere *visitor center*. Der **Sister Cities Plaza** mit der »Verewigung« von Garmisch-Partenkirchen und weiterer Partnerstädte dürfte wohl eher nur für Gäste aus dem bayerischen Olympiaort von 1936 – wie mich – eine Attraktion darstellen.

Zum Abendessen empfehle ich das gemütliche »Hickory House«. Wenngleich du dich im Wohnmobil gewöhnlich selbst verpflegst, kann man ja auch einmal eine Ausnahme machen. Ob es die besten »Ribs« in Colorado sind, wie auch hier die Werbung verspricht, kann ich nicht sagen. Aber viel besser geht es wohl nicht. Erstaunlicherweise kommt das Fleisch aus Dänemark!
Hickory House
730 West Main Street
www.hickoryhouseribs.com
☎ +1-970-925-2313

Die Nacht kannst du zum Beispiel auf dem Parkplatz vor dem »Aspen Ranger Office« (»US Forestry Department«) in der North 7th Street verbringen, nicht weit vom »Hickory House« entfernt.

Notizen

zu Aspen/Colorado

Tag 16

ASPEN → INDEPENDENCE PASS → VAIL → GRAND JUNCTION

Wochentag:

Datum:

Fahrstrecke: Von Aspen über den »Independence Pass« nach Vail und weiter bis Grand Junction (Exit 19, Fruita/CO)

Entfernung: Ca. 250 Meilen

Fahrzeit ohne Pausen: Ca. 4,5 Stunden

Übernachtung: Nähe »Colorado National Monument« (Interstate 70, Exit 19, bei Grand Junction)

Nachdem der gestrige Tag sozusagen ein Ruhetag mit weniger zu fahrenden Meilen war, wird es heute wieder anstrengender. Aber was heißt schon anstrengend bei diesen Urlaubseindrücken! ☺

Deine Reise geht von Aspen über den »Independence Pass« nach Vail und danach wieder zurück bis Grand Junction, ungefähr 20 Meilen vor der Grenze von Utah. Dadurch hast du morgen die Option für einen Abstecher in das »Colorado National Monument«, welches ich auf der Hinfahrt von Utah in die Rocky Mountains bereits angesprochen hatte.

Zunächst verlässt du Aspen auf dem Highway 82 nach Osten etwa 20 Meilen hinauf zum 3686 m (*12095 feet*) hohen **Independence Pass**. Allein der Name des Passes (*independence* = dt. Unabhängigkeit) versprüht das Gefühl von Freiheit und steht für das Land der unbegrenzten Möglichkeiten. Der »Independence Pass« ist nur für Fahrzeuge mit maximal 10,6 m Länge (*35 feet*) zugelassen, was Urlauberwohnmobile aber gewöhnlich nicht erreichen.

An der wenig attraktiven »Ghost Town of Independence« (Geisterstadt der Unabhängigkeit) kannst du auf dem Weg zur Passhöhe getrost vorbeifahren. Kaum zu glauben, dass man sich auf Passhöhe an der nordamerikanischen Wasserscheide (*continental divide*) mit dem Wohnmobil fast auf

Am »Independence Pass« spürt man die grenzenlose Freiheit

Höhe des Großglockners befindet. Aber weil der Bundesstaat Colorado im Durchschnitt 2072 m hoch liegt und im Bereich der Rocky Mountains nirgendwo unter 2000 m aufweist, fällt das nicht so auf. Die gesamte Umgebung ist einfach höher. Das gilt auch für die Baumgrenze, die aufgrund der südlicheren geographischen Lage viel höher liegt als in den Alpen.

»Independence Pass« nicht passierbar? Was tun?

Sollte der »Independence Pass« nicht passierbar sein – sei es witterungsbedingt oder weil dein Wohnmobil länger als 10,6 m (35 feet) ist – fährst du den Highway 82 von Aspen zurück bis Glenwood Springs und dann auf der Interstate 70 nach Osten. Auf diesem Weg gelangst du ebenfalls nach Vail.

Wie erwähnt, ist die Landschaft an dieser Stelle der Rocky Mountains allerdings eher hügelig und die Berge weniger spektakulär bzw. nicht so felsig wie in vielen Gebieten der Alpen – aufgrund der Höhe dafür aber absolut schneesicher. In den Wintermonaten, spätestens ab November bis Mai, ist der Pass deshalb erwartungsgemäß nicht passierbar und folglich geschlossen.

www.independencepass.org/about-pass-road-conditions.htm

Von Aspen über Vail zurück nach Utah

Auf der anderen Seite des Passes geht es über den Highway 24 nach Westen über Leadville nach Vail, dem wohl bekanntesten Skiort in Colorado und zusammen mit Beaver Creek bisher dreimaliger Austragungsort alpiner Ski-Weltmeisterschaften, zuletzt im Februar 2015.

Bis **Leadville** sind es ab Passhöhe zunächst 38 Meilen. Dieser Ort ist mit 3094 m die höchstgelegene Stadt der USA und wirbt mit dem Slogan »*Great Living @ 10200 Feet*«. Im 19. Jahrhundert herrschte ein Silberboom. Heute hat die Stadt nur noch knapp 3000 Einwohner und zehrt von ihrer Bergbaugeschichte, davon zeugt das Bergbaumuseum »National Mining Hall of Fame and Museum«. Die Ortsdurchfahrt ist gesäumt von Antiquitätenläden, Bars und dem »Legendary Silver Dollar Saloon« von 1879. Viele Häuser könnten einmal etwas frische Farbe vertragen. Irgendwie erinnert mich das an Oatman an der Route 66. ☺

Die »Leadville Colorado & Southern Railroad« bietet Ausflugsfahrten (mit

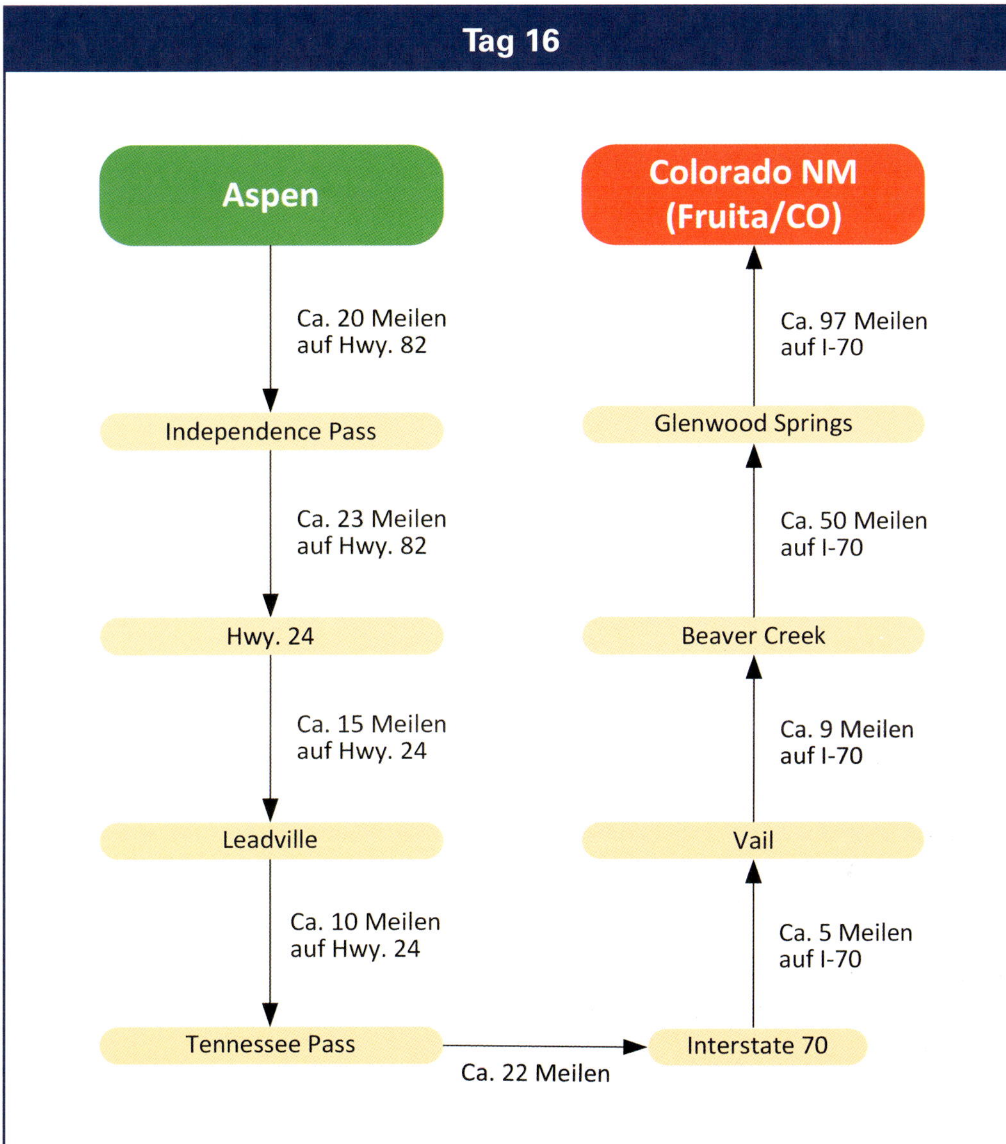

einem *scenic train*) in die umgebende Berglandschaft an. Aber dafür hast du natürlich nicht die Zeit. Ich nenne die Homepage des historischen Zuges deshalb nur zur Information. Vielleicht hast du Glück und es hält gerade ein Zug in Leadville.

www.leadville-train.com

Leadville ist aber auch bekannt für Leadville 100, einen Ultramarathon über 4800 Höhenmeter und 100 Meilen Länge (nicht Kilometer!), sowie für ein Mountainbike-Rennen über die gleiche Distanz.

Ich würde mich nicht lange in Leadville aufhalten, sondern den landschaftlich reizvollen Highway 24 weiter nach Vail fahren (37 Meilen). Das bedeutet, dass du ca. 5 Meilen nach Leadville links abbiegend dem Highway 24 weiter nach Westen folgst (Ausschilderung: »Minturn«). Kurz darauf passierst du ein weiteres Mal die kontinentale Wasserscheide Nordamerikas (*continental divide*), den »Tennessee Pass« in 3117 m Höhe (*10424 feet*), der nicht ganz so hoch liegt wie der »Independence Pass«. Wenige Meilen später folgt die Abzweigung zur Cooper Ski Arena, nicht zu verwechseln mit Copper Mountain, dem Weltcuport in der Nähe von Vail in Richtung Denver.

Am »Tennessee Pass« kreuzt der »Colorado Trail«, ein 469 Meilen langer Fernwanderweg von Denver nach Durango und Teil des 3200 Meilen langen Weges »Continental Divide National Scenic Trail« (CDT), der von der kanadischen bis zur mexikanischen Grenze führt.

Etwa 12 Meilen später überquerst du den Fluss Eagle (*Eagle River*) auf einem Viadukt, das auf mich schwindelerregend wirkte. Wenn du wieder auf die Interstate 70 triffst, nimmst du die Auffahrt »East 70« nach Vail.

Bereits nach 5 Meilen erreichst du **Vail** und verlässt die Interstate 70 bei Exit 176. Am Verkehrskreisel fährst du scharf rechts auf die »South Frontage Road West« Richtung **Lionshead Village** und Besucherzentrum (*welcome center*). Nach wenigen Hundert Metern erreichst du zur Linken das kostenfreie »Lionshead Village Parking«. Dort ist linker Hand ausreichend Platz für Wohnmobile und du kannst einen gemütlichen Spaziergang ins »Lionshead Village« unternehmen. Hierzu gehst du über den Pkw-Parkplatz zum »Pedestrian Exit«. In dem Gebäude am Übergang zum »Lionshead Village« befindet sich auch das ausgeschilderte Besucherzentrum, wo du dir einen Ortsplan besorgen kannst.

Du durchquerst das »Lionshead Village« bis zur Talstation der »Eagle Bahn Gondola 19« (man beachte das deutsche Wort »Bahn«) und läufst von dort den kurzen Spazierweg nach »Vail Village«, am Fluss »Gore Creek« entlang (»Gore Valley Trail«), vorbei an der Bibliothek (*library* mit Wi-Fi!), zunächst bis zum »West Meadow Drive«.

Zur Information am Rande: Der Gore Creek mündet in den Eagle River, welcher wiederum in den Colorado fließt.

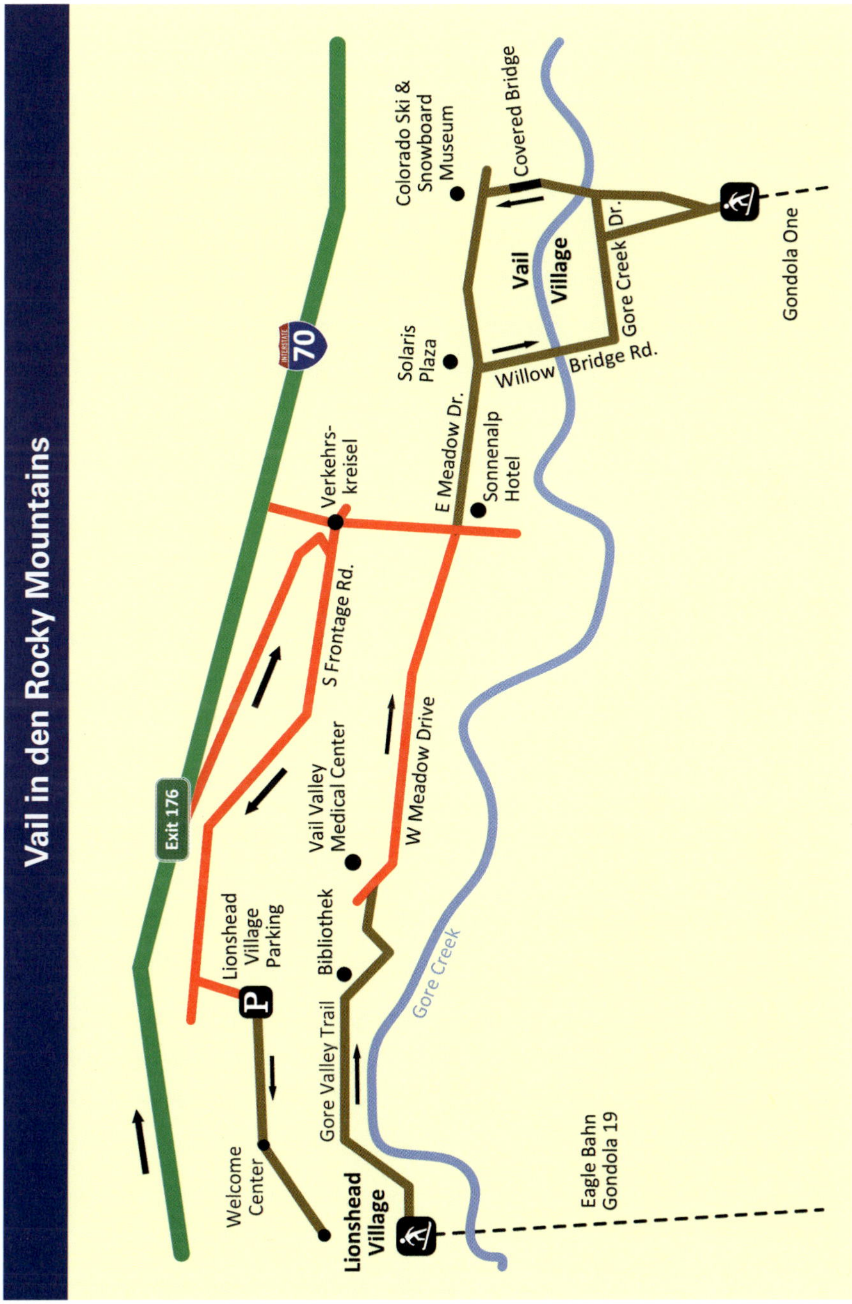
Vail in den Rocky Mountains
70
Exit 176
Lionshead Village Parking
P
Welcome Center
Lionshead Village
Gore Valley Trail
Bibliothek
Vail Valley Medical Center
W Meadow Drive
S Frontage Rd.
Verkehrs-kreisel
E Meadow Dr.
Sonnenalp Hotel
Solaris Plaza
Willow Bridge Rd.
Vail Village
Gore Creek Dr.
Colorado Ski & Snowboard Museum
Covered Bridge
Gore Creek
Eagle Bahn Gondola 19
Gondola One

Das »Colorado Ski & Snowboard Museum«

Die »Reise des Gore Creek« endet schließlich in Mexiko im Golf von Kalifornien (Pazifik).

Dort wo der »Gore Valley Trail« auf den »West Meadow Drive« trifft, befindet sich auf der gegenüberliegenden Straßenseite am 181 West Meadow Drive im **Vail Valley Medical Center** die weltbekannte Klinik von Prof. Dr. Steadman. Denn Vail ist auch gefürchtetes »Reiseziel« von Weltklassesportlern bei schweren Knieverletzungen, wobei viele Sportler auf diese Reise bestimmt gerne verzichten würden. Zahlreiche erfolgreiche Fußballspieler oder Skifahrer haben schon bei einem Kreuzbandriss oder einer anderen Knieverletzung die chirurgischen Dienste von Prof. Dr. Steadman in Anspruch genommen.
www.vvmc.com

Wenn es dich interessiert, kannst du an der Klinikpforte nachfragen. Gerne zeigt man dir die Empfangsräume und die »Aetna Hall of Champions« mit den Originaltrikots, Unterschriften und Danksagungen zahlreicher Weltklassesportler, vornehmlich aus den Bereichen Fußball, Football, Eishockey, Basketball und dem Skisport. Mir sind besonders das Trikot von Holger Badstuber vom FC Bayern München, und das Nationaltrikot von Lothar Matthäus aufgefallen. Aber auch der britische Sänger Rod Stewart hat sich mit einem Celtic Glasgow-Trikot verewigt und bedankt sich für sein »neues Bein«.
www.thesteadmanclinic.com

Du folgst dem West Meadow Drive einige Hundert Meter weiter östlich und gelangst zur Fußgängerzone von **Vail Village** (East Meadow Drive), dem Hauptort von Vail. Vorbei am Hotel »Sonnenalp« (man beachte wieder den deutschen Namen), einer bevorzugten Unterkunft der Ski-Elite während der Weltcuprennen in Vail und Beaver Creek, gelangst du zum zentralen Platz »Solaris Plaza«. Von dort geht es geradeaus zum **Colorado Ski & Snowboard Museum** im »Vail Village Welcome Center« bzw. nach rechts ins Herz des schönen Vail.

Eine gute Idee ist es, nach rechts (Willow Bridge Road) in den Ort zu gehen und einen Linksbogen zu laufen. Über die »Bridge Street« und

Alpenländischer Baustil in Vail

eine überdachte Holzbrücke (*covered bridge*), wie man sie häufig in den Neuenglandstaaten findet, kommst du dann beim »Skimuseum« wieder heraus.

Vail, auf 2476 (!) m Höhe gelegen, ist wirklich ein wunderschöner Ort mit zahlreichen Anlehnungen an alpenländischen Baustil. Dort ließe es sich gut leben. Umgeben von schneesicheren Bergen in gepflegter Atmosphäre und nur 100 Meilen von der Großstadt Denver entfernt. Durch den unmittelbaren Interstate-Anschluss von Vail ist das eine Meile hoch gelegene Denver (deshalb »Mile High City«) einigermaßen schnell zu erreichen. In Deutschland könnte man das vergleichen mit Garmisch-Partenkirchen und dem 90 km entfernten München. Nicht zu vergessen ist der »kleine« Unterschied: In Vail herrscht der »American Way of Life«, in Garmisch-Partenkirchen bayerische Lebensart. Und: Die Qualität der Interstate 70 nach Denver lässt im Vergleich mit der deutschen Autobahn »A95« etwas zu wünschen übrig. Besonders bei Regen ist die Gefahr von Aquaplaning auf der Interstate 70 durch große Wasserlachen enorm hoch.

Hast du den Aufenthalt in Vail genossen, geht es wieder weiter. Du fährst auf der Interstate 70 nach Westen, vorbei an Beaver Creek, wo bei der Ski-Weltmeisterschaft 2015 die meisten Wettbewerbe ausgetragen worden sind. Ein Stopp in Beaver Creek würde zu viel Zeit in Anspruch nehmen und Vail ist im Sommer meines Erachtens ohnehin schöner.

Deshalb nachfolgend nur ein paar Infos zu **Beaver Creek** im »Vorbeifahren«: Das 2700 m hoch gelegene Beaver Creek Resort dürfte das nobelste und teuerste Skigebiet der Welt sein. Selbst in der Nebensaison sollen Hotelzimmer kaum unter 300 Dollar pro Nacht zu bekommen sein. Die Bürgersteige sind, wie zum Teil auch in Vail, beheizt, damit sich kein Eis bilden kann, und die Gäste gelangen auf überdachten Rolltreppen zu den Talstationen. Parkplätze sind im Resort jedoch Mangelware. Wenn der Andrang zu groß wird, muss man im an der Autobahn gelegenen Ort »Avon« (Exit 167) parken und den Shuttlebus nach Beaver Creek nehmen.

Beaver Creek, wie auch Vail und die anderen Skigebiete der Region, sind berühmt für den *champagne powder* (Champagner-Puder). So nennen die Amerikaner den extrem weichen, trockenen und federleichten Pulverschnee, der in den Rocky Mountains aufgrund der meteorologischen Bedingungen besonders häufig vorkommt.

Zwischen Beaver Creek und Glenwood Springs, bei Dotsero (Exit 133), überquert die Interstate 70 den Colorado, welcher von der Quelle im »Rocky Mountain National Park« kommt. Nahe der Interstate mündet der Fluss Eagle (*Eagle River*) in den 2333 km langen Colorado.

Wie bereits eingangs empfohlen, fährst du die Interstate 70 heute noch bis kurz nach **Grand Junction**, Exit 19/ Fruita, in der Nähe der Westeingangs des »Colorado National Monuments«, und suchst dir dort einen Stellplatz für die Nacht. Es kann sein, dass es heute aufgrund der Fahrstrecke etwas später am Abend wird.

Bitte beachte, dass es sich bei diesem Ort um **Fruita in Colorado** handelt! Also bitte nicht verwechseln mit deinem Ziel von morgen, nämlich Fruita/ Utah im »Capitol Reef National Park«!

Wenn du möchtest und es noch hell sein sollte, kannst du auch gleich 7 Meilen hinauf in den Nationalpark zum **Saddlehorn Campground** fahren. Dazu überquerst du bei Exit 19 die Interstate 70 und zwei riesige Verkehrskreisel und fährst jeweils geradeaus, lässt das »Colorado Welcome Center« links liegen und folgst dem Highway 340 über den Colorado hinweg nur 2 Meilen bis zum Westeingang des Nationalparks. Der Campingplatz befindet sich kurz vor dem Besucherzentrum in einer fantastischen Höhenlage!

Notizen

zum Independence Pass,
zu Leadville und Vail

COLORADO NATIONAL MONUMENT → CAPITOL REEF NATIONAL PARK

Wochentag:

Datum:

Fahrstrecke: Abstecher zum »Colorado National Monument«, über die Interstate 70 und den Highway 24 via »Goblin Valley State Park« nach Fruita/UT im »Capitol Reef National Park«

Entfernung: Ca. 230 Meilen

Fahrzeit ohne Pausen: Ca. 4 Stunden

Übernachtung: Fruita Campground (»Capitol Reef National Park«)

Vor der Weiterfahrt zurück nach Utah kannst du heute zunächst dem **Colorado National Monument** einen kurzen Besuch abstatten. Vielleicht hast du die Nacht schon auf dem Saddlehorn Campground innerhalb des »National Monuments« verbracht.
www.nps.gov/colm
www.nps.gov/colm/planyourvisit/upload/colm map.pdf

Die ganze Rundstrecke von der Ostzufahrt in Grand Junction (*east entrance*) bis zur Westzufahrt (*west entrance*) bei Exit 19 an der Interstate 70 (oder in umgekehrter Richtung) würde zu viel Zeit kosten. Und in der Stadt »Grand Junction« müsste man sich auch erst einmal zurechtfinden.

Du fährst, vorbei am Besucherzentrum, etwa 6 Meilen entlang des »Rim Rock Drive« bis zur spektakulären Aussicht auf das »Independence Monument« und dann auf dem gleichen Weg wieder zurück zur Interstate 70. Das ist »gemütlich« in eineinhalb Stunden zu schaffen und vor allem ist der Weg nicht zu verfehlen, weil du nicht durch die Stadt hindurchfahren musst. So hast du auf einfache Weise einen guten Eindruck vom »Colorado National Monument« erhalten, ohne dich zu lange aufzuhalten.

Dann geht es weiter auf der Interstate 70 nach Westen. Du folgst der Beschilderung »I-70 West UTAH«.

Von Grand Junction zum »Capitol Reef National Park«

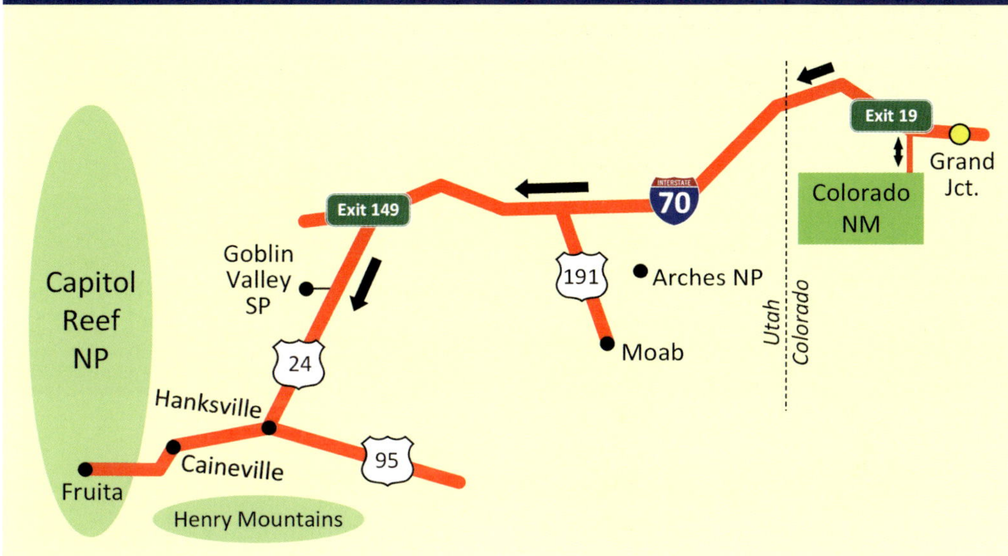

Nach 69 Meilen lässt du Moab (»Arches National Park») links liegen und verlässt die Interstate 70 erst bei Exit 149 (Hanksville), um dem Highway 24 nach Süden zu folgen. Diese insgesamt gut 100 Autobahnmeilen ziehen sich mangels landschaftlicher Attraktivität leider etwas.

Ungefähr 24 Meilen nach dem Verlassen der Interstate erreichst du die Zufahrt zum **Goblin Valley State Park**. Dieser kleine Park überrascht durch seltsame Sandsteinformationen, die an Kobolde oder Wichte erinnern. Daher hat der Park auch seinen Namen. Besonders Kindern macht es Spaß, zwischen den »Kobolden« herumzulaufen und zu klettern.

Für den Abstecher zum »Goblin Valley State Park« musst du ca. 1,5 Stunden einplanen, wobei du im Park der Beschilderung »Valley of Goblins« folgst. Von der Abzweigung am Highway 24 bis zum Parkplatz »Observation Point«, sind es hin und zurück 25 Meilen. Der Eintritt in den State Park kostet 10 Dollar pro Fahrzeug.

Wenn du wieder zurück auf dem Highway 24 bist, erreichst du nach 20 Meilen den Ort **Hanksville**. Du solltest dem Highway 24 weiter folgen (Hinweis: Über den Highway 95 nach links würdest du nach Bullfrog am Lake Powell gelangen). In Hanksville könntest du im »Duke's Slickrock Grill« gut und gemütlich einkehren.

Bis zu deinem Tagesziel im »Capitol Reef National Park« sind es jetzt nur noch 37 Meilen. Der Highway 24 führt dabei am Fluss Fremont entlang, der tiefbraunes Wasser führt, durch eine abwechslungsreiche Felslandschaft nach **Fruita**, einer grünen Oase im Herzen des Nationalparks mit vielfältigem Obstanbau. Nicht umsonst trägt der Highway 24, die einzige geteerte Straße durch den »Capitol Reef National Park«, den Zusatz »National Scenic Byway«. In der Ferne fällt der Blick auf die bis zu 3540 m hohen Henry Mountains.

Der **Capitol Reef National Park** erstreckt sich um das Gebiet einer 160 km langen Falte (*fold*) der Erdkruste, der »Waterpocket Fold«, und

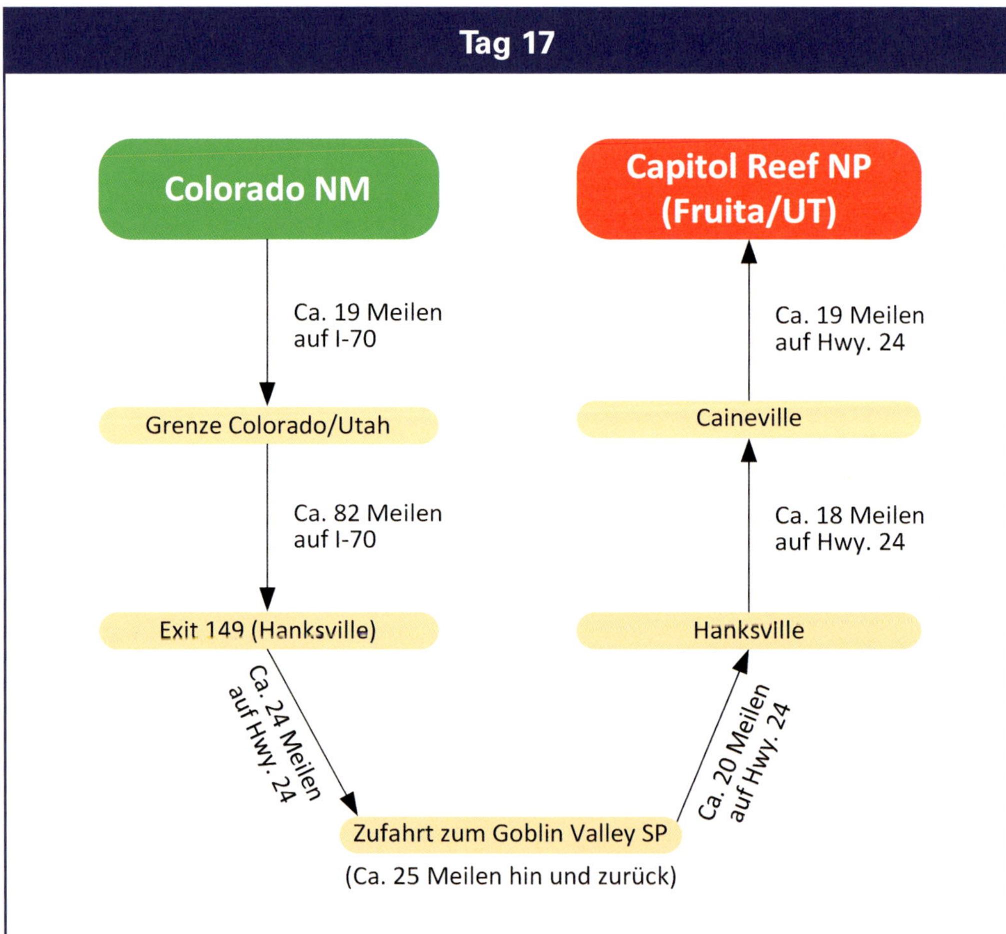

Fruita im »Capitol Reef National Park«

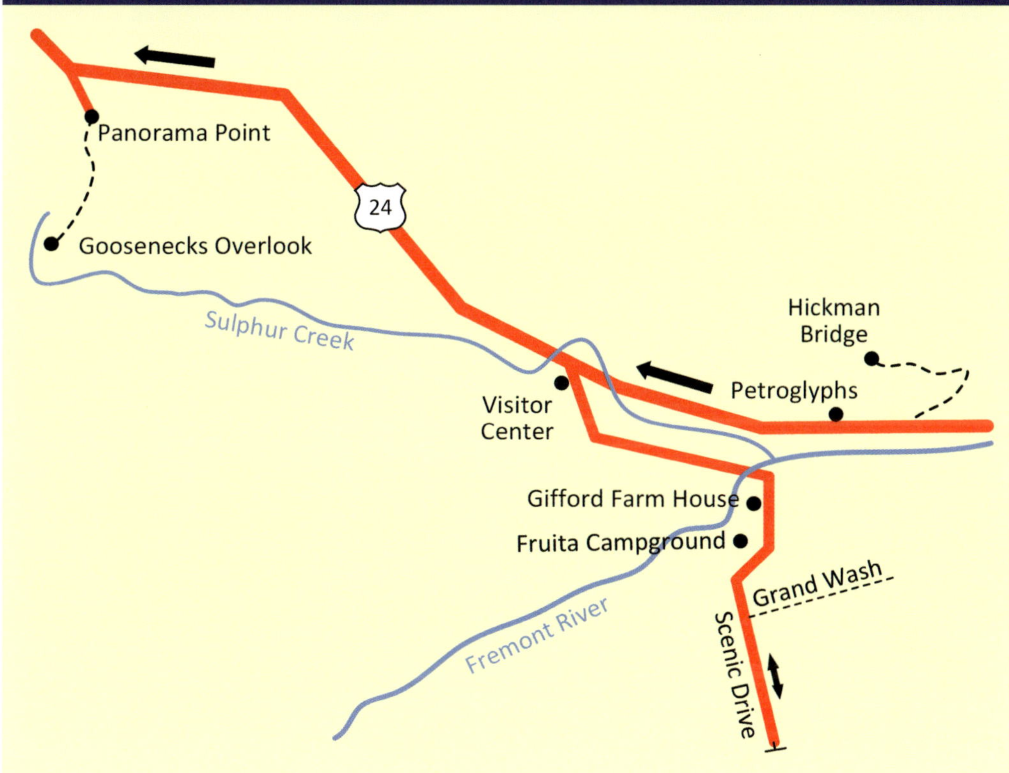

verdankt seinen Namen der Tatsache, dass die weißen Kuppeln der Felsen an das Kapitol (*Capitol*) in Washington, D.C. erinnern und das Felsengebirge an ein Riff (*reef*) – *Capitol Reef* eben.
www.nps.gov/care
www.nps.gov/care/planyourvisit/upload/park-map-for-web.pdf

Die Bezeichnung **Waterpocket Fold** wiederum stammt von Auswaschungen in Felsblöcken, in denen sich das Regenwasser sammelt. Spätestens beim Aussichtspunkt »Goosenecks Overlook« wirst du diese Auswaschungen zahlreich antreffen.

Bevor du dir im Besucherzentrum eine Übersichtskarte besorgst, solltest du einen Stellplatz für die nächste Nacht auf dem **Fruita Campground** reservieren, der nur eine Meile vom Besucherzentrum entfernt ist. Dieser liegt mitten in diesem grünen, oasenartigen Tal und die Bäume spenden etwas Schatten. Der Stellplatz kostet 20 Dollar pro Nacht.

Der Beginn des »Grand Wash« am Scenic Drive

Es gibt auch eine »Self-Pay-Station«. Aber meistens ist ein Campingplatzwart (*campground host*) anwesend.
www.nps.gov/care/planyourvisit/fruitacampground.htm

Ich hoffe, du kommst auf dem Campingplatz in Fruita unter. Sonst müsstest du 10 Meilen weiter nach Torrey fahren, wo sich an der Kreuzung zum Highway 12 der Campingplatz »Wonderland RV Park« mit *full hook-up* befindet.
Wonderland RV Park
www.capitolreefrvpark.com
☎ +1-877-854-0184 oder ☎ +1-435-425-3665

Vier Attraktionen solltest du dir in Fruita auf keinen Fall entgehen lassen:

Der knapp zwei Meilen lange Wanderweg zur **Hickman Bridge**, einem 40 m breiten Felsenbogen, ist sehr eindrucksvoll und bietet herrliche Ausblicke.

Bei **Goosenecks Overlook** blickst du in die Tiefe des Canyons, in den sich der »Sulphur Creek« über Jahrmillionen eingegraben hat. G*ooseneck* (dt. Schwanenhals) steht dabei für die Flusswindungen. Es erinnert etwas an den Grand Canyon – nur eine

Die Mormonen

Die Mormonen leben überwiegend in Utah und den angrenzenden US-Staaten, sind aber auch weltweit vertreten. Es handelt sich um viele verschiedene Glaubensgemeinschaften, die sich neben der Bibel auf das Buch »Mormon« berufen, welches außerdem die Besiedlung Amerikas sowie die amerikanischen Kulturen beschreibt und das der Prophet Joseph Smith jr. einst in der ersten Hälfte des 19. Jahrhunderts gefunden und übersetzt haben soll. Wenn von den Mormonen gesprochen wird, ist zumeist die »Kirche Jesus Christus der Heiligen der letzten Tage« (»Church of Jesus Christ of Latter-day Saints«) mit fast 15 Millionen Mitgliedern gemeint. Diese Kirche lehnt das Kreuz als Symbol ab, während andere mormonische Gruppierungen das Kreuz und die Dreifaltigkeit als Gottesbild pflegen. Die Gotteshäuser der Mormonen werden als Tempel bezeichnet. Der Tempel in Salt Lake City, der Hauptstadt von Utah, ist am bekanntesten und ein architektonisches Highlight.

Auch bei den Mormonen gibt es das Nebeneinander von Gott, Jesus Christus und dem Heiligen Geist, allerdings mit der Aussicht, als Gläubiger nach dem Tod selbst zu einem göttlichen Wesen zu werden. Schließlich sei Gott auch einst Mensch geworden. Deshalb gibt es den Vorwurf der Vielgötterei.

Aufgrund der vorhandenen Unterschiede sehen es die großen christlichen Kirchen kritisch, wenn sich Mormonen als Christen bezeichnen, und erkennen deren Mitglieder deshalb nicht als getaufte Christen an. Manche ordnen die Mormonen sogar als Sekte ein, da die Regeln für das moderne westliche Verständnis zum Teil extrem wirken – je nach Glaubensgemeinschaft, so zum Beispiel: kein Konsum von Alkohol und Kaffee sowie kein Sex vor der Ehe. Die »Vielweiberei« wurde seinerzeit jedoch abgeschafft, um die Aufnahme von Utah in die Vereinigten Staaten von Amerika zu ermöglichen. Die Mormonen müssen mindestens zehn Prozent ihres Einkommens an ihre Kirche abführen. Das entspricht ungefähr dem Vierfachen der Kirchensteuer in Deutschland.

Ich maße mir aber nicht an, ein umfassendes Urteil über die Mormonen zu treffen und belasse es deshalb bei dieser kurzen Ausführung.

Ein Radfahrer genießt den Ausblick auf dem »Scenic Drive«

Nummer kleiner. Vom Aussichtspunkt **Panorama Point** führt ein knapp eine Meile langer Schotterweg zum Beginn des kurzen, aber sehr eindrucksvollen Wanderweges zum »Goosenecks Overlook«. Ich würde nicht versuchen, den Schotterweg mit dem Wohnmobil zu fahren, wenngleich Fahrzeuge bis 8 m Länge erlaubt wären. Es ist sicherer, am »Panorama Point« zu parken und zu Fuß zu gehen.

Weiterhin solltest du den 9 Meilen langen **Scenic Drive** südlich des Campingplatzes abfahren. In Erinnerung an den berüchtigten Bank- und Eisenbahnräuber Butch Cassidy, der sich in dieser Gegend aufgehalten haben soll, beginnt am »Grand Wash« der Wanderweg »Cassidy Trail«. Dies aber nur zur Information. Denn der Weg auf die Felsklippe zum »Cassidy Arch«, einem ebenfalls riesigen Felsenbogen, ist anstrengend und zeitaufwendig.

Schließlich bietet sich zwischen dem Besucherzentrum und dem Fruita Campingplatz das **Gifford Farmhouse** zum Relaxen an, welches an die einst blühende **Mormonensiedlung** des 19. Jahrhunderts erinnert. Dort solltest du unbedingt leckeren Apfelkuchen (*apple pie*) und andere Obstkuchen genießen.

Notizen

zum Colorado NM, Goblin Valley SP
und zu Fruita/Capitol Reef NP

CAPITOL REEF NATIONAL PARK → ESCALANTE → BRYCE CANYON

Wochentag:

Datum:

Fahrstrecke: Von Fruita/UT über Boulder und Escalante zum »Bryce Canyon National Park«

Entfernung: Ca. 150 Meilen

Fahrzeit ohne Pausen: Ca. 3 Stunden

Übernachtung: Bryce Canyon, »Ruby's Inn Campground« (1. Nacht)

Du verlässt Fruita und den »Capitol Reef National Park« auf dem Highway 24 nach Westen und wechselst dann nach 10 Meilen vor Torrey auf den Highway 12 nach Süden Richtung Grover (6 Meilen), Boulder (35 Meilen), Escalante (63 Meilen) und Bryce Canyon (112 Meilen).

Der 124 Meilen lange **Highway 12** gehört zu den einzigartigsten Straßen Amerikas und hat deshalb von der Behörde für Fernverkehrsstraßen »Federal Highway Administration« auch die Bezeichnung »All-American Road« erhalten, womit sich nur wenige der auch schon besonderen »National Scenic Byways« schmücken können.

Nach etwa 5 Meilen auf dem Highway 12 fällt dir vielleicht das Hinweisschild auf den »Great Western Trail« auf. Dabei handelt es sich um einen weiteren Fernwanderweg von Kanada bis Mexiko über rund 4500 Meilen durch die US-Bundesstaaten Montana, Wyoming, Idaho, Utah und Arizona. Ca. 12 Meilen später kreuzt der *Trail* nochmals den Highway 12.

Südlich von **Grover** strebt die Straße zunehmend bergauf in den Hochwald der **Boulder Mountains**. Diese stellen den östlichen Ausläufer des »Dixie National Forests« dar, welcher im Osten vom »Capitol Reef« sowie im Süden vom »Grand Staircase-Escalante National Monument« begrenzt wird und sich nach Westen – mit Unterbrechungen – über die Interstate 15 hinaus mehr als 170 Meilen bis an die Grenze von Nevada erstreckt.

Der »Utah Highway 12« – eine der schönsten Straßen Amerikas

Cowboys treiben pechschwarze Rinder über die zwischen den Wäldern liegenden Weiden und auf fast 3000 m Höhe (genau genommen 9600 ft.) ergeben sich immer wieder tolle Ausblicke auf den östlich gelegenen »Capitol Reef National Park« sowie die »Henry Mountains«. Gleichermaßen geht es schließlich wieder bergab in das »verschlafene« Boulder.

In **Boulder** könntest du im **Anasazi State Park Museum** die Reste indianischer Ruinen besichtigen (5 Dollar Eintritt bzw. 10 Dollar für Familien). Ursprünglich befand sich hier eines der größten Anasazi-Dörfer westlich des Colorado (1050 – 1200 n. Chr.). Es gibt sogar ein umfangreiches *Handout* mit Erläuterungen in deutscher Sprache, welches nach der Besichtigung zurückgegeben werden muss. Aber das ist viel Theorie und es handelt sich wirklich nur um Siedlungsreste. Meines Erachtens lohnt sich der Zeitaufwand nicht wirklich.

Im Eingangsbereich befindet sich jedoch auch ein kleines Informationsbüro, in dem du Karten und Informationsmaterial zum **Grand Staircase-Escalante National Monument (GSENM)**, welches sich südöstlich des Highways 12 ausbreitet, erhältst. »Grand Staircase« steht dabei für die Felsenstufen vom »Grand Canyon North Rim« bis hinauf zum »Bryce Canyon«. Das Gebiet des GSENM ist mit fast 7000 Quadratkilometern riesig und die landschaftliche Vielfalt und Lage erschließen sich erst nach längerer Beschäftigung mit der Region. Die folgende Tourbeschreibung bis zur Ankunft am Bryce Canyon hat mir bei der Abfassung dieses Reiseführers deshalb auch am meisten abverlangt.

Richtig interessant wird es schon 0,6 Meilen nach dem »Anasazi State Park Museum«. Unmittelbar nach dem »Burr Trail Grill« zweigt dort der legendäre **Burr Trail** ab, benannt nach John Atlantic Burr, der diesen Weg einst für seine Rinderherden anlegte, um diese von den Boulder Mountains zum Bullfrog Becken am Lake Powell zu treiben. Die Straße führt durch eine wahrlich spektakuläre Landschaft mit steil aufragenden Felswänden. Am besten fand ich: Die ersten 31 Meilen sind heutzutage geteert und du kannst diese mit dem Wohnmobil befahren! Du musst nur etwas aufpassen, weil manchmal Teile der Fahrbahn am Straßenrand weggebrochen sind.

Ich empfehle auf jeden Fall bis zum gigantischen **Long Canyon Slot** nach exakt 11,2 Meilen zu fahren. Zuvor, bereits nach 10 Meilen, ergibt sich ein atemberaubender Blick in die Tiefe und auf den weiteren Straßenverlauf. Da kann dir fast schon schwindelig werden.

Der Parkplatz für den Zugang zur Schlucht (*canyon*) auf der linken Seite ist nicht durch ein Schild gekennzeichnet, aber eigentlich nicht zu verfehlen. Der Canyon selbst ist fast so farbenprächtig wie die Antelope Canyons bei Page, jedoch viel breiter und höher und dadurch auf andere Weise eindrucksvoll. Außerdem ist hier kein Eintritt zu zahlen. ☺

Danach würde ich nur noch 5,5 Meilen bis zu einem größeren Parkplatz weiterfahren. Dort hast du einen tollen Ausblick auf die Tiefebene. Die dahinter befindliche »Waterpocket Fold« des »Capitol Reef National Park« zeichnet sich deutlich ab (siehe Doppelseite 252/253). Weiter würde ich nicht fahren und nach 31 Meilen wäre für Wohnmobile ohnehin Schluss. Es folgt eine nur für Geländewagen empfehlenswerte Schotterpiste durch den »Capitol Reef National Park«. Nach starken Regenfällen ist die Strecke sogar für geländetaugliche Fahrzeuge gesperrt. Der »Burr Trail« endet nach ca. 70 Meilen in Bullfrog am Lake Powell. Deshalb wird er auch als »Boulder-Bullfrog Scenic Road« bezeichnet.

Vom »Capitol Reef National Park« zum Bryce Canyon

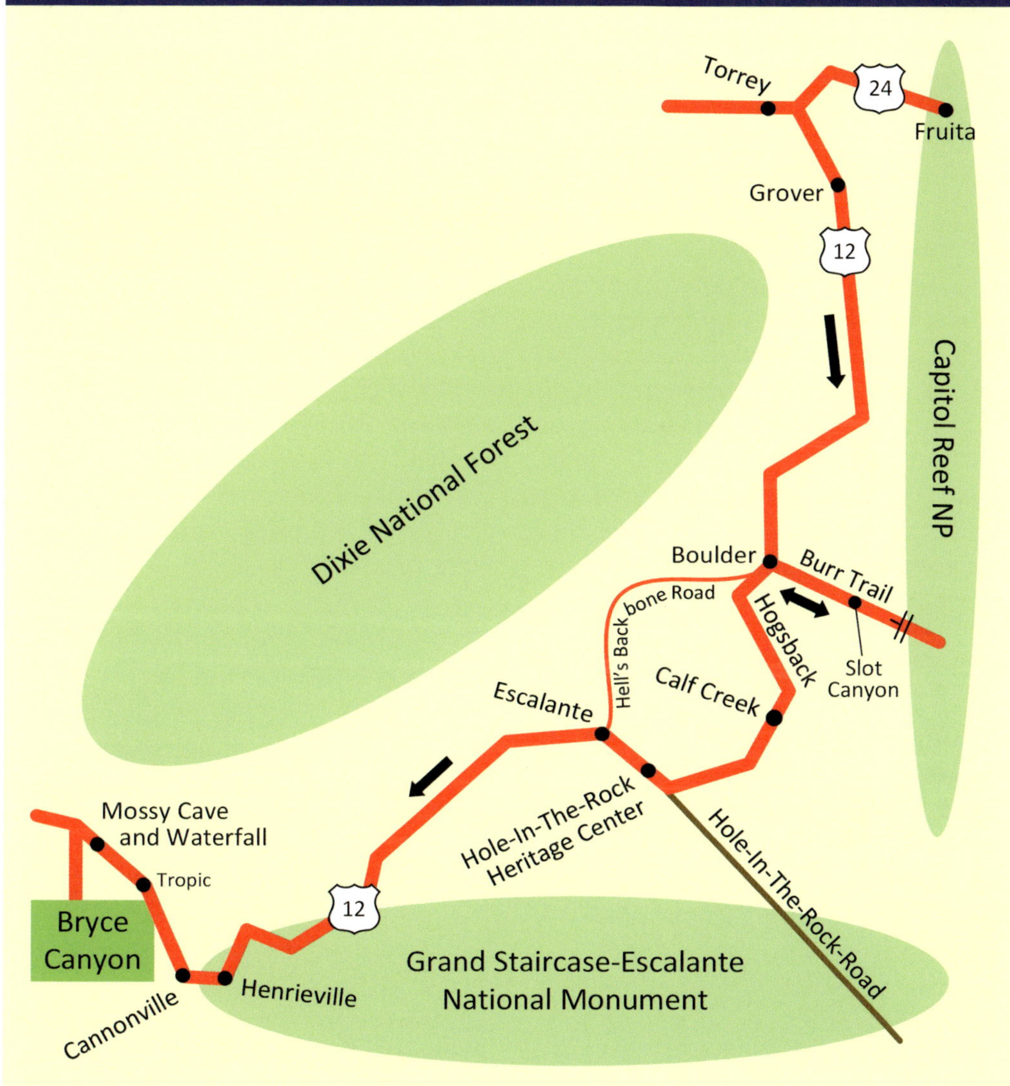

Wenn du wieder zurück an der Kreuzung beim »Burr Trail Grill« angekommen bist, folgst du dem Highway 12 weiter nach Süden.

Ca. 3 Meilen nach Boulder zweigt rechts die **Hell's Backbone Road** (153) ab, eine 37 Meilen lange Schotterstraße (*gravel road*), welche 1935 die erste Straßenverbindung nach Boulder war. Denn **Boulder** ist auch bekannt als »The last frontier in Utah«, also als »die letzte Grenze von Utah«, weil der Ort bis zur Fertigstellung der »Hell's Backbone Road« als letzte Gemeinde der Vereinigten Staaten nicht mit Automobilen erreichbar war. Auch in den Folgejahren konnten Post und Lebensmittel nur mit Pferden und Mulis nach Boulder transportiert werden, wenn nämlich die »Hell's Backbone Road« bei schlechtem Wetter für die damaligen Fahrzeuge unpassierbar war. Frische Milch soll deshalb erst gar nicht in Boulder angekommen sein, weil sie sich auf dem Transport in Butter verwandelt habe. Erst die Fertigstellung des Highway 12 im Jahr 1940 machte Boulder durchgängig erreichbar.

Im weiteren Verlauf zeigt die »All-American Road« 12 ihre schönste Seite. Zwischen Boulder und Calf Creek geht es über den sogenannten **Hogsback**, einen schmalen Bergkamm, welcher den hinten im Wohnmobil sitzenden Mitreisenden aufgrund der hohen Sitzposition und mangels optimaler Sicht auf die Straße den Schweiß auf die Stirn treiben kann. Die Straße ist über den Bergkamm zwar ohne Probleme befahrbar, aber es gibt kaum einen Straßengraben und man sollte besser nicht von der Fahrbahn abkommen. Konzentration ist also gefordert und es wird auch verständlich, warum Boulder erst so spät an das Straßennetz angeschlossen werden konnte. Vielleicht wurde an Leitplanken (*guard rails*) gespart, um den Blick in den Abgrund nicht zu trüben. ☺

Nach dem »Hogsback« geht es bergab zur **Calf Creek Recreation Area**. Beim herrlich am glasklaren Bach gelegenen Campingplatz beginnt der Wanderweg »Lower Calf Creek Falls Trail«, der hin und zurück (*roundtrip*) ungefähr drei Stunden dauert. Auf zum Teil sandigen Boden führt der Weg drei Meilen (*one way*) durch ein idyllisches Tal mit lila blühenden Feigenkakteen. Am Ziel ergießt sich der fast 40 m hohe Wasserfall in ein türkisfarbenes Becken. Bei guten Lichtverhältnissen ist das ein lohnender Ausflug. Die Gebühr beträgt 5 Dollar pro Fahrzeug. Bitte wie immer ausreichend Trinkwasser mitführen! Damit das Wasser des Calf Creek beim Baden nicht verunreinigt wird, bittet die Parkverwaltung darum, wasserfeste Sonnencreme zu verwenden.

Bei der Weiterfahrt stößt du kurz nach der »Calf Creek Recreation Area« auf den Parkplatz für den **Escalante River Trailhead**. Dort besteht die Möglichkeit, entlang des Flusses Escalante, welcher von hier nach 70 Meilen in den Lake Powell fließt, zu wandern. Die zuvor beschriebene Wanderung zu den »Lower Calf Creek Falls« halte ich jedoch für attraktiver.

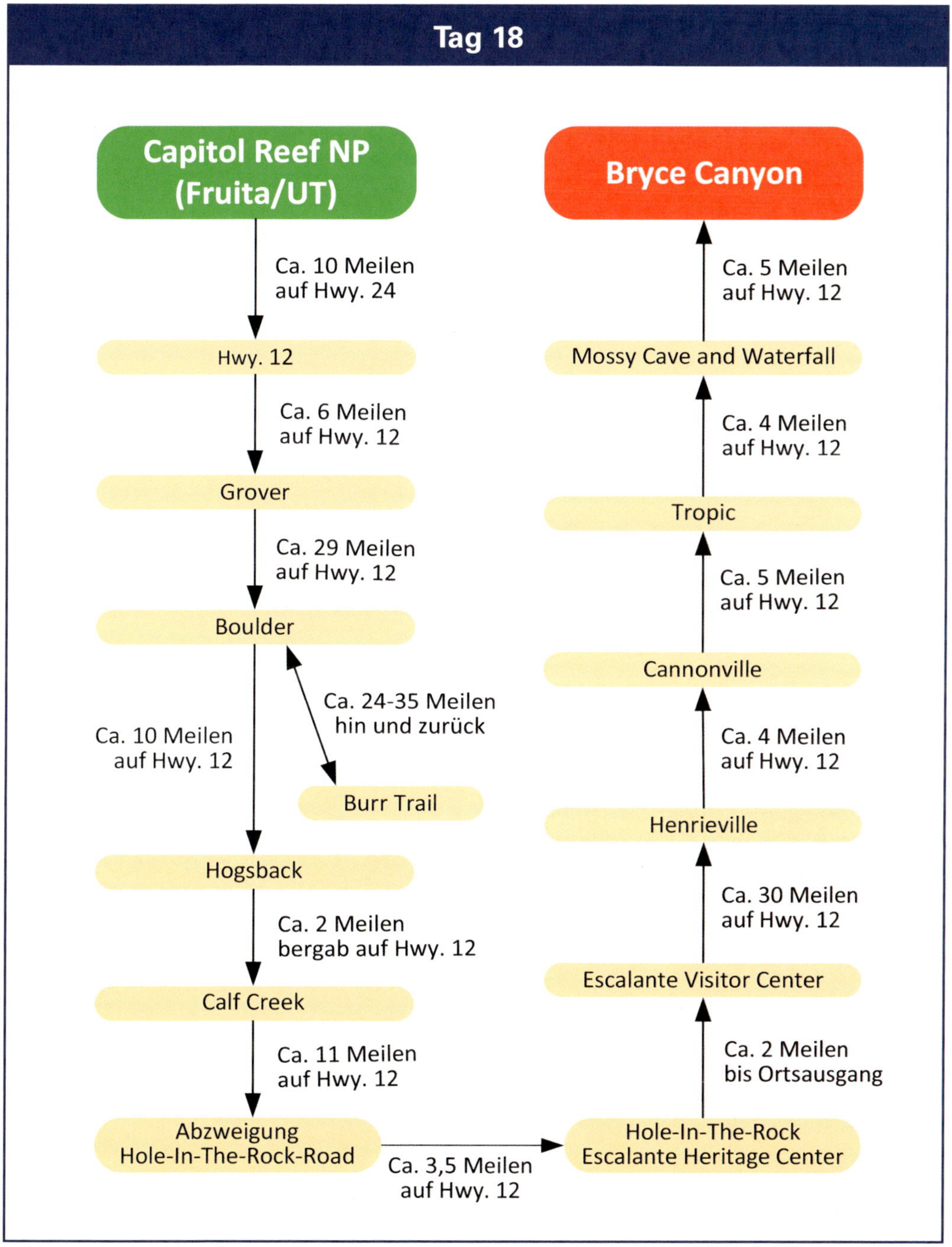
Tag 18
Capitol Reef NP (Fruita/UT)
Ca. 10 Meilen auf Hwy. 24
Hwy. 12
Ca. 6 Meilen auf Hwy. 12
Grover
Ca. 29 Meilen auf Hwy. 12
Boulder
Ca. 24-35 Meilen hin und zurück
Burr Trail
Ca. 10 Meilen auf Hwy. 12
Hogsback
Ca. 2 Meilen bergab auf Hwy. 12
Calf Creek
Ca. 11 Meilen auf Hwy. 12
Abzweigung Hole-In-The-Rock-Road
Ca. 3,5 Meilen auf Hwy. 12
Hole-In-The-Rock Escalante Heritage Center
Ca. 2 Meilen bis Ortsausgang
Escalante Visitor Center
Ca. 30 Meilen auf Hwy. 12
Henrieville
Ca. 4 Meilen auf Hwy. 12
Cannonville
Ca. 5 Meilen auf Hwy. 12
Tropic
Ca. 4 Meilen auf Hwy. 12
Mossy Cave and Waterfall
Ca. 5 Meilen auf Hwy. 12
Bryce Canyon

Etwa 10 Meilen nach Überquerung des »Escalante River« und 5 Meilen vor dem Ort »Escalante« passierst du die Abzweigung zur »Hole-In-The-Rock-Road«. Die **Hole-In-The-Rock-Road** ist von Beginn an eine Schotterstraße (*gravel road*) und für Wohnmobile nicht geeignet. Sie führt über knapp 60 Meilen zum Lake Powell. Es handelt sich um den Weg der Pioniere, eine Gruppe von 230 Mormonen, welche 1879 beschlossen, eine neue Siedlung in Südost-Utah zu gründen. Am Glen Canyon ging es für die Wagenkolonne jedoch nicht mehr weiter. Deshalb bauten die Siedler einen Weg durch die Felsen und brachten ihre Wagen und das Vieh, zum Teil mithilfe von Seilen, zum Grund des 600 m tiefen Canyons. Hierfür benötigten sie mehrere Wochen! Das wiederholten sie beim Verlassen des Canyons auf der anderen Seite. Schließlich wurde um das Jahr 1880 herum der Ort Bluff gegründet, eben jener Ort, welchen du auf dem Weg vom Monument Valley nach Moab vor fünf Tagen passiert hast. Heute befindet sich im Canyon nach dem »Hole-In-The-Rock« der Lake Powell und lässt keine Weiterfahrt nach Bluff zu.

Selbst für die ersten zwölf Meilen bis zum »Devil's Garden« mit sehenswerten Felsformationen kann ich die Fahrt auf der »Hole-In-The-Rock-Road« mit dem Wohnmobil nicht empfehlen. Es wäre schon mehr als eine wackelige Angelegenheit. Im weiteren Verlauf zweigen von der Schotterstraße verschiedene Wanderwege zu diversen *Slot Canyons* ab (»Peek-A-Boo« und »Spooky Gulch«). Diese Canyons sind sehr eng und in erster Linie für Kletterpartien geeignet. Bei großer Hitze ist das auch kein Vergnügen.

Der eigentliche Reiz der »Hole-In-The-Rock-Road« besteht darin, bis zum »Hole-In-The-Rock« vor dem Lake Powell zu gelangen und ein Gefühl für die große Leistung der damaligen Siedler zu bekommen und die Landschaft auf sich wirken zu lassen. Soweit habe ich es allerdings auch nicht geschafft. Bei einem weiteren Besuch der Region nützte mir für die Fahrt auch ein großer SUV nichts. Nach gut 50 Meilen wurde die Straße wegen vorangegangener Regenfälle so schlecht, dass sie noch nicht wieder vollständig hergestellt war und ich aufgeben musste. Bestimmt wäre die Straße bis hin zum Lake Powell noch viel problematischer geworden. Das Risiko, den Mietwagen zu beschädigen, ist mir zu groß geworden. Es hätte eines Geländewagens mit noch mehr Bodenfreiheit (*clearance*) bedurft. Bei erneut auftretenden Regenfällen wäre der Rückweg möglicherweise abgeschnitten gewesen. Es ist keine erfreuliche Vorstellung, wenn die Reise im Niemandsland endet, man auf besseres Wetter warten muss, aber der Flieger zurück

Erinnerungen an die frühen Siedler – das »Hole-In-The-Rock Escalante Heritage Center«

nach Deutschland nicht wartet. Doch allein das Erlebnis, mehr als 160 km auf einer nicht geteerten Straße durch die Einsamkeit zu fahren, war diesen Ausflug wert. Wo gibt es das schon in Deutschland?

Genau 3,5 Meilen nach dem Beginn der Hole-In-The-Rock-Road, im **Hole-In-The-Rock Escalante Heritage Center**, wird an die große Leistung der Siedler erinnert. Den 12-minütigen Film mit deutschen Untertiteln solltest du dir auf jeden Fall ansehen, wenn du schon die Strecke nicht mit dem Wohnmobil befahren kannst. Im kleinen Ausstellungsraum freut man sich über jeden interessierten Besucher.
www.hirf.org

Am Ortseingang von **Escalante** triffst du auf das andere Ende der »Hell's Backbone Road« und am Ortsende könntest du noch im dortigen großen Besucherzentrum vorbeischauen. Dann geht es aber zügig weiter, über Henrieville, Cannonville und Tropic zum Tagesziel »Bryce Canyon«.

Nach etwa 42 Meilen und wenige Meilen vor dem »Bryce Canyon National Park« erreichst du **Mossy Cave and Waterfall**. An dieser Stelle durchquert der Highway 12 den nördlichen Ausläufer des Bryce Canyon. Der kurze Spaziergang zum Wasserfall lohnt sich auf jeden Fall. Du erhältst einen ersten Eindruck von den faszinierenden Felsformationen des Bryce Canyon und die Vorfreude steigt gewaltig. Knapp 3 Meilen weiter kommst du an die Abzweigung zum »Bryce Canyon National Park«.

Der **Ruby's Inn RV Park & Campground** vor dem Parkeingang ist für mich der schönste und komfortabelste Campingplatz auf der gesamten Rundreise. Die Stellplätze zwischen Pinienbäumen sind wohltuend und der Pool neben der Lobby bringt Entspannung und Abkühlung. Deshalb bietet es sich auch hier an, zwei Nächte zu bleiben, dich von den vielen Meilen der vergangenen Tage zu erholen und dem Bryce Canyon ausgiebig Zeit zu widmen.
Ruby's Inn RV Park & Campground
🌐 www.brycecanyoncampgrounds.com
🌐 www.rubysinn.com
☎ +1-866-866-6616

Selbstverständlich bringen dich die Shuttlebusse vom Campingplatz zu den verschiedenen bis zu 2500 m hoch gelegenen Aussichtspunkten im Nationalpark, wenngleich es am Bryce Canyon noch erlaubt wäre, sich mit dem eigenen Fahrzeug im Park zu bewegen. Aber das macht wenig Sinn, wenn du dich auf dem Campground eingerichtet hast und außerdem sind die Parkplätze an den Aussichtspunkten meistens überfüllt.

Für viele Besucher der Nationalparks des amerikanischen Südwestens stellt der nur 40 km lange **Bryce Canyon National Park** das ultimative Highlight dar – sogar noch vor dem Grand Canyon. Für mich selbst konnte ich es daran erkennen, dass ich am Bryce Canyon – und das trotz leider überwiegend trübem Wetter – die meisten Fotos geschossen habe. Ich wünsche dir deshalb viel Sonnenschein, damit sich der Bryce Canyon, vielleicht beim Sonnenaufgang oder Sonnenuntergang, von seiner farbenprächtigsten Seite präsentieren kann.

Genau genommen ist der Bryce Canyon aber nur ein »halber Canyon«, es ist kein Canyon im ursprünglichen Sinn. Denn nur auf der Westseite gibt es eine Abbruchkante. Die bizarren Felsnadeln, *hoodoos* genannt, sind nicht wie der Grand Canyon von einem Fluss aus dem Plateau, sondern durch die Abtragungsergebnisse von Eis, Wind und Wasser gebildet worden. Sie sind Bestandteile der Formation der Grand Staircase und im Prinzip große Schichtstufen.

Auch hier gilt: »Kinder festhalten!« Besonders beim Spaziergang entlang der Canyonkante (*Rim Trail*) ist die Absturzgefahr riesig. Bitte Abstand halten!

Im Unterschied zum Grand Canyon ist es bei dem wesentlich kleineren Bryce Canyon jedoch ohne größeren Aufwand möglich, kurze Wande-

Der »Bryce Canyon National Park«

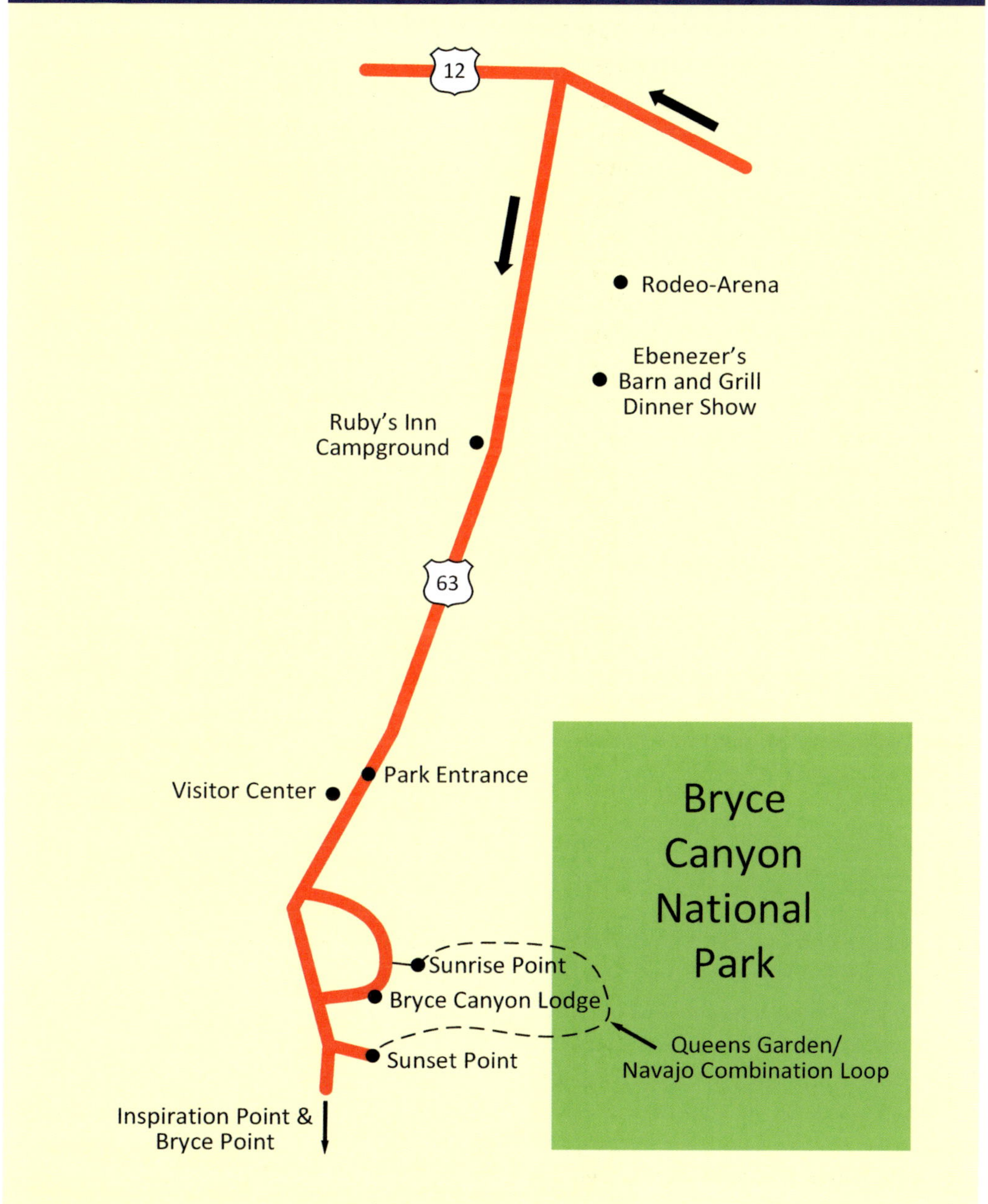

»Hike the Hoodoos« – Wandern im Bryce Canyon

rungen hinunter in den Canyon zu unternehmen. Zwischen den farbenprächtigen *hoodoos* zu spazieren, ist beeindruckend und macht Spaß. Nichtsdestotrotz sollte man im Sommer ausreichend Flüssigkeit mit sich führen. Denn wie am Grand Canyon kommt der anstrengende Aufstieg am Ende der Wanderung.

Die kürzeste Tour hinein in das Herz des Bryce Canyon ist der 1,3 Meilen lange Wanderweg »Navajo Loop Trail«. Dieser beginnt am »Sunset Point« und ist ohne große Schwierigkeiten möglich. Auch ein Besuch des »Queens Garden« sei empfohlen. Dort findet sich eine beschilderte Felsformation, die an das Antlitz von Queen Victoria erinnern soll. Sie war die Großmutter von Queen Elisabeth II. **Queens Garden und Navajo Loop** lassen sich auch miteinander kombinieren (2,9 Meilen *roundtrip*). Die vollständige Karte des Bryce Canyon kann wie meist auf der Internetseite unter dem Link »View Park Map« geladen werden. Die Karte gibt es natürlich auch im Besucherzentrum an der ersten Bushaltestelle nach der Parkeinfahrt. Die Busse fahren im Abstand von wenigen Minuten.
www.nps.gov/brca
www.nps.gov/brca/planyourvisit/upload/brcamap.pdf

Der Abend lässt sich vorzüglich in »Ebenezer's Barn and Grill« (*barn* = Scheune, Stall, Tenne) bei einer **Dinner Show** mit Westernmusik verbringen. Die **Bar G Wranglers** schwingen das Lasso und wecken Erinnerungen an »Bonanza«. Die wenigen Hundert Meter vom Campingplatz dorthin kannst du mit »Ruby's Express« in einem offenen Anhänger fahren. Die Bezeichnung des Gebäudes rührt von dem mormonischen Siedler Ebenezer Bryce her, dem auch der Bryce Canyon seinen Namen verdankt. Im Internet findest du einen kleinen Vorgeschmack:
www.ebenezersbarnandgrill.com/eat-in-bryce.html

Und zur Abrundung findet von Ende Mai bis Mitte August um 19 Uhr, allerdings nur von Mittwoch- bis Samstagabend, das **Bryce Canyon Country Rodeo** statt – das perfekte Westernerlebnis (12 Dollar für Erwachsene, 8 Dollar für Kinder).

Notizen

zum Burr Trail, Calf Creek,
zu Escalante und zum Bryce Canyon

BRYCE CANYON

Wochentag:

Datum:

Fahrstrecke: Keine (Ruhetag)

Übernachtung: Bryce Canyon, »Ruby's Inn Campground« (2. Nacht)

Heute bleibt der Motor kalt und du genießt einen ganzen Tag am Bryce Canyon. Vielleicht hast du Lust auf einen geführten Wanderritt. Es werden Zweistunden- und Halbtagesausritte angeboten und du wirst Ausblicke zu sehen bekommen, die dir zu Fuß verwehrt bleiben. Die Tickets gibt es in der Lobby von »Ruby's Inn« zu kaufen. Genieße den Tag am Bryce Canyon!
www.canyonrides.com/bryce-canyon-horseback-riding

Notizen

zum Bryce Canyon

Der Bryce Canyon zählt zu den spektakulärsten Landschaften der Erde

Tag 20

BRYCE CANYON → ZION NATIONAL PARK → VALLEY OF FIRE

Wochentag:

Datum:

Fahrstrecke: Vom Bryce Canyon ggf. zum »Coral Pink Sand Dunes State Park«, zum »Zion National Park« und zum »Valley of Fire State Park«

Entfernung: Ca. 220 Meilen, mit »Coral Pink Sand Dunes State Park« ca. 250 Meilen

Fahrzeit ohne Pausen: Mindestens 4 Stunden, mit »Coral Pink Sand Dunes State Park« ca. 5 Stunden

Übernachtung: Valley of Fire, »Atlatl Rock Campground«

Nach dem unglaublichen Bryce Canyon neigt sich deine Rundreise so langsam dem Ende zu. Die Betonung liegt jedoch auf »langsam«. Denn heute steht der »Zion National Park« auf dem Programm und danach eine letzte Übernachtung in der Natur, noch fernab der Glitzerwelt von Las Vegas.

Du verlässt »Ruby's Inn Campground« und folgst, vorbei am Bryce Canyon Airport, dem Highway 12 weiter nach Westen. Nach etwa 11 Meilen erreichst du den **Red Canyon**, eine wunderbar rote Landschaft mit tollen Kontrasten. Es ist wirklich erstaunlich, wie plötzlich sich die Landschaften ändern.

Wenn es dir nach dem Besuch des Bryce Canyon nicht zu viel ist, könntest du ab dem Besucherzentrum z. B. den Wanderweg »Hoodoo Trail« ablaufen, der ungefähr 20 Minuten dauert. Und auch im Red Canyon gibt es einen Weg namens »Butch Cassidy Trail«. Der Verbrecher hat sich offenbar auch dort herumgetrieben und der Red Canyon wirbt ebenfalls gerne mit dem Gesetzlosen. Allerdings ist dieser Trail neun Meilen lang und damit eine Nummer zu groß für die gegebenen Zeitpläne.

Nur 4 Meilen nach dem Red Canyon endet die »All-American Road« 12 und du biegst nach links ab auf den »National Scenic Byway« 89 nach Süden.

Umweg bei zu großem Wohnmobil

Sollte dein Wohnmobil die Maximalmaße von 4 m Höhe und 12 m Länge überschreiten, müsstest du jetzt einen Umweg zum »Zion Nationalpark« fahren. Weitere Informationen über die Hintergründe findest du noch etwas später in diesem Abschnitt. Der Umweg (siehe Karte) verläuft über den Highway 14, Cedar City und die Interstate 15 zum Westeingang des Nationalparks. Erreicht dein Wohnmobil diese Maße nicht, was der Normalfall sein sollte, kannst du die Reise wie vorgesehen fortsetzen.

Wenn die Weiterfahrt geklärt ist, dürfte dir nach ein paar Meilen ein riesiges Werbeschild auffallen, mit dem für eine deutsche Bäckerei (*German bakery*) nach 30 Meilen geworben wird. Ist es nicht unglaublich, dass bereits fast 50 km vor dem Laden für Backwaren geworben wird? Im kleinen Deutschland wäre das unvorstellbar.

Die deutsche Bäckerei Forscher befindet sich in Orderville zur linken Hand. Das Café ist gut besucht. Denn der schlaue Bäcker hat sich zwischen Bryce Canyon und Zion Canyon einen von Touristen stark frequentierten Ort ausgesucht. Allerdings handelt es sich nicht wirklich um einen deutschen Bäcker. Laut Mitteilung des Personals ist der Chef tatsächlich Holländer. Aber die Herkunft des Bäckers ist ja im Prinzip weniger wichtig, als das, was wirklich verkauft wird. Mir hat es geschmeckt, denn nach 20 Reisetagen sind mir Kaffee und Kuchen herzlich willkommen gewesen, außerdem gibt es dort freies Wi-Fi.

Auf den folgenden 5 Meilen passierst du zunächst den Ort **Mt. Carmel** und erreichst kurz danach **Mt. Carmel Junction**, die Abzweigung zum »Zion National Park«.

Wenn es deinen Interessen entspricht, kannst du jedoch noch einen Abstecher zum **Coral Pink Sand Dunes State Park** unternehmen, für den du hin und zurück insgesamt 32 Meilen, das heißt mit Besichtigung ca. zwei Stunden einplanen müsstest.
stateparks.utah.gov/parks/coral-pink

Der »Coral Pink Sand Dunes State Park« besticht durch gewaltige, orangefarben leuchtende Sanddünen, auf welchen u. a. Quadfahrer (ATVs) ihren Spaß haben. Aber auch für Kinder ist das Erklimmen der Sanddünen ein Erlebnis. Der State Park kostet 8 Dollar Eintritt pro Fahrzeug.

Es wäre sogar möglich, sich ein dünentaugliches Fahrzeug zu mieten und es selbst auszuprobieren. Wenn du eine ATV-Tour buchst, würde der Aufenthalt im »Coral Pink Sand

Dunes State Park« jedoch mehr Zeit in Anspruch nehmen und du müsstest im weiteren Verlauf der Reise Abstriche machen. Für den »Zion National Park« bliebe dann weniger Zeit übrig.

ATV Tours, Kanab/UT
www.utahatvtour.com
☎ +1-435-627-0868

Um zum »Coral Pink Sand Dunes State Park« zu gelangen, lässt du die Abzweigung zum Highway 9 bei »Mt. Carmel Junction« zunächst rechts liegen und folgst dem Highway 89 weitere knapp 4 Meilen nach Süden. Auf dem Highway 43 sind es dann noch 12 Meilen bis zum Parkeingang.

Vom Bryce Canyon zum »Zion National Park«

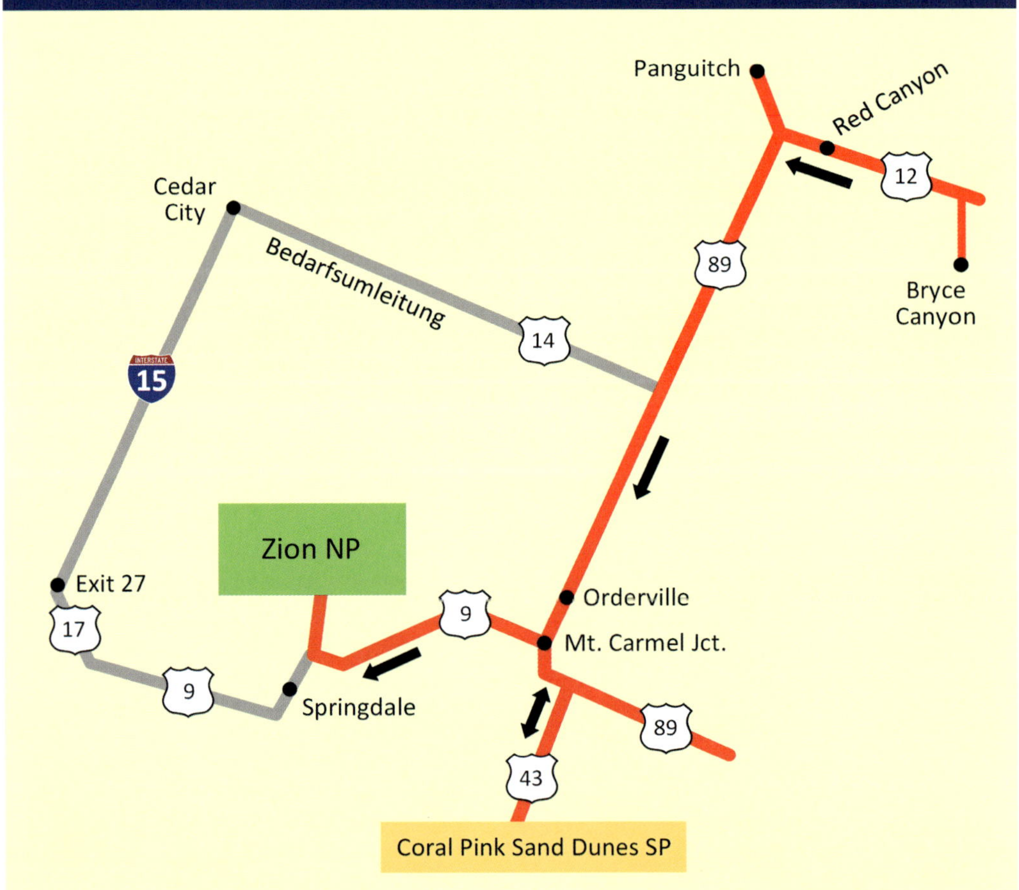

Tag 20

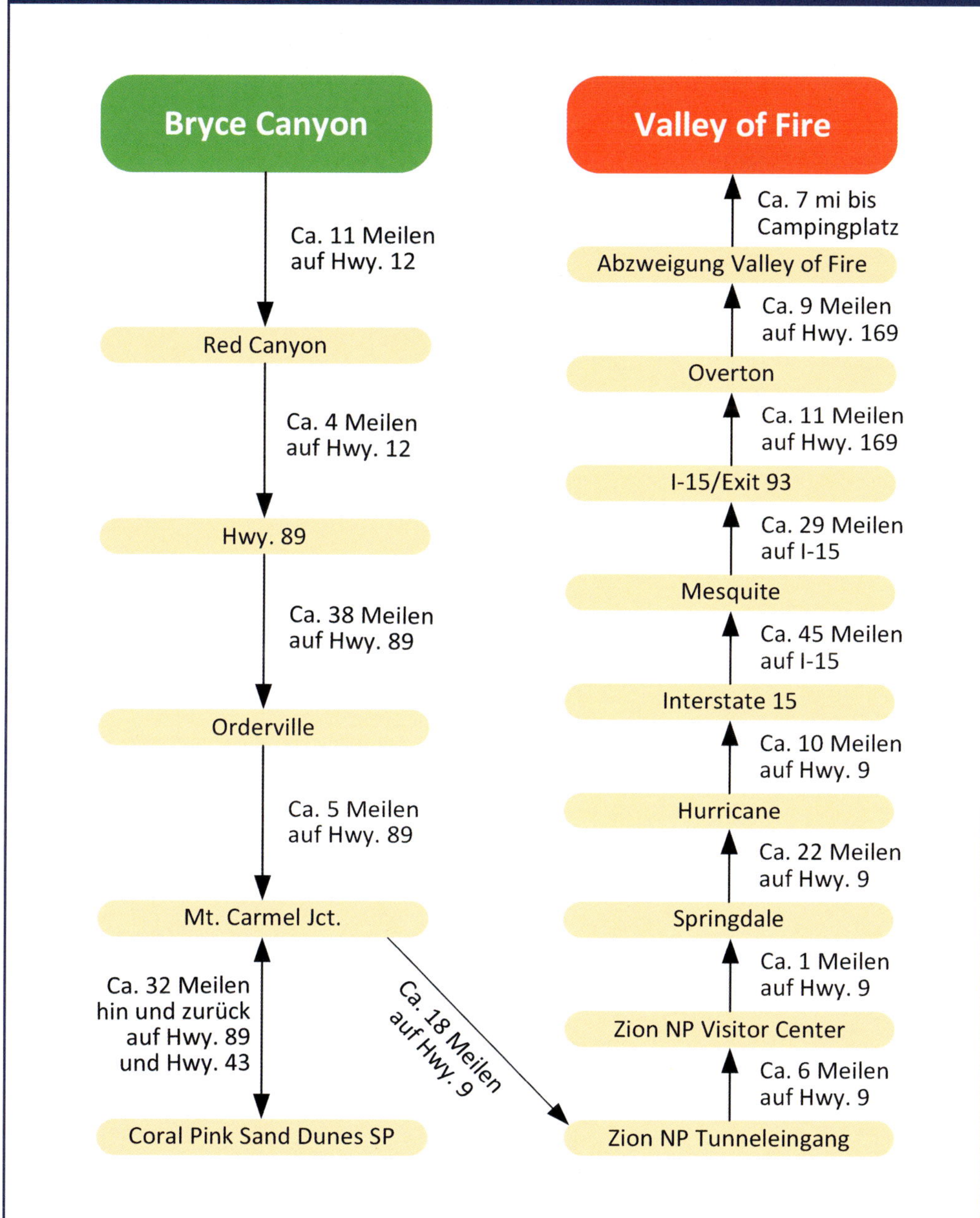

Bryce Canyon
Ca. 11 Meilen auf Hwy. 12
Red Canyon
Ca. 4 Meilen auf Hwy. 12
Hwy. 89
Ca. 38 Meilen auf Hwy. 89
Orderville
Ca. 5 Meilen auf Hwy. 89
Mt. Carmel Jct.
Ca. 32 Meilen hin und zurück auf Hwy. 89 und Hwy. 43
Coral Pink Sand Dunes SP
Ca. 18 Meilen auf Hwy. 9
Zion NP Tunneleingang
Ca. 6 Meilen auf Hwy. 9
Zion NP Visitor Center
Ca. 1 Meilen auf Hwy. 9
Springdale
Ca. 22 Meilen auf Hwy. 9
Hurricane
Ca. 10 Meilen auf Hwy. 9
Interstate 15
Ca. 45 Meilen auf I-15
Mesquite
Ca. 29 Meilen auf I-15
I-15/Exit 93
Ca. 11 Meilen auf Hwy. 169
Overton
Ca. 9 Meilen auf Hwy. 169
Abzweigung Valley of Fire
Ca. 7 mi bis Campingplatz
Valley of Fire

Ranger regeln die Durchfahrt beim »Zion-Mount Carmel Tunnel«

Nach dem Besuch im »Coral Pink Sand Dunes State Park« fährst du wieder zurück nach »Mt. Carmel Junction« und folgst dem Highway 9 nach Westen zum »Zion National Park«.

Genau 9 Meilen nach Mt. Carmel Junction passierst du die **Zion Mountain Ranch**. Halte die Augen offen! Wenn du noch nie einen Büffel gesehen hast, ist der Anblick einer Büffelherde etwas ganz Besonderes. Wissenschaftlich richtig handelt es sich zwar um Bisons und der Begriff »Büffel« ist eher umgangssprachlich und zoologisch falsch. Aber du darfst trotzdem raten, was im »The Buffalo Grill« auf den Tisch kommt. ☺
🌍 www.zmr.com

Nur 3 Meilen nach der »Büffel-Ranch« beginnt der »Zion National Park«. Interessant ist – und hier unterscheidet sich der »Zion National Park« von allen anderen Nationalparks –, dass auf der gesamten Strecke durch den Park der Straßenbelag rot eingefärbt ist.

Die Osteinfahrt in den **Zion National Park** erfolgt über den »Zion-Mount Carmel Tunnel«. Doch bevor du den Tunnel passierst, empfiehlt sich unbedingt ein kurzer Spaziergang entlang des **Canyon Overlook Trail**. Unmittelbar vor dem Tunneleingang befinden sich hierfür zwei kleine Parkplätze. Am Ende des interessanten Wanderweges,

Fantastischer Blick auf den unteren »Zion Canyon«

der hin und zurück nur eine Meile lang ist, hast du einen fantastischen Ausblick auf den unteren Zion Canyon. Viel mehr als eine halbe Stunde benötigst du dafür nicht. Das schwierigere Unterfangen ist es stattdessen, in den engen Parkbuchten vor der Tunneleinfahrt einen Parkplatz zu finden.
www.zionnational-park.com/zion-canyon-overlook-trail.htm

Die Fahrt durch den **Zion-Mount Carmel Tunnel** erfolgt mit wechselnder Einbahnstraßenregelung für Reisemobile, denn der Tunnel ist zu eng, als dass sich zwei Wohnmobile begegnen könnten. Das bedeutet, dass der Verkehr von Rangern abwechselnd angehalten wird und du dann auf der Mittellinie den engen Tunnel passierst, um das Wohnmobil an den Wänden nicht zu beschädigen. Für diesen Service wird eine Gebühr von 15 Dollar erhoben. Noch größere Fahrzeuge erhalten sogar eine Tunnelbegleitung. Aber das klingt dramatischer als es in Wirklichkeit ist.

Die Durchfahrt ist im »Sommerhalbjahr« vom 4. Mai bis 6. September von 8 bis 20 Uhr und vom 7. September bis 27. September bis 19 Uhr möglich.

Für Wohnmobile ab 4 m Höhe (*13 feet 1 inch*) bzw. über 12 m Länge (*40 feet*) ist die Durchfahrt durch den Tunnel

Der »Zion National Park«

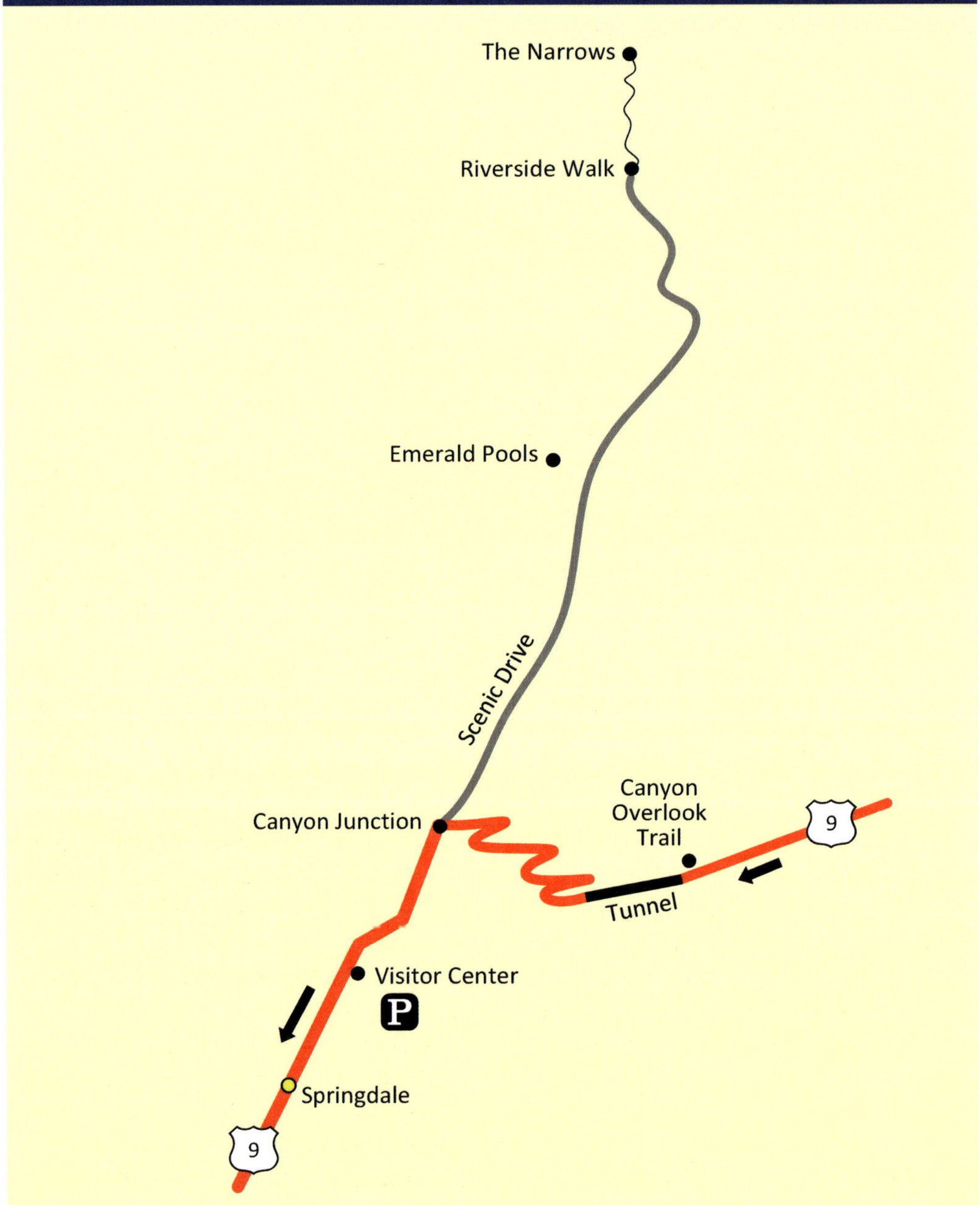

außerdem vollständig untersagt. Die üblicherweise vermieteten Wohnmobile erreichen diese Maße jedoch nicht. Wenn du unsicher bist, kannst du dich unter den nachfolgend genannten Kontaktdaten erkundigen und aktuelle Detailinformationen abrufen (wichtig bei Straßenglätte):
The Zion-Mount Carmel Tunnel
🌐 www.nps.gov/zion/planyourvisit/the-zion-mount-carmel-tunnel.htm
☎ +1-435-772-3256

Aber das klingt schon wieder dramatischer als es ist. Denn normalerweise bist du wie viele andere, die die Nationalparks des Südwestens abfahren, während der warmen Jahreszeit unterwegs und dein Wohnmobil hat keine »überdimensionalen Ausmaße«. Die komplette Anfahrt zum »Zion National Park« mit Tunneldurchfahrt kannst du dir bei »YouTube« anschauen:
🌐 youtu.be/rXKt0qhFN-Y
🌐 youtu.be/jOCDaZ7bcRg

Der »Zion National Park« fasziniert durch glatte, senkrechte Felswände in unterschiedlichsten Farbtönen. Bei Regen schießt das Wasser deshalb ungebremst die Wände herunter und überflutet die Straßen, weil es so schnell nicht im Boden versickern kann.

Der Nationalpark ist außerdem prädestiniert für ausgedehnte Wandertouren mit mehr oder weniger großem Schwierigkeitsgrad, welche nicht nur Zeit, sondern auch eine gewisse Planung und Ausrüstung erfordern. Das vereinbart sich natürlich weniger gut mit einer solchen Rundreise, bei der es in erster Linie darum geht, sich einen Eindruck von den verschiedenen Landschaften zu machen und bei der die Zeit für längere Aufenthalte an den Zwischenstationen fehlt.

Kostenlose Shuttlebusse starten am Besucherzentrum

Allein der Kartenausschnitt des Nationalparks verdeutlicht, dass man sich hier mit Zelt und Rucksack durchaus eine Woche lang aufhalten könnte. Der bekannteste Wanderweg des »Zion National Parks« ist »Angels Landing« (Landeplatz der Engel), für den mindestens fünf Stunden eingeplant werden müssten. Die ca. 450 Höhenmeter bis zum Gipfel erfordern zudem Erfahrung und Schwindelfreiheit. Besonders wichtig ist es, vor Beginn einer Wanderung die Wettervorhersage einzuholen, um keinesfalls von Starkregen und Gewitter überrascht zu werden.

www.nps.gov/zion

www.nps.gov/zion/planyourvisit/upload/Zion-Park-Map-Website.pdf

Deshalb ist es am besten, wenn du am Besucherzentrum in einen Shuttlebus steigst und so den fünf Meilen langen Fahrweg »Scenic Drive« am Fluss Virgin und an senkrechten Felswänden entlang bis zum Ende abfährst. Von Frühjahr bis Herbst ist der »Scenic Drive« ohnehin nicht für den Individualverkehr freigegeben.

Am Wendepunkt des Shuttlebusses beginnt der **Riverside Walk**. Die erste Meile ist ein einfacher Spazierweg. Dann endet der Weg und der Blick fällt auf den Eingang der berühmten **The Narrows**. Tief in die »Narrows« vorzudringen, wo der Fluss Virgin zwischen steilen Felswänden eingezwängt ist, erfordert jedoch eine gute Vorbereitung und Ausrüstung, denn man muss sich durch das unterschiedlich tiefe und kalte Wasser des Flusses kämpfen.

Je nach Wasserstand ist es möglich, den Virgin River auch als Spaziergänger noch ein- bis zweimal zu überqueren. Hierfür solltest du dir jedoch zusätzliche Schuhe mitnehmen, denn barfuß ist es kein Vergnügen, über den steinigen Untergrund des Flusses zu waten. Nach wenigen Hundert Metern würde sich dann aber ein längerer »Wassermarsch« durch den Fluss anschließen. Spätestens hier ist für den »Normalbesucher« deshalb Schluss.

Auf der Rückfahrt mit dem Shuttlebus könntest du zum Beispiel an der Haltestelle **Emerald Pools** aussteigen und eine ungefähr einstündige leichte Wanderung zu diesen Wasserfällen unternehmen. Das empfiehlt sich jedoch nur bei Trockenheit. Nach vorangegangenen Regenfällen ist das eine ziemlich rutschige Angelegenheit.

Somit hättest du mit wenig Aufwand einen kleinen aber dennoch guten Eindruck vom »Zion National Park« gewonnen. Gleich hinter dem Westausgang des »Zion National Parks« liegt **Springdale**, der zentrale touristische Ort. Wenn dir noch nach einer Pause ist, kann ich in Springdale MeMe's »französisches« Café & BBQ empfehlen: Man sitzt gemütlich, lässt sich mit Musik aus den 60er Jahren berieseln und genießt – ich jedenfalls – leckere Crêpes mit Früchten.

MeMe's Café
975 Zion Park Blvd., Springdale
☎ +1-435-772-0114
www.memescafezion.com

Dann fährst du den Highway 9 gut 30 Meilen nach Westen zur Interstate 15

Vom »Zion National Park« zum Valley of Fire

und dort Richtung Las Vegas. Etwa 14 Meilen nach Springdale kommst du dabei in Virgin am »Fort Zion«, einer künstlichen Westerncity mit Streichelzoo, vorbei. Mit Kindern, aber wirklich auch nur mit Kindern, ist das einen Halt wert.

Wenn du noch keine guten Steaks für den Abend im Valley of Fire im Kühlschrank hast oder die Grillkohle knapp sein sollte, besteht eine gute Einkaufsmöglichkeit bei Exit 122 in Mesquite, wo du dich bereits wieder in Nevada befindest. Nach wenigen Hundert Metern auf der linken Seite befindet sich der Supermarkt »Smith's«. Ich empfehle dir, Ausschau nach »Tenderloin Steaks« zu halten. Das ist die englische Bezeichnung für Filetsteak. Diese gelingen am besten bei großer Hitze aber nur kurzem beidseitigen Grillen (*medium*). Noch heute staune ich und schwelge in der Erinnerung, wie gut mir diese Steaks beim »Abschlussgrillen« im Valley of Fire gelungen sind.

Weiter geht es auf der Interstate 15 bis Exit 93 (»Logandale/Overton«), wo du dem Highway 169 etwa 20 Meilen nach Süden folgst. Hinter Overton kommt die Abzweigung ins **Valley of Fire**, die dir bereits bekannt ist. Diesmal biegst du, von Norden kommend, jedoch nach rechts ab. An der »Self-Pay-Station« kannst du dieses Mal vorbeifahren. Die Gebühr für den Campingplatz beinhaltet den Eintritt für den »State Park«. Du fährst direkt zu den Campingplätzen. Diese hast du bei deinem ersten Besuch des Valley of Fire bereits besichtigt. Die Gebühr beträgt 30 Dollar (*hook-up*).

Sollte der »Atlatl Rock Campground« überfüllt sein, weichst du auf den »Arch Rock Campground« aus. Ich rate dir, einen Platz zu suchen, bei dem du den Sonnenuntergang (und dein Steak) am besten genießen kannst. Die Ruhe und Abgeschiedenheit dieses Campingplatzes hat bei mir einen nachhaltigen Eindruck hinterlassen und bringt mich immer wieder ins Schwärmen. Ich hoffe, es ergeht dir genauso.

Sonnenuntergang am wunderschön gelegenen »Atlatl Rock Campground«

Notizen

zum Coral Pink Sand Dunes SP,
Zion NP und Valley of Fire SP

Tag 21

VALLEY OF FIRE → LAS VEGAS

Wochentag:

Datum:

Fahrstrecke: Vom Valley of Fire nach Las Vegas

Fahrzeit ohne Pausen: Mindestens 1 Stunde

Entfernung: Ca. 50 Meilen

Übernachtung: Zum Beispiel »Arizona Charlie's« Wohnmobil-Stellplatz, Boulder Highway, Las Vegas

Heute geht es zurück nach Las Vegas – drei spannende Wochen liegen hinter dir. Die Strecke vom Valley of Fire zur Interstate 15 und von dort zurück nach Las Vegas kennst du ja noch von vor zwei Wochen. Ja, so vergeht die Zeit.

Wenn du »kurz« vor Las Vegas die Interstate 15 bei Exit 54 (»Speedway Boulevard/Hollywood Boulevard«) verlässt und nach links unter der Autobahn hindurch fährst, gelangst du über den Speedway Boulevard nach wenigen Hundert Metern zur **Las Vegas Motor Speedway** Rennstrecke. Dort werden unter anderem NASCAR-Rennen, wie die amerikanische Rennserie heißt, ausgetragen.
www.lvms.com

Vor dem »Las Vegas Motor Speedway« erreichst du über die »Checkered Flag Lane« den »Las Vegas Boulevard«, der sich parallel zur Interstate 15 bis hier herauf zieht. Wenn du den »Las Vegas Boulevard« eine Meile Richtung Las Vegas fährst, kommt auf der linken Seite ein Militärflugplatz (»Nellis Air Force Base«). Von dort starten und landen fortwährend **Militärjets** zu Übungsflügen. Über der Wüste von Nevada stört der Lärm offenbar weniger und Tiefflüge können beispielsweise trainiert werden. Vielleicht hast du ja bei der Anfahrt vom »Valley of Fire« schon den einen oder anderen Düsenjet vorbeifliegen sehen.

Entweder, du fährst jetzt zurück auf die Interstate und folgst dieser weiter nach Las Vegas oder du bleibst auf dem »Las Vegas Boulevard«, was aufgrund der vielen Ampelkreuzungen allerdings zeitaufwendiger ist.

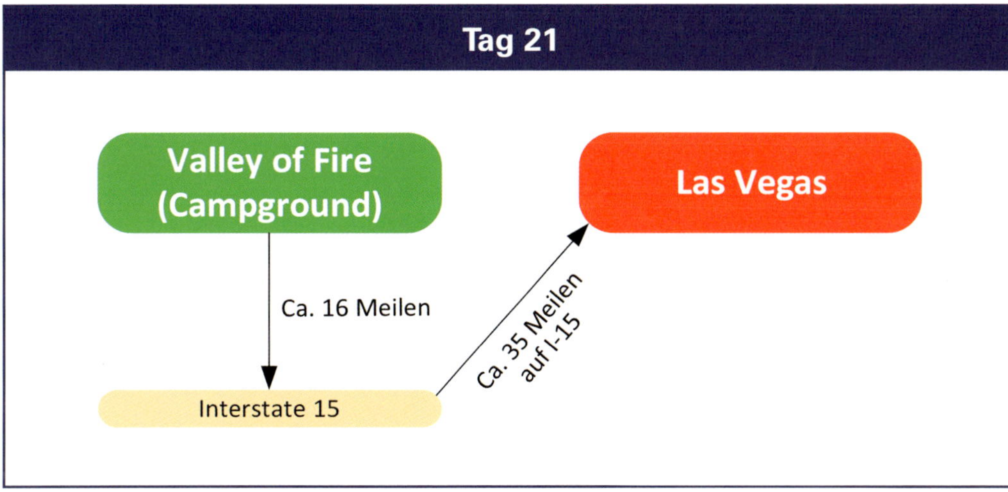

Vielleicht zieht es dich heute zum Abschluss deiner Reise noch einmal an den pulsierenden Las Vegas »Strip« oder du hast Lust auf einen Einkaufsbummel (*shopping*). Für eine kühlende Abwechslung bieten sich als Alternative zwei typisch amerikanische Spaßbäder an.

Wenn du noch einmal über den »Strip« flanieren möchtest, empfiehlt es sich nicht, mit dem Wohnmobil dort einen Parkplatz zu suchen. Du wirst kaum einen passenden Platz finden. Und das Parken in »zweiter Reihe« hinter dem »Strip« mit fußläufiger Entfernung könnte eventuell nicht sicher genug sein. So kurz vor Ende der Reise wäre es ärgerlich, wenn mit dem Wohnmobil noch was passiert. Besser ist es, das Wohnmobil gleich zum Nachtstellplatz in Las Vegas zu bringen und dann mit dem Taxi zum »Strip« zu fahren.

Als sehr schöner »RV Park« für die letzte Übernachtung in Las Vegas kann der Campingplatz **Arizona Charlie's** am »Boulder Highway« 4575 empfohlen werden.

Arizona Charlie's
🌐 www.arizonacharliesboulder.com/RV-Park
☎ +1-800-362-4040 oder ☎ +1-702-951-5800

Am »Boulder Highway« findest du noch weitere mögliche Stellplätze für die letzte Nacht. Da sich dort sämtliche Wohnmobil-Vermieter niedergelassen haben, macht das wohl auch Sinn. Alternativ bietet sich der an das Hotel »Circus Circus« angeschlossene Wohnmobil-Stellplatz in unmittelbarer Nähe des »Strips« an.

Circus Circus Las Vegas
🌐 www.circuscircus.com/las_vegas_hotel/rv_park.aspx

»Letzte Chance« vor der Heimreise – Spieltisch im »Flamingo«

Wenn du den Abend in »Downtown« verbringen möchtest, wäre der bereits erwähnte kostenlose Parkplatz an der Ecke Main Street/Stewart Avenue in fußläufiger Entfernung zur **Fremont Street** auch für Wohnmobile geeignet. Es stellt sich allerdings die Frage, ob es Sinn macht, am letzten Abend mit dem Wohnmobil in Las Vegas herumzufahren. Das Taxi ist dann wohl die bessere und sicherere Wahl.

Shopping

Am letzten Tag in Las Vegas steht für viele Besucher »Shopping« an erster Stelle. Und in und um die Hotels am »Strip« gibt es – wie du mittlerweile weißt – zahlreiche Einkaufsmöglichkeiten, die eine Frage des Preisniveaus bzw. Budgets sind.

Zum Shopping empfehle ich deshalb die **Las Vegas Outlets South**, 7400 South Las Vegas Boulevard, zwei Meilen südlich des Flughafens. Vom »Strip« kommend überquerst du zunächst die »Sunset Road« und dann die Interstate 215. Knapp einen Kilometer weiter, sind die »Outlets« auf der linken Seite nicht zu übersehen. In weit über 100 Geschäften kannst du dort Markenware zu Niedrigpreisen kaufen, wie Jeans, Lederwaren, Schmuck und Parfüms. Bitte beachte das zulässige Maximalgewicht deiner Koffer für den Rückflug und die Zollfreigrenzen. Letztere betragen zurzeit grundsätzlich 430 Euro je erwachsenen Reisenden, bei Reisenden unter 15 Jahren nur 175 Euro.

Eine Familie mit zwei Erwachsenen und zwei Kindern unter 15 Jahren kann somit Waren bis zu einem Warenwert von insgesamt 1.210 Euro abgabenfrei nach Deutschland einführen. Dabei darf ein einzelner Gegenstand jedoch nicht die Höchstgrenze von 430 Euro überschreiten. Ein Smartphone für umgerechnet 440 Euro wäre somit abgabenpflichtig. Denn die Reisefreimengen der Mitreisenden werden nicht zusammengerechnet. Deshalb wäre bei drei Smartphones für jeweils 250 Euro auch *ein* Smartphone abgabenpflichtig, weil durch die höheren Freigrenzen der Eltern nur zwei Smartphones abgedeckt wären. Wenn außerdem vor der

Ankunft in Deutschland eine Zwischenlandung in einem anderen Mitgliedsstaat der Europäischen Union erfolgt und die Koffer nicht von der Fluggesellschaft in den Anschlussflieger nach Deutschland umgeladen werden, sondern von den Reisenden, sind gegebenenfalls die für diesen Mitgliedsstaat geltenden Vorschriften und Reisefreigrenzen maßgebend! Beim Rückflug aus den USA mit Zwischenlandung in einem anderen EU-Staat ist das aber eher die Ausnahme. Die Koffer werden grundsätzlich von der Fluggesellschaft umgeladen.

Das vorgenannte gilt nicht für Tabakwaren und alkoholische Getränke. Hierfür gibt es eigene Vorschriften und Reisefreimengen. Auf der folgenden Internetseite kannst du dich im Detail über den Zoll informieren. Meine Ausführungen sind lediglich allgemeine Hinweise auf die wichtigsten Grundsätze, um dich zu sensibilisieren. Ich übernehme dafür keine Haftung.

🌐 www.zoll.de/DE/Privatpersonen/Reisen/Rueckkehr-aus-einem-Nicht-EU-Staat/Zoll-und-Steuern/Reisefreimengen/reisefreimengen_node.html

Alternativ bieten sich die »Outlets« im Norden von Las Vegas (875 South Grand Central Parkway) an. Dorthin gelangst du, wenn du vom »Stratosphere Tower« erst kurz den »Las Vegas Boulevard« bzw. die »Main Street« nach Norden fährst und dann am »Charleston Boulevard« nach links abbiegst. Nach 200 m geht es rechts in den »South Grand Central Parkway«. Oder du fährst auf der Interstate 15 nach Norden bis Exit 41B (»Charleston Boulevard West«). Die Autobahnausfahrt führt dich zu den »Outlets North«.

Badespaß im Wasserpark

Nach drei zum Teil heißen »Wüstenwochen« werden vor allem Kinder dankbar für eine Abkühlung sein. In Las Vegas gibt es hierfür zwei Wasserparks der Extraklasse. Riesige Rutschen in verschiedensten Variationen, umlaufender Strömungskanal und Extremwellen versprechen grenzenlosen Badespaß.

Da wäre zum einen das **Wet'n'Wild Las Vegas**. Dieses Bad befindet sich am südwestlichen Stadtrand von Las Vegas. Um dorthin zu gelangen, fährst du die Interstate 15 nach Süden und dann die Interstate 215 nach Westen (Bruce Woodbury Beltway) bis Exit 17. Nach der Ausfahrt folgst du der »West Sunset Road« bis zur »South Fort Apache Road« und biegst auf diese nach links ab. Nach wenigen Hundert Metern siehst du das Spaßbad auf der rechten Seite.

Wet'n'Wild Las Vegas
7055 South Fort Apache Road
🌐 www.wetnwildlasvegas.com
☎ +1-702-979-1600

Als nicht minder spannende Alternative bietet sich der **Cowabunga Bay Water Park** an, der erst im Jahr 2014 neu eröffnet worden ist. Das ist in der Nähe der Mietstation von »Cruise America«. Wenn du also den Boulder Highway 582 nach Süden fährst und dann nach rechts auf die Straße »Galleria Drive« abbiegst, gelangst du automatisch an dein Ziel.

Cowabunga Bay Water Park
900 Galleria Drive
🌐 www.cowabungabay.com
☎ +1-702-805-9000

Aber erkundige dich nach den Öffnungszeiten! Ab Labor Day, dem ersten Montag im September und traditionell letztem Tag der amerikanischen Feriensaison, sind die Öffnungszeiten eingeschränkt. Überhaupt hat der Labor Day im amerikanischen Urlaubskalender eine besondere Bedeutung. Denn nach dem amerikanischen »Tag der Arbeit« hat man den Eindruck, dass die »Gehsteige hochgeklappt« werden. Besonders Urlauber, die auf die Sommerferientermine in Bayern angewiesen sind, die bis Mitte September dauern, können das sehr wahrscheinlich bestätigen.

Notizen

zu Las Vegas

(Shopping, Wasserpark u. a.)

RÜCKGABE WOHNMOBIL UND RÜCKFLUG

Wochentag:

Datum:

Fahrstrecke: Vom Stellplatz zur Rückgabestation, mit dem Taxi zum Flughafen

Entfernung: Nur wenige Meilen + Taxifahrt

So, jetzt ist deine abenteuerliche Reise fast zu Ende. Ich bin mir sicher, dass du einen erlebnisreichen Urlaub hattest – und das hoffentlich ohne Zwischenfälle. Das beste Zeichen für einen gelungenen Urlaub ist es, wenn du traurig bist, dass es vorbei ist.

Die letzte Aktion ist die Rückgabe des Wohnmobils, welche hoffentlich auch ohne Probleme vonstattengeht. Dann folgt noch die Taxifahrt zum »McCarran International Airport«. Einige Vermieter erstatten übrigens die Kosten für die Taxifahrt zum Flughafen. Nachfragen kann sich also lohnen.

Hier noch einmal die Adressen der Vermieter. Die zugehörige Straßenkarte war bereits im Abschnitt zu Tag 8 abgedruckt.

El Monte: 3800 Boulder Highway, Las Vegas
Road Bear/Britz: 4730 Boulder Highway, Las Vegas
Apollo/Star-RV: 5837 Boulder Highway, Las Vegas
Jucy Rentals: 5895 Boulder Highway, Las Vegas
Cruise America: 551 North Gibson Road, Henderson/NV

Mir bleibt nur noch, dir einen guten Heimflug zu wünschen und »Danke« zu sagen, dass du diesen Reiseführer gewählt hast, um deine schönste Zeit des Jahres zu verbringen. Vielleicht »lesen« wir uns ja wieder bei einer anderen Reiseroute »ZUM NACHREISEN«. Ich würde mich freuen.

Wie bereits im Vorwort zu diesem Reiseführer erwähnt, kannst du mir deine persönlichen Reiseerfahrungen gerne zusenden, am besten zusätzlich mit Fotos. Wenn es passt, berücksichtige ich deine Informationen gerne bei der nächsten Auflage.

✉ leserzuschrift@zum-nachreisen.de

Notizen

zur Rückgabe des Wohnmobils
und zum Rückflug

Tag 23

ANKUNFT IN DEUTSCHLAND

Wochentag: ______ **Datum:** ______

Notizen

zur Ankunft in Deutschland

ABKÜRZUNGEN

AAA	»American Automobile Association« (»Triple A«), amerikanisches Pendant zum ADAC
APIS	»Advance Passenger Information System«
ATM	*automatic teller machine* (Geldautomat)
ATV	Quad, Geländefahrzeug
Ave.	*avenue* (Straßenbezeichnung)
AZ	Bundesstaat Arizona (Spitzname »Grand Canyon State«, Hauptstadt: Phoenix)
Blvd.	*boulevard* (Straßenbezeichnung)
CA	Bundesstaat California (Spitzname »Golden State«, Hauptstadt: Sacramento)
CO	Bundesstaat Colorado (Spitzname »Centennial State«, Hauptstadt: Denver)
DHS	»United States Department of Homeland Security« (Ministerium für Innere Sicherheit in den Vereinigten Staaten)
DST	*Daylight Saving Time* (Sommerzeit)
ESTA	»Electronic System for Travel Authorization« (Elektronisches System zur Einreisegenehmigung)
°F	Grad Fahrenheit
ft.	*foot, feet*
FL	Bundesstaat Florida (Spitzname »Sunshine State«, Hauptstadt: Tallahassee)
GSENM	»Grand Staircase-Escalante National Monument« (Naturschutzgebiet)
Hwy.	*highway* (Straßenbezeichnung)
I-15, I-40	Interstate 15, Interstate 40 usw.
IHOP	»International House Of Pancakes«, amerikanische Restaurantkette
Jct.	*junction* (Kreuzung)
KOA	»Kampgrounds of America«, amerikanische Campingplatzkette
mi	*mile* (Meile)
MST	»Mountain Standard Time«
NM	*National Monument* (Naturschutzgebiet)
NV	Bundesstaat Nevada (Spitzname »Silver State«, Hauptstadt: Carson City)
NP	*National Park* (Nationalpark)

PCT	»Pacific Crest Trail« (Fernwanderweg)
Pkwy.	*parkway* (Straßenbezeichnung)
PST	»Pacific Standard Time«
Rd.	*road* (Straßenbezeichnung)
RV	*recreation vehicle* (Freizeitfahrzeug, Wohnmobil)
SP	*State Park* (staatlicher Naturpark)
SUV	*sport utility vehicle* (Geländewagen)
TSA	»Transportation Security Administration«, Programm zur Meldung von bestimmten Passagierdaten durch die Fluggesellschaften
UT	Bundesstaat Utah (Spitzname: »Beehive State«, Hauptstadt: Salt Lake City)
VC	*visitor center* (Besucherzentrum)
VWP	»Visa Waiver Program«
Wi-Fi	»Wireless Fidelity« (WLAN)

GLOSSAR

All-American Road	Auszeichnung für wenige landschaftlich besonders herausragende »National Scenic Byways«
»America The Beautiful«	Patriotisches Lied und inoffizielle Nationalhymne der USA. Deshalb wird der »Interagency Annual Pass« für den Eintritt in die Nationalparks auch als »America The Beautiful Pass« bezeichnet.
Betatakin	Felsenbehausung der Anasazi-Kultur
Boulder Highway	Der »Boulder Highway« 582 beginnt in Las Vegas als Verlängerung der Fremont Street (Downtown). Er verläuft über 15 Meilen südöstlich nach Henderson in Richtung Boulder City, dem letzten Ort vor dem Hoover Dam. Am »Boulder Highway« sind die Stationen sämtlicher Wohnmobilvermieter zu finden.
Budweiser	Amerikanische Biermarke (»Bud Light«) der Firma Anheuser-Busch
Burr Trail	Legendärer Weg von John Atlantic Burr, um Rinder von den Boulder Mountains/UT zum Bullfrog Becken am Lake Powell zu treiben. Die ersten 31 Meilen sind heute geteert. Der Burr Trail beginnt in Boulder/UT (siehe Tag 18).
Champagne Powder	Extrem weicher, trockener und federleichter Pulverschnee in den Rocky Mountains
Continental Divide	Kontinentale Wasserscheide in den Rocky Mountains
Daytime Headlight Section	Straßenbereich, in welchem auch tagsüber das Abblendlicht eingeschaltet werden soll
Daylight Saving Time (DST)	Sommerzeit
Deuce (»The Deuce«)	Bussystem in Las Vegas entlang des »Las Vegas Boulevards« und nach Downtown Las Vegas
Fahrenheit bzw. °F	Angloamerikanisches Temperaturmaß. Die Umrechnung in Grad Celsius erfolgt nach der Formel (°F - 32) x 5 / 9. Beispiel 1: 70 °F entspricht 21,1 °C Beispiel 2: 100 °F entspricht 37,8 °C 32 °F entspricht folglich 0 °C. Das Verhältnis von Grad Fahrenheit zu Grad Celsius ist nicht proportional.

General Store	Gemischtwarenhandlung, Kramladen
Great Western Trail	Fernwanderweg von Kanada bis Mexiko über rund 4500 Meilen durch die US-Bundesstaaten Montana, Wyoming, Idaho, Utah und Arizona
Hell's Backbone Road	37 Meilen lange historische Straßenverbindung (*gravel road*) zwischen Boulder/UT und Escalante/UT (siehe Tag 18)
Hogan	Hier: Traditionelles Wohnhaus der Ureinwohner
Hoodoo	Hier: Gesteinssäule aus Sandstein, insbesondere im Bryce Canyon
Labor Day	Amerikanischer Tag der Arbeit und traditionell letzter Tag der Feriensaison
Las Vegas Boulevard	Über 50 Meilen lange Straße vom nördlichen Las Vegas bis fast an die Grenze von Kalifornien. Bekanntester Straßenabschnitt ist der 6,8 km lange »Las Vegas Strip«
Meile (*mile*)	Längenmaß, 1 mi = 1,609 km
Monorail	Kostenpflichtige Hochbahn in Las Vegas
National Identification Number	Personalausweisnummer (nicht Reisepassnummer)
National Scenic Drive	Highway mit besonders sehenswerter Natur oder historischer bzw. kultureller Bedeutung
Petroglyphs	Bis 4000 Jahre alte Felsritzungen der Ureinwohner
Pictographs	Felsmalereien der Ureinwohner
PIN-Card	Gedächtnisstütze mit Verschlüsselung der PIN-Nummern von Bankkarten
Quadband-Handy	Handy, das neben den europäischen auch die amerikanischen Mobilfunkfrequenzen 850 MHz und 1900 MHz unterstützt
Self-Pay-Station	Nicht besetzte Zahlstation für Selbstzahler, z. B. an Zufahrten zu Parks und Campingplätzen
Spannungswandler	Gerät für den 12-Volt-Anschluss im Fahrzeug. Liefert 220 Volt Ausgangsspannung.
Stratosphere Tower	350 m hoher Aussichtsturm und Wahrzeichen von Las Vegas mit angeschlossenem Hotel
»Strip«	Hier: Streifen; 6,8 km langer Straßenabschnitt des »Las Vegas Boulevards« zwischen »Mandalay Bay Hotel« und »Stratosphere Hotel«
Visa Waiver Program (VWP)	Das »Visa Waiver Program« ermöglicht u. a. deutschen Staatsangehörigen die visafreie Einreise in die USA unter bestimmten Voraussetzungen.
Waterpocket Fold	160 km lange Falte (*fold*) der Erdkruste, zumeist auf dem Gebiet des »Capitol Reef National Parks«

WÖRTERBUCH

A	
ancestors	Vorfahren, Ahnen
apple pie	Apfelkuchen
arch	Bogen, hier: Felsenbogen
avenue (Ave.)	Straßenbezeichnung (breite Straße, Chaussee)
B	
bacon	Kross gebratene Speckstreifen
baked potato	Folienkartoffel
bakery	Bäckerei
barn	Scheune, Stall, Tenne
bear	Bär
billion	Im Unterschied zur deutschen Sprache steht »billion« im Englischen für »Million«.
boulevard (Blvd.)	Straßenbezeichnung (ähnelt einer Prachtstraße, einer Allee)
box office	Hotelschalter für den Erwerb bzw. das Abholen vorbestellter Eintrittskarten
breakfast	Frühstück
burro	Esel, Packesel
C	
campground	Camping- bzw. Wohnmobilstellplatz
canyon	Schlucht, Felsschlucht
caution	Vorsicht, Warnung
cemetery	Friedhof
chamber of commerce	Handelskammer, z.T. in Verbindung mit Touristinformation
chicken wings	Kross gebratene Hähnchenflügel
clearance	Hier: Bodenfreiheit eines geländetauglichen Fahrzeugs
convention center	Kongress-, Konferenz- bzw. Tagungszentrum

corn on the cob	Maiskolben
country	Land, Gelände, Gegend
county	Landkreis, Verwaltungsbezirk
covered bridge	Überdachte Brücke
creek	Bach, kleiner Fluss
D	
dam	Damm, Staudamm, Talsperre
debris	Schutt, Geröll, Ablagerungen, z. B. im Zusammenhang mit Überschwemmungen
desert	Wüste, Einöde
detergent	Waschmittel
devil	Teufel
diner	»einfaches« Restaurant mit Theke und Tischen
dinner	Hauptmahlzeit bzw. Abendessen
dirt road	»Schmutzige Straße«, Schotterpiste, Feldweg, unbefestigte Straße, zumeist lehmig und bei Regen kaum noch befahrbar
dispersed camping	*dispersed* = zerstreut; erlaubtes Camping in angemessenem Abstand zum offiziellen Campingplatz
doggy bag	Behälter für die Mitnahme übrig gebliebener Speisen im Restaurant
downtown	Innenstadt, Stadtmitte, Zentrum
drive, to drive	Fahren
dump station	Entsorgungsstation für Wohnmobile
dunes (Pl.)	Dünen, Sanddünen
E	
east	Ost bzw. Osten
eggs sunny side up	Spiegeleier
elevation	Höhe über dem Meeresspiegel
embassy	Botschaft, Botschaftsgebäude
entrance	Eingang, Eintritt
entree	Hauptgericht
exit	Ausgang, Abfahrt, Ausfahrt
experience	Erlebnis

F	
falls (Pl.)	Wasserfälle
feet (Pl. von foot)	Fuß, angloamerikanisches Längenmaß (1 ft. = 30,48 cm, 500 ft. sind also gut 150 m)
ferry	Fähre, Fährschiff
flash flood	Plötzliche, heftige Überschwemmung bzw. Sturzflut. Dabei kann sich das Gewitter auch in einiger Entfernung befinden. Bei Aufenthalten in Canyons besteht dann Lebensgefahr.
fold	Falte, hier: Landschaftliche Verwerfung
free	Kostenlos
freeway	Straßenbezeichnung, gebührenfreie Autobahn, Schnell-/Fernstraße
frensh fries	Pommes frites
front desk	Anmeldung, Rezeption
frontier	Grenze
full hook-up	Komfortable Anschlüsse für Strom und Frischwasser sowie für Brauchwasser und Toilettenspülung auf Campingplätzen
G	
gas	Benzin
ghost town	Geisterstadt
goblin	Kobold
gravel road	Straßenbezeichnung, unbefestigte Schotterstraße
guard rail	Hier: Leitplanke
gooseneck	Schwanenhals, hier: Flusswindung
ground squirrel	Erdhörnchen
gulch	Schlucht
H	
hash browns	Geraspelte Bratkartoffeln
highway (Hwy.)	Straßenbezeichnung, große Überlandstraßen, Fern-/Schnellstraßen, vergleichbar mit den deutschen Bundesstraßen
holiday	Urlaub
hook-up	Anschlüsse für Strom und Frischwasser auf Campingplätzen
horseradish sauce	Meerrettich

horseshoe	Hufeisen, hier: Flussschleife
host	Platzwart (auf Campingplätzen)
I/J	
independence	Unabhängigkeit
inn	Gasthof, Pension
interstate	Straßenbezeichnung, Autobahn, Verbindung zwischen den amerikanischen Bundesstaaten
junction (Jct.)	Straßenbezeichnung, Anschlussstelle, Abzweigung, Kreuzung; findet sich häufig in Ortsnamen, z. B. Grand Junction, Mt. Carmel Junction
K	
kangaroo rat	Känguru-Ratte
L	
lake	See, Teich
lakeshore	Seeufer
lakeview	Seeblick
lane (Ln.)	Straßenbezeichnung, eher kleine Straße
laundry	Wäscherei. In den USA sind gewerbliche Wäschereien häufiger anzutreffen als in Deutschland und für viele Einwohner eine Möglichkeit, die Wäsche zu reinigen, da ein Großteil an Mietwohnungen keine Anschlüsse für Waschmaschinen hat.
library	Bücherei, Bibliothek
lodge	Hütte, eher mondäne, z. T. historische Unterkunft
lookout	Aussichtspunkt
loop	Schleife, hier: Rundweg
lunch	Mittagessen
M	
main street	Hauptstraße
map	Landkarte, Stadtplan, Übersichtstafel
mashed potatoes	Kartoffelbrei
memorabilities	hier: Andenken, Souvenir, Erinnerungsstücke
meal	Menü
menu (gesprochen: »menju«)	Speisekarte
middle name	Mittelname
mile marker	Meilenmarkierung am Straßenrand

N	
national forest	Landesforstgebiet
north	Nord, Norden
O	
oberservation	Beobachtung
overlook	Landschaftlicher Überblick
overnight parking	Geduldetes Parken über Nacht, z. B. auf einem Supermarkt-Parkplatz
P	
pancakes (Pl.)	Süße Pfannkuchen, die traditionell mit viel Ahornsirup serviert werden
parkway (Pkwy.)	Straßenbezeichnung
peak	Berggipfel, Bergspitze
pedestrian	Fußgänger
pepperoni	Pepperoniwurst, auch als Kürzel für Pizza Salami verwendet
permit	Genehmigung, Erlaubnis, Zutrittsberechtigung
picnic area	Rastplatz
prime rib	Dicke Scheibe gebratenes Fleisch, nicht zu verwechseln mit *spareribs* oder *babybackribs*
private property	Privatgrundstück
R	
ramp	Rampe
rattlesnake	Klapperschlange
recreation	Erholung
reef	Riff
rent, to rent	Mieten
restroom	Toilette
rim	Rand, hier: Abbruchkante eines Canyons
river	Fluss
road (Rd.)	Straße, Weg, Fahrbahn
rock	Fels
root beer	Amerikanisches »Malzbier«, schmeckt jedoch nach Kaugummi

roundtrip	Hin- und Rückweg. Entfernungsangaben, insbesondere bei Wanderwegen (*trails*), beziehen sich also auf die gesamte Wegstrecke
S	
sanctuary	Kultstätte
scenic drive	Landschaftlich herausragender Straßenabschnitt, Aussichts-/Panoramastraße
scenic view	Landschaftlich reizvoller Ausblick
security	Sicherheit, Sicherheitsdienst
self-registration	Eigenständige Anmeldung ohne Personal, z. B. auf einem Campingplatz
sign	Schild, Zeichen
sirloin steak	Lendensteak bzw. Rumpsteak
sister city	Partnerstadt
site	Standort, Platz, hier: Stellplatz auf einem Campingplatz
skull	Schädel, Totenkopf
slickrock	Von Wind und Wasser polierter Fels, der bei Nässe rutschig sein kann
south	Süd, Süden
spooky	gespenstisch, geisterhaft, gruselig
stovepipe	Ofenrohr
street (St.)	Straße
sunrise	Sonnenaufgang
sunset	Sonnenuntergang
T	
tax (Pl. taxes)	Gebühr, Abgabe, Steuern
tenderloin steak	Filetsteak
toll	Gebühr; hier: Maut, Straßenbenutzungsgebühr
town hall	Rathaus, Stadthalle
traffic light	Ampel
trail	Pfad, Fußweg, Wanderweg
trailhead	Startpunkt eines Wanderwegs
train	Eisenbahnzug
tree	Baum

tribal	»stammeszugehörig«, z. B. »Monument Valley Tribal Park«
U	
unpaved road	Straßenbezeichnung, nicht geteerte Schotterstraße
U-turn	Kehrtwende, 180 Grad-Wende mit dem Fahrzeug
V	
valley	Tal
viewpoint	Aussichtspunkt
village	Dorf
W	
washing mashine, washer	Waschmaschine
watchtower	Wachturm
west	West, Westen
withdrawal	Hier: Barabhebung

STICHWORTVERZEICHNIS

N

O

P

Q

R

Y

Z